장우석의
미국주식 투자법

* 이 책의 판권은 ㈜베가북스가 소유합니다.
* 저작권법에 따라 보호받는 저작물이므로 무단 전재와 복제를 금합니다.
* 이 책의 전부 또는 일부를 이용하거나 유튜브 동영상, 오디오북, 요약자료 등으로 생성 및 유포할 때도 반드시 사전에 ㈜베가북스의 서면 동의를 받아야 합니다.
* 더 자세한 사항은 ㈜베가북스로 문의 부탁드립니다.

홈페이지 | www.vegabooks.co.kr   **이메일** | info@vegabooks.co.kr
블로그 | http://blog.naver.com/vegabooks
인스타그램 | @vegabooks   **페이스북** | @VegaBooksCo

대한민국 NO.1 미국주식 멘토 '미주미'

장우석의 미국주식 투자법

장우석·김준형 지음

베가북스
VegaBooks

목차

프롤로그 _ 7

PART 01
S&P 500을 넘어서는 가장 확실한 승부법

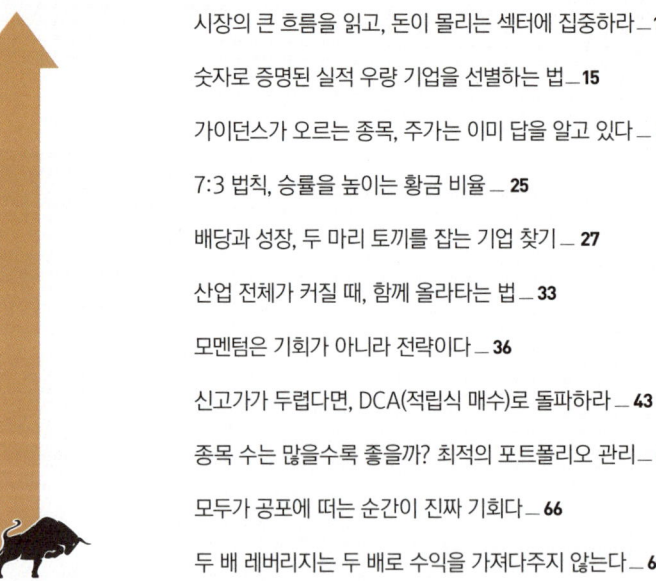

시장의 큰 흐름을 읽고, 돈이 몰리는 섹터에 집중하라 _ 12

숫자로 증명된 실적 우량 기업을 선별하는 법 _ 15

가이던스가 오르는 종목, 주가는 이미 답을 알고 있다 _ 23

7:3 법칙, 승률을 높이는 황금 비율 _ 25

배당과 성장, 두 마리 토끼를 잡는 기업 찾기 _ 27

산업 전체가 커질 때, 함께 올라타는 법 _ 33

모멘텀은 기회가 아니라 전략이다 _ 36

신고가가 두렵다면, DCA(적립식 매수)로 돌파하라 _ 43

종목 수는 많을수록 좋을까? 최적의 포트폴리오 관리 _ 48

모두가 공포에 떠는 순간이 진짜 기회다 _ 66

두 배 레버리지는 두 배로 수익을 가져다주지 않는다 _ 69

PART 02

워런 버핏도 인정한 S&P 500 상회 수익률의 어려움

S&P 500 미국 경제의 심장 — 76

역대 상승률로 본 불패 지수의 저력 — 78

세계 최강 기업들의 집합체, S&P 500의 구성 비밀 — 80

S&P 500이 가진 독보적 특징 — 85

스스로 약한 기업을 걸러내는 자기 정화 시스템 — 98

적극적 주주 환원, 돈이 돌고 또 도는 구조 — 105

주주 가치를 지켜주는 제도적 장치 — 113

PART 03

초보 투자자들을 위한 친절한 로드맵

투자 경험이 전혀 없어도 가능한 3단계 입문 가이드 — 118

미국주식의 진짜 데이터를 보여주는 전자공시 시스템 활용법 — 122

목표가와 리스크를 확인할 수 있는 핵심 사이트 모음 — 136

반드시 알아야 할 재무제표 핵심 체크포인트 — 141

PART 04
시장을 이기려면 집중해야 할 차세대 성장 섹터

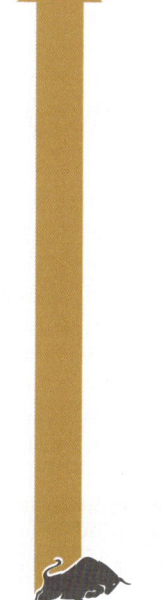

AI는 선택이 아닌 필수: 왜 지금 AI에 투자해야 하는가 ― 154

AI칩 전쟁, 승자가 가져갈 미래 ― 163

클라우드, 세상의 모든 데이터가 모이는 곳 ― 179

AI 골드러시의 곡괭이와 삽, AI 전력 인프라 기업 ― 189

사이버 보안, AI 시대의 방패 ― 212

에이전틱 AI, 소프트웨어의 새로운 혁명 ― 224

AI를 실제 세계로 이끄는 Embodied AI ― 240

지구를 바라보는 위성 AI, 새로운 성장의 눈 ― 251

AI발 생산성 향상 기대기업 ― 260

AI가 이끌 헬스케어 혁신 ― 274

AI가 이끌고 트럼프가 미는 암호화폐 ― 285

정책 변화가 불러올 트럼프 수혜주 ― 307

지금 당장 활용 가능한 포트폴리오 예시 ― 323

에필로그 ― 329

프롤로그

시장을 압도하는 성과를 향한 23년의 질문

2002년, 제가 미국주식 투자의 첫걸음을 떼던 그때는 지금처럼 정보가 넘쳐나지 않던 시절이었습니다. 심지어 다우 지수인지, 다우 거래소인지도 잘 몰랐던 시기였죠. 물론 지금은 다우 지수와 S&P 500 지수, 나스닥 지수에 대해서 강의를 하고 있지만요.

모든 것을 맨몸으로 부딪치며 홀로 시장의 궁금증을 풀어가야 했고, 많은 시행착오와 실수를 거치며 실력을 키울 수 있었습니다. 그렇게 긴 시간을 보내며 수많은 고생 끝에 <미국주식에 미치다> 커뮤니티를 만들었고, 이 공간에서 저는 수많은 투자자와 함께 성장해왔습니다.

이 23년의 여정 동안 저는 늘 단 하나의 질문을 마음에 품고 살아왔습니다.

"어떻게 하면 시장을 압도하는 성과를 낼 수 있을까?"

이 고민의 답을 찾아가는 과정에서 저는 남들이 의심할 때 혁신과 실적을 믿고 과감하게 베팅했습니다. 2017년부터 엔비디아의 잠재력을 알아보고 꾸준히 투자를 권유했던 것이 대표적인 사례입니다. 그 결과 '장비디아'라는 분에 넘치는 별명까지 얻었죠.

남들이 보지 못하는 미래를 예측하고, 주저 없이 내 소신을 실행하는 것. 이것이 바로 제가 지난 세월 동안 일관되게 추구해 온 투자자의 길입니다.

지금의 엔비디아는 미국 시장을 통틀어 시가총액 1위의 기업이지만, 과거에는 단순 GPU 기업으로 게임, 비트코인 채굴 같은 분야에서 이름을 알렸습니다. 이런 사업 과정에서 급락을 반복하면서 원망도 많이 들었습니다. 하지만 많은 분의 수익률 제고에 기여했기에 그때를 생각하면 저도 모르게 웃음이 나옵니다.

많은 투자자가 벤치마크 지수인 S&P 500을 추종하는 것만으로 충분하다고 생각합니다. 하지만 저는 진정한 투자의 재미와 가치는 그 거대한 기준을 한 걸음 더 뛰어넘는 데 있다고 확신합니다.

이 책은 23년간의 고민과 질문, 그리고 치열했던 제 투자 인생의 모든 해답을 담고 있습니다. 이 책은 단순히 이론만을 나열하지 않습니다. S&P 500이라는 산을 넘기 위한 아주 구체적이고 실용적인 전략을 쉽고 명쾌하게 풀어냈습니다. 왜 이런 전략이 필요한지, 그리고 그것을 어떻게 당신의 투자에 적용할 수 있을지 친절하게 안내할 것입니다.

마침 3년 동안 회원들에게 소개했던 '미주미 주도주'를 운영하면서 이런 저의 이론과 전략은 더 단단해졌고, 더 완벽해졌습니다.

<미국주식에 미치다> 커뮤니티의 대표이자 『장우석의 미국주식 투자법』의 저자인 저는, 이 책이 방황하는 수많은 투자자의 나침반이 되어 자신만의 확고한 투자 철학을 세우는 데 훌륭한 길잡이가 되어줄

것이라 믿습니다.

꾸준함과 통찰력으로 시장을 이겨내고자 하는 모든 투자자가 이 책과 함께 투자 인생이 한 단계 더 성장하길 진심으로 바랍니다.

자, 이제 시장을 이기는 투자의 세계로 함께 들어가 봅시다.

〈미국주식에 미치다〉 대표 장우석

S&P 500 지수만으로도 장기적으로 안정적인 수익을 기대할 수 있다는 점은 많은 투자자에게 점점 알려지고 있다. 그러나 여기서 만족하지 못하고 시장 평균을 뛰어넘는 '초과 수익'을 꿈꾸는 것이 바로 우리 투자자들의 솔직한 마음일 것이다. 어떻게 하면 S&P 500이라는 거대한 시장에 올라타 남들과 다른 성과를 만들어낼 수 있을까?

그 해답은 바로 S&P 500의 기본적인 속성을 깊이 이해하고 시장의 흐름과 기업의 실적을 전략적으로 활용하는 데 있다. 다음 그동안 투자를 하며 느꼈던 시장을 이길 수 있는 11가지 방법을 통해 S&P 500 지수를 이기는 초과 수익의 발판을 만들어 보고자 한다.

NVIDIA
PALANTIR
MICROSOFT

PART 01

S&P 500을 넘어서는 가장 확실한 승부법

시장의 큰 흐름을 읽고,
돈이 몰리는 섹터에 집중하라

S&P 500은 미국 시장 전체의 흐름을 담고 있지만 그 속을 자세히 들여다보면 특정 시기마다 강세를 보이는 섹터가 따로 있다. '투자 시계' 모델이 대표적인데 이에 따르면 경기가 회복될 때는 기술, 소재, 임의 소비재 업종이 강세를 보이고, 경기가 과열될 때는 산업재와 에너지 업종이 주목받는다. 또한 최근 시장에서 이슈가 되고 있는 금리 인하 때도 수혜를 보는 업종과 기업이 따로 있다.

금리가 하락하는 환경에서는 성장주, 특히 기술주와 소형주 및 미래 수익 전망에 의존하는 기업들이 가장 큰 혜택을 보는 경향이 있다. 이는 2가지 이유로 발생한다.

첫째, 자본 조달 비용이 낮아지고 젊고 빨리 성장하는 기업은 종종 외부 자금에 대한 의존도가 큰데 금리 하락은 이들의 자본 비용을 낮춘다.

둘째, 밸류에이션 측면에서도 금리 인하는 PE Ratio를 올리는 요인이다. 낮은 금리는 미래 이익의 현재 가치를 높여 장기적 수익 잠재력을 가진 기업의 가치를 끌어올린다. 연준이 금리 인하를 다시 시작하

S&P 500 섹터별 퍼포먼스

2010	2011	2012	2013	2014	2015	2016	2017	2018	2019	2020	2021	2022	2023	2024	2025 (YTD)
REAL 32.3%	UTIL 19.9%	FINL 28.8%	COND 43.1%	REAL 30.2%	COND 10.1%	ENRS 27.4%	INFT 38.8%	HLTH 6.5%	INFT 50.3%	INFT 43.9%	ENRS 54.6%	ENRS 65.7%	INFT 57.8%	TELS 40.2%	INFT 10.2%
COND 27.7%	CONS 14.0%	COND 23.9%	HLTH 41.5%	UTIL 29.0%	HLTH 6.9%	TELS 23.5%	MATR 23.8%	UTIL 4.1%	TELS 32.7%	COND 33.3%	REAL 46.2%	UTIL 1.6%	TELS 55.8%	INFT 36.6%	HLTH 6.5%
INDU 26.7%	HLTH 12.7%	REAL 19.7%	INDU 40.7%	HLTH 25.3%	CONS 6.6%	FINL 22.8%	COND 23.0%	COND 0.8%	FINL 32.1%	TELS 23.6%	FINL 35.0%	CONS -0.6%	COND 42.4%	FINL 30.6%	CONS 5.2%
MATR 22.2%	REAL 11.4%	TELS 18.3%	FINL 35.6%	INFT 20.1%	INFT 5.9%	INDU 18.9%	FINL 22.2%	INFT -0.3%	S&P 31.5%	MATR 20.7%	INFT 34.5%	HLTH -2.0%	S&P 26.3%	COND 30.1%	UTIL 4.9%
ENRS 20.5%	TELS 6.3%	HLTH 17.9%	S&P 32.4%	CONS 16.0%	REAL 4.7%	MATR 16.7%	HLTH 22.1%	REAL -2.2%	INDU 29.4%	S&P 18.4%	S&P 28.7%	INDU -5.5%	INDU 18.1%	S&P 25.0%	REAL 3.6%
TELS 19.0%	COND 6.1%	S&P 16.0%	INFT 28.4%	FINL 15.2%	TELS 3.4%	UTIL 16.3%	S&P 21.8%	S&P -4.4%	REAL 29.0%	HLTH 13.5%	HLTH 27.3%	MATR -10.5%	FINL 12.6%	UTIL 23.4%	FINL 3.5%
S&P 15.1%	ENRS 4.7%	INDU 15.4%	CONS 26.1%	S&P 13.7%	S&P 1.4%	INFT 13.9%	INDU 21.0%	CONS -8.4%	COND 27.9%	INDU 11.1%	COND 26.1%	HLTH -12.3%	MATR 12.4%	INDU 17.5%	MATR 2.8%
CONS 14.1%	INFT 2.4%	MATR 15.0%	MATR 25.6%	INDU 9.8%	FINL -1.5%	S&P 12.0%	CONS 13.5%	TELS -12.5%	CONS 27.6%	CONS 10.8%	CONS 24.4%	S&P -18.1%	FINL 12.2%	CONS 14.9%	INDU -0.2%
FINL 12.1%	S&P 2.1%	INFT 14.8%	ENRS 25.1%	CONS 9.7%	INDU -2.5%	COND 6.0%	UTIL 12.1%	FINL -13.0%	UTIL 26.4%	UTIL 0.5%	TELS 21.5%	REAL -26.1%	HLTH 2.1%	ENRS 5.7%	S&P -4.3%
INFT 10.2%	INDU -0.6%	CONS 10.8%	UTIL 13.2%	CONS 6.9%	UTIL -4.8%	REAL 5.4%	TELS 10.9%	INDU -13.3%	MATR 24.6%	FINL -1.7%	INDU 21.1%	INFT -28.2%	CONS 0.5%	REAL 5.2%	TELS -6.2%
UTIL 5.5%	MATR -9.6%	ENRS 4.6%	TELS 11.5%	TELS 3.0%	MATR -8.4%	REAL 3.4%	ENRS -1.0%	MATR -14.7%	HLTH 20.8%	REAL -2.2%	CONS 18.6%	COND -37.0%	ENRS -1.3%	HLTH 2.6%	INFT -12.7%
HLTH 2.9%	FINL -17.1%	UTIL 1.3%	REAL 1.6%	ENRS -7.8%	ENRS -21.1%	HLTH -2.7%	TELS -1.3%	ENRS -18.1%	ENRS 11.8%	ENRS -33.7%	UTIL 17.7%	TELS -39.9%	UTIL -7.1%	MATR 0.0%	COND -13.8%

면 기술주와 소형주, 기타 고성장 부문이 호재를 맞이할 수 있다.

　물론 이러한 이론이 현실과 100% 일치하지는 않지만 큰 그림을 파악하는 데 유용한 프레임워크가 될 수 있다. 예를 들어 현재 시장 상황이 경기 회복기에 가깝다고 판단되면 S&P 500 전체에 투자하면서도 기술 섹터 ETF(XLK)나 임의 소비재 섹터 ETF(XLY)의 비중을 높여 초과 수익을 노려볼 수 있다.

　이를 위해 특정 업종을 제외시키는 것도 좋은 방법이다. 예를 들어 S&P 500 지수 비중이 2% 이하인 부동산 업종과 소재 업종이 있다. 부동산 업종은 금리 변동에 너무 취약하고 경기에 너무 민감하다. 금리

S&P 500 섹터별 연평균 수익률

약어	섹터	연간 수익률	최고 수익률	최악 수익률
COND	임의 소비재	16.15%	43.10%	−37.00%
CONS	필수 소비재	10.92%	27.60%	−8.40%
ENRS	에너지	6.18%	65.70%	−33.70%
FINL	금융	12.07%	35.60%	−17.10%
HLTH	헬스케어	12.45%	41.50%	−2.70%
INDU	산업재	12.97%	40.70%	−13.30%
INFT	정보기술	19.80%	57.80%	−28.20%
MATR	소재	8.98%	27.30%	−14.70%
REAL	부동산	10.40%	46.20%	−26.10%
TELS	커뮤니케이션	11.27%	55.80%	−39.90%
UTIL	유틸리티	10.05%	29.00%	−7.10%
S&P	S&P 500 평균	13.88%	32.40%	−18.10%

출처 : https://novelinvestor.com

가 상승하면 주택담보대출, 상업용 부동산 대출 등의 이자 비용이 증가해 부동산 수요가 위축될 수 있고, 부동산투자신탁(REITs)은 대출 비용 상승으로 수익성이 악화될 수 있다. 굳이 배당이 목적이 아니라면 투자를 선호하지 않으며, 일반 배당 ETF에도 부동산 업종은 보통 제외시키는데 사업 특성상 부채 규모가 크기 때문이다(남의 자본으로 부동산 투자에 참여).

소재 업종도 경기에 따라 실적이 크게 좌우되는 대표적인 경기 순환주로 화학, 금속, 광물 등 원자재 수요는 전반적인 경제 활동과 산업 생산과 직결되므로 경기 침체기에는 수요 감소로 인해 실적이 급격히 악화될 수 있고 원자재 가격 변동성이 너무 커 투자 시점을 잡기 매우 어렵다.

결국 S&P 500 지수 내 총 11개 업종 중에서 보통 8~9개 업종으로 포트폴리오를 구성하는 것이 좋다.

숫자로 증명된 실적 우량 기업을 선별하는 법

S&P 500은 총 500개 기업으로 구성되어 있어 그 자체로 훌륭한 분산 효과를 제공한다. 그러나 시장 평균 이상의 수익률을 내는 기업은 소수이고, 주가가 실적에 따라 움직이는 경향이 있으며, S&P 500 지수와 기업들의 평균 EPS(주당순이익)가 매우 밀접한 관계를 맺고 있다. 이러한 사실을 고려한다면 투자자는 분기별 실적 발표를 통해 시장의 예상치를 뛰어넘는 '어닝 서프라이즈'를 기록한 기업에 주목해야 한다. 실적 발표 때 시장의 예상치(Estimate)보다 실제 발표치(Actual)가 좋게 나왔다면 이는 주가 상승의 강력한 신호탄이 될 수 있기 때문이다.

그러나 500개 기업 중에 어떤 기업부터 살펴봐야 할지 간추리기 어렵다. 따라서 간편하게 어떤 종목들의 실적부터 우선 살펴봐야 하는지 찾는 팁을 공유하고자 한다.

초보 투자자들도 손쉽게 사용할 수 있는 'sectorspdrs.com'이라는 사이트가 있다. 이 사이트는 S&P 500 섹터와 섹터별 종목, 성과 등을 보여주는데 여기서는 간략하게 섹터별 종목을 찾는 방법을 살펴보자.

커뮤니케이션 섹터의 주요 종목을 살펴보는 방법은 다음과 같다.

SECTOR SPDR 홈페이지 화면

출처: https://sectorspdrs.com

커뮤니케이션 섹터 주요 종목

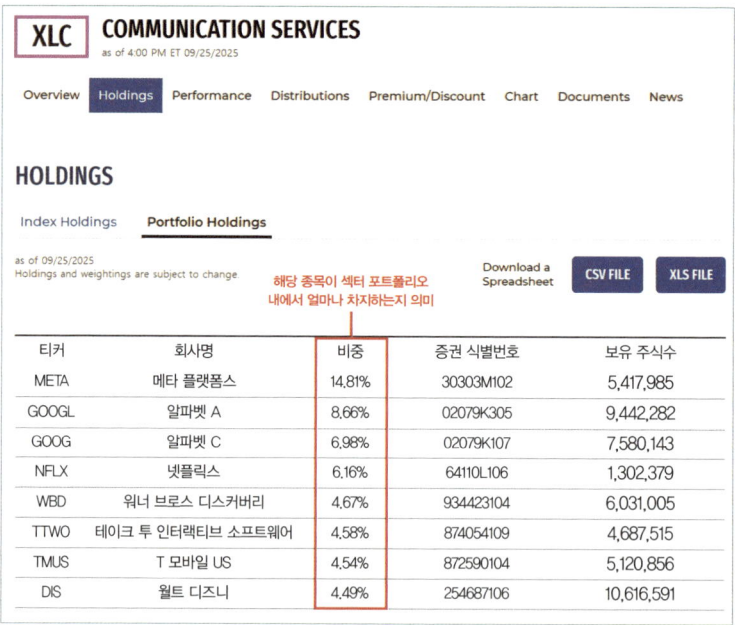

출처: https://sectorspdrs.com

① 먼저 SECTOR SPDR ETFS 메뉴를 클릭한다.

② 가장 앞에 보이는 Communication Services를 클릭한다.

③ Holdings에 들어가 Portfolio Holdings를 클릭하면 ETF에서 가장 많이 편입한 종목들을 알 수 있다. 그 기업들이 시장을 주도하고 기관들도 관심을 가장 많이 보이는 종목이므로 여기서 비중이 가장 높은 기업들을 중심으로 확인하는 것이 좋다(커뮤니케이션 섹터에서 ETF에 가장 많이 포함된 1위, 2위 기업은 메타와 알파벳이다).

④ 어떤 종목의 실적을 먼저 살펴봐야 하는지 체크를 했다면 다음으로 그 종목의 그동안의 성과를 확인해야 한다. 종목을 간단히 살펴볼 수 있는 'Zacks'라는 사이트가 있다. 회원가입 없이 무료로 실적을 제공하며 종목의 차트와 EPS 추정치를 함께 보여준다. 영어도 필요 없고, 시각적으로 실적과 주가의 움직임을 빨리 판단할 수 있다.

메타의 실적을 살펴보면 주가 상승과 함께 EPS도 동반 상승하고 있다는 있다는 것을 알 수 있다.

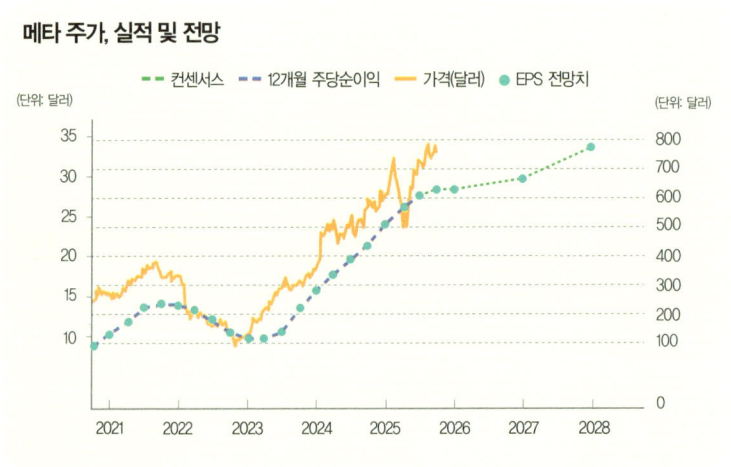

출처: https://www.zacks.com

임의 소비재 업종도 같은 방법으로 살펴보자. 마찬가지로 임의 소비재(Consumer Discretionary) 섹터를 찾아 들어가면 다음과 같은 기업 리스트가 나온다.

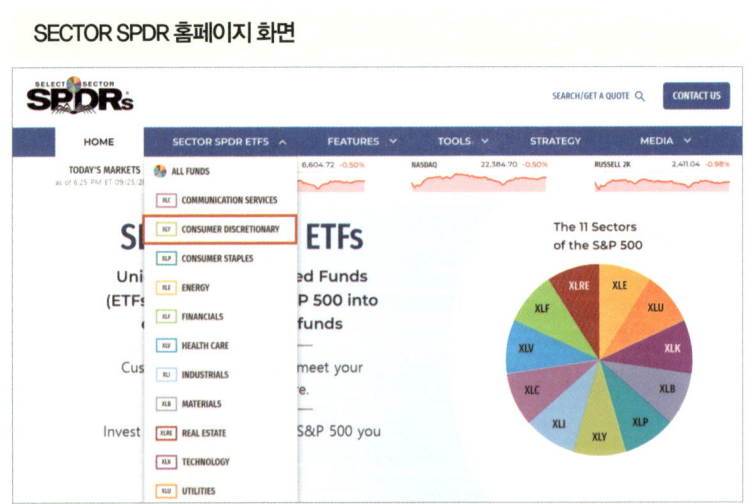

출처: https://sectorspdrs.com

임의 소비재 주요 종목

티커	회사명	지수비중	주가	등락	등락	거래량	52주 변동폭
AMZN	아마존	21.84%	220.07	+3.70	+1.71%	37.81 M	161.38 – 242.52
TSLA	테슬라	20.73%	435.90	+22.41	+5.42%	79.55 M	212.11 – 488.54
HD	홈디포	6.40%	379.37	+3.62	+0.96%	2.93 M	326.31 – 439.37
MCD	맥도날드	4.39%	300.11	+3.10	+1.04%	3.37 M	276.53 – 326.32
BKNG	부킹홀딩스	4.08%	5253.85	+88.92	+1.72%	0.2 M	4096.23 – 5839.41
TJX	TJX 컴퍼니	3.78%	141.39	+1.01	+0.72%	4.14 M	111.73 – 145.58
LOW	로우스	3.15%	234.48	+2.26	+0.97%	3.07 M	206.39 – 287.01
DASH	도어대시	2.43%	273.52	+7.50	+2.82%	2.25 M	143.37 – 285.08
SBUX	스타벅스	2.18%	80.03	+1.57	+2.00%	8.05 M	75.50 – 117.46
ORLY	오라일리 오토모티브	2.09%	102.88	+0.73	+0.71%	4.09 M	76.22 – 108.72

지수비중: 해당 종목이 섹터 포트폴리오 내에서 얼마나 차지하는지 의미

출처: https://sectorspdrs.com

　임의 소비재 섹터에서 1위 기업인 아마존과 2위 기업인 테슬라의 실적과 주가 흐름을 살펴보자.

　아마존의 실적을 살펴보면 주가 상승과 함께 EPS도 지속적으로 상승한 것을 확인할 수 있다. 반대로 임의 소비재 2위 기업인 테슬라의 주가와 EPS는 계속 하락하는 중이다. 현재 주가가 고점에서 많이 하락했지만 EPS를 살펴보면 현재 주가는 오히려 잘 버텨준 것으로 볼 수 있다. 테슬라는 자율주행과 옵티머스가 중요한 요소이지만, 분명한 점은 기업 실적이 받쳐주지 않으면 장기적 전망이 제대로 빛을 보기 어렵다는 것이다.

아마존 주가, 실적 및 전망

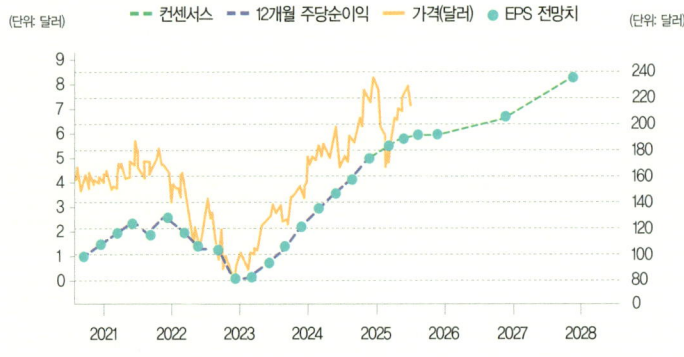

출처: https://www.zacks.com

테슬라 주가, 실적 및 전망

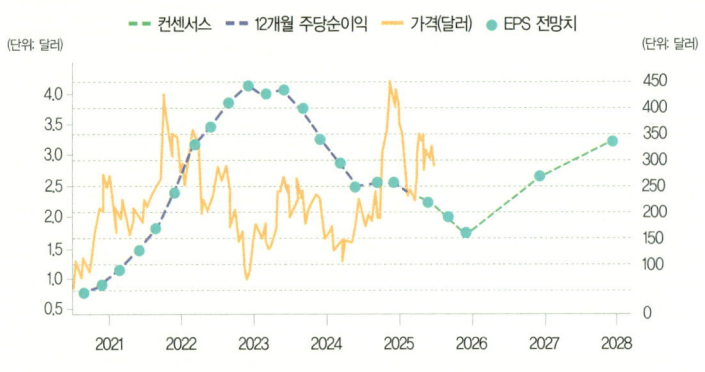

출처: https://www.zacks.com

　마지막으로 임의 소비재 섹터에서 6번째로 높은 비중을 차지하는 기업이자 오래전부터 『장우석의 미국주식 투자법』 주도주에 편입하고 있는 TJX의 주가와 실적을 살펴보자. EPS의 꾸준한 성장을 보면 많은 기업 중에서 왜 TJX를 선택했는지 알 수 있을 것이다.

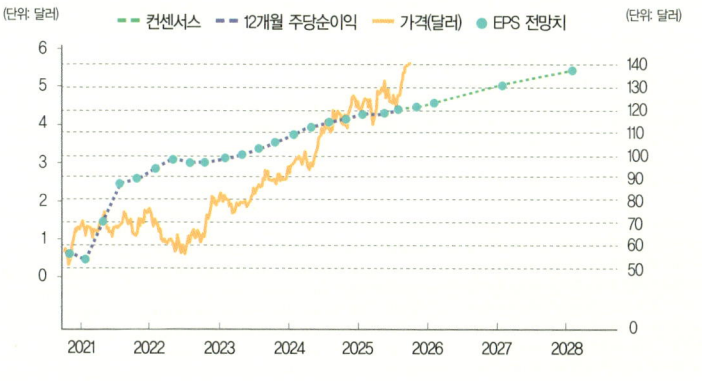

출처: https://www.zacks.com

이런 식으로 총 4단계를 거치면 S&P 500 지수 내 모든 기업 중에서 실적이 가장 좋은 기업을 빨리 정할 수 있다.

다만 앞에서 살펴봤듯이 500개 기업의 전체 실적을 모두 확인하는 것은 일반 투자자에게는 현실적으로 매우 힘든 일이므로 역으로 실적이 아닌 퍼포먼스를 보고 종목을 추려 나가는 것도 좋은 방법이다.

앞서 언급한 EPS(Earnings Per Share)는 주당순이익을 말한다. EPS는 내가 보유한 주식 한 주가 이익을 얼마나 창출했는지를 보여주는 지표로 기본적으로 높을수록 좋다. 기업의 당기순이익(우선주가 있는 경우 우선주 배당금을 제외한다)을 주식 수로 나누어 계산한다.

$$EPS(주당순이익) = \frac{당기순이익}{주식 수}$$

재무제표를 보면 Basic EPS와 Diluted EPS가 있는데 Basic EPS는 기

업의 가중평균 유통주식 수로 나누어 계산하지만, Diluted EPS는 임직원들의 스톡옵션, 워런트, 전환사채 등 다양한 옵션으로 지분 희석효과가 모두 반영된 한 주당 이익을 계산한다. 대부분 기업은 스톡옵션이 있으므로 기업의 정확한 EPS를 알려면 Diluted EPS(희석 주당순이익)를 확인하는 것이 좋다.

애플 손익계산서에 나타난 Basic EPS와 Diluted EPS

BASIC EPS	6.45	6.11	6.16	6.15	5.67
DILUTED EPS	6.42	6.08	6.13	6.11	5.61

출처: 야후 파이낸스

가이던스가 오르는 종목,
주가는 이미 답을 알고 있다

투자하다 보면 기업 실적이 좋은데도 주가가 하락하는 경우를 종종 볼 수 있는데, 이런 경우는 가이던스가 예상치를 하회했기 때문일 때가 많다. 이번에 실적이 잘 나올 것은 현재 주가에 이미 반영되어 있기 때문에 앞으로의 실적 전망이 향후 주가에 더 큰 영향을 미친다.

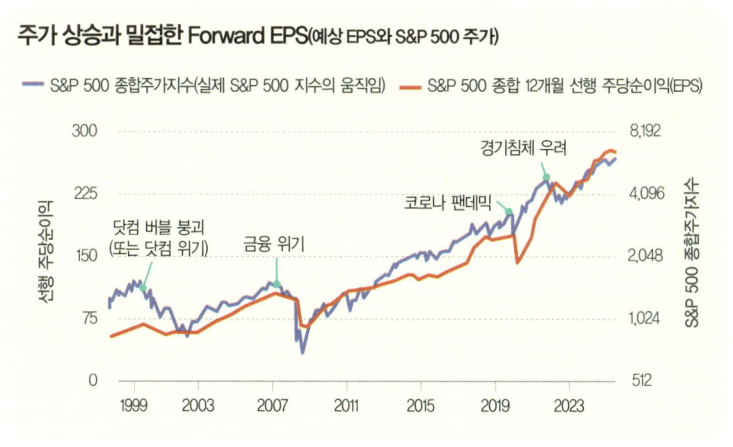

출처: Real Investment Advice

이는 차트에서도 나타나는데 위 S&P 500 가격 지수와 S&P 500 기업들의 12개월 후 미래 이익 전망치를 보면 Forward EPS와 유사한 움직임을 보이는 것을 확인할 수 있다.

따라서 기업의 향후 실적 전망치인 가이던스가 지속적으로 상승하는지 여부와 동시에 시장의 예상치보다 높았는지 여부가 중요하다.

경영진이 가이던스를 가장 정확히 확인하는 방법은 실적 발표자료를 직접 보는 것이지만, 보기 불편한 사람들을 위해 애널리스트들의 분석과 함께 쉽게 비교할 수 있는 사이트를 공유하겠다.

'marketbeat.com/earnings/guidance/'에 들어가면 기업들이 실적 발표와 함께 제시한 매출 또는 EPS 가이던스를 확인할 수 있고, 이와 함께 애널리스트들의 전망치도 함께 있어 비교하기 쉽다. 예시로 2025년 9월 4일 실적 발표 이후 주가가 급락한 룰루레몬을 살펴보면, 회사가 제시한 연간 EPS 가이던스는 12.77~12.97달러인데 애널리스트들의 전망치는 14.31달러였다. 매출 가이던스도 25억 달러를 제시하며 애널리스트들의 전망치 26억 달러보다 낮았다.

기업 실적을 볼 때 현재 실적과 함께 가이던스도 함께 살펴보고 투자한다면 시장을 앞서나가는 데 밑거름이 될 것이다.

룰루레몬 가이던스

기업	발표일	해당 기간	기업 EPS 전망	분석가 EPS 전망	기업 매출 전망	분석가 매출 전망
룰루레몬 (LULU)	2025.9.4	2025년 3분기	2.18~2.23 달러	2.92 달러	25억 달러	26억 달러
룰루레몬 (LULU)	2025.9.4	2025 회계연도	12.77~12.97 달러	14.31 달러	109억~110억 달러	112억 달러

7:3 법칙,
승률을 높이는 황금 비율

'7:3 원칙'은 필자의 투자 철학 중 하나로 10개 중에서 3개를 버리는 용기를 갖는 것을 말한다.

투자에 조금이라도 관심 있는 사람이라면 자신이 고른 10개 종목 모두 크게 오르는 마법과 같은 포트폴리오를 만드는 것을 누구나 한 번쯤 상상한다. 하지만 수십 년간의 투자 경험을 통해 필자가 깨달은 것은 기업 공부를 아무리 열심히 하고 종목을 신중히 골라도 모두 좋을 수만은 없다는 점이다.

결국 10개 종목 중 7개는 좋은 종목이 되고 나머지 3개는 부진한 종목이 되는 냉정한 현실을 인정하는 것이 중요하다.

완벽을 추구하다 보면 일부 종목의 부진을 인정하지 못하게 된다. 포트폴리오에 빨간불이 들어오면 당장 문제가 생긴 것처럼 불안해하며 더 좋은 종목으로 갈아탈 생각을 한다. 하지만 바로 이 완벽주의가 성과가 부진한 3개 종목을 팔기 위해 반복적인 잦은 매매를 하게 만들어 성공적인 투자의 가장 큰 걸림돌이 된다.

매매를 거듭할수록 수수료 등 비용만 늘어날 가능성이 크며, 더 큰 문제는 그들이 부진한 종목에만 신경 쓰는 사이 정작 빛을 보기 시작한 7개의 좋은 종목을 놓치게 된다는 점이다. 주가가 오를 때 팔지 않고 끝까지 버텨야 복리의 힘을 온전히 누릴 수 있는데 단기적 손실에 대한 불안감이 그 기회를 송두리째 빼앗아간다.

결국 성공적인 투자는 10개 모두를 완벽히 맞히는 게임이 아니다. 씨앗 10개를 심었을 때 그중 3개가 잘 자라지 않는 것을 받아들이는 용기가 필요하다. 그리고 그 용기를 바탕으로 끈기 있게 기다리면서 나머지 7개 씨앗이 거대한 나무로 자랄 때까지 인내하는 것이다. 이 3개 종목은 성공적인 7개 종목을 발견하기 위해 지불하는 '수업료'라고 생각하자.

'7:3 원칙'은 인내와 확신에 대한 이야기다. 완벽한 포트폴리오는 없다. 부진한 3개 종목 때문에 전체 포트폴리오를 흔들지 않고 믿음을 가지고 기다린다면 나머지 7개 종목이 당신의 자산을 크게 불려줄 것이다. 이것이야말로 잦은 매매에 지친 투자자들이 마음속에 반드시 새겨야 할 교훈이다.

배당과 성장,
두 마리 토끼를 잡는 기업 찾기

투자하다 보면 누구나 하락장을 만난다. 주가가 하염없이 떨어지는 구간, 계좌의 숫자는 온통 파란색으로 변하고 마음은 불안과 공포로 점점 채워진다. 아무것도 할 수 없고 그저 손가락만 빨며 시장이 회복되기만 기다려야 하는 그 순간을 버티는 것은 결코 쉬운 일이 아니다.

이러한 상황에서 사용할 수 있는 중요한 투자 방법 중 하나가 바로 '가능하면 배당을 주는 종목으로 포트폴리오를 구성'하는 것이다.

누군가는 "요즘 같은 시대에 쥐꼬리만한 배당금이 무슨 의미가 있는가?"라고 반문할지도 모르지만, 배당금의 진정한 가치는 그 액수에 있는 것이 아니다. 시장이 무너지고 모든 것이 멈춘 것처럼 보이는 순간에도 꼬박꼬박 계좌로 입금되는 배당금은 투자자에게 심리적인 위안이 된다.

배당금은 단순한 자본 수익 그 이상의 의미가 있다. 배당은 회계 장부상 이익이 아니라 기업이 사업을 유지하면서 미래에 투자하고 남은 '실제 잉여현금 흐름(Free Cash Flow)'에서 나온다는 점에서 그 의미가 크다. 꾸준한 배당, 특히 배당 증가는 경영진이 그만큼 미래의 현금 창출에 강한 자신감을 보이는 가장 확실한 신호이기 때문이다.

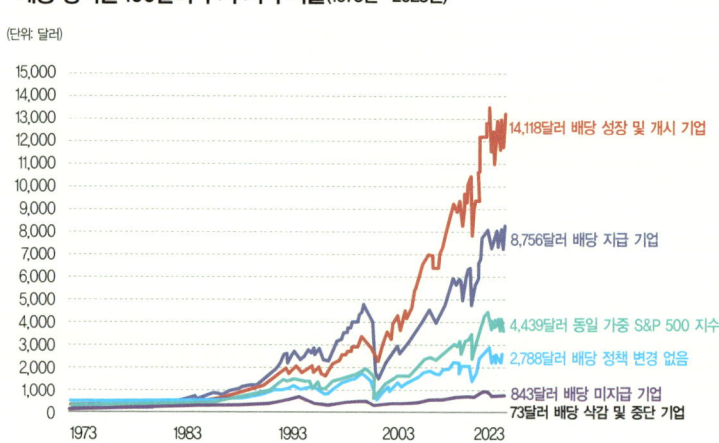

위 그래프는 배당 정책에 따라 기업을 다섯 그룹으로 나누어 1973년부터 2023년까지 50년간 100달러를 투자했을 때의 성과다. 같은 기간에 S&P 500 지수에 동일 가중으로 투자한 100달러는 4,439달러가 되면서 4,300%가 넘는 경이로운 수익률을 기록했다. S&P 500 지수 자체만으로도 얼마나 훌륭한 장기투자 대상인지 알 수 있는 대목이다.

하지만 배당 정책에 따라 수익률은 극명한 차이를 보였다. 꾸준히 배당을 늘리거나 새로 지급하기 시작한 기업에 투자했다면 100달러는 무려 14,118달러로 불어났다. 이는 약 14,000%에 달하는 수익률로 S&P 500의 성과를 3배 이상 뛰어넘는 압도적 결과다. 단순히 배당을 꾸준히 지급하고 있는 기업에 투자했을 때도 100달러는 8,756달러가 되어 약 8,600%의 수익률을 올리며 시장 대비 2배 가까운 성과를 달성했다.

반면 배당에 인색했던 기업들의 성과는 초라했다. 배당 정책에 변화가 없었던 기업의 수익률은 2,688%(100달러 → 2,788달러)로 S&P 500의 절반 수준에 그쳤다. 아예 배당을 지급하지 않은 기업은 743%(100달러 → 843달러)의 수익률로 시장의 1/5토막에 불과했다. 더 충격적인 것은 배당을 삭감하거나 중단한 기업에 투자한 100달러는 50년이라는 긴 시간이 지났음에도 불구하고 원금보다 낮은 73달러가 되어 -27%의 손실을 기록했다는 점이다.

더 흥미로운 점은 안정성이다. 배당을 지급한 우량 기업들은 S&P 500보다 높은 수익률에도 상대적으로 변동성은 더 낮은 모습을 보였다. 동일 가중 S&P 500이 연평균 17.76%의 표준편차를 보일 때 배당 성장 기업과 배당 지급 기업은 각각 16.15%와 16.9%의 더 낮은 표준편차를 기록했다. 즉 '더 안정적으로 더 많은 수익'을 얻은 셈이니 배당 성장주 투자가 시장을 이기는 좋은 전략이라고 할 수 있다.

배당 정책별 연평균 수익률 및 변동성과 S&P 500 지수 (1973년~2023년)

항목	수익률	베타	표준편차
배당 성장 및 시작 기업	10.19%	0.89	16.15%
배당 지급 기업	9.17%	0.94	16.90%
배당 정책 변경 없는 기업	6.74%	1.02	18.64%
배당 삭감 및 중단 기업	-0.63%	1.22	25.07%
배당 미지급 기업	4.27%	1.18	22.20%
동일 가중 S&P 500 지수	**7.72%**	**1.00**	**17.76%**

출처: https://www.safeharborstocks.com

배당에도 장기투자가 필요하다

시장을 이기려면 꾸준한 '장기투자'가 필수다. 배당 성장 기업이 50년간 S&P 500보다 3배 높은 수익을 올린 것을 앞에서 확인했다. 그런데 이를 연평균 수익률로 환산해 보면 S&P 500은 7.72%, 배당 성장 기업은 10.19%로 그 차이는 2.47%p에 불과하다.

언뜻 보기에 크지 않은 이 차이가 50년이라는 시간을 만나자 복리효과를 통해 무시할 수 없는 압도적 격차를 만들어낸 것이다. S&P 500을 2배 이겼던 배당 지급 기업의 연평균 수익률도 시장보다 겨우 1.45%p 높았을 뿐이다.

이처럼 장기투자에서는 단기적인 큰 수익보다 작더라도 꾸준히 시장을 앞서나가는 것이 결국 최종 승리를 가져다준다는 것을 명심해야 한다.

배당 성장률을 확인하는 방법

기업 배당률은 다양한 사이트에서 확인할 수 있다. SEC에서 기업 재무제표를 통해 확인하는 방법도 있지만 이는 빠르지도 않고 긴 흐름을 확인하는 데도 좋지 않으므로 다른 사이트들을 제안한다.

Nasdaq.com

배당 내역은 Nasdaq.com에서 간단히 확인할 수 있다. 역대 배당금,

선언일, 지급일 등 배당 관련 정보를 무료로 확인할 수 있고 현재가 기준 배당률도 확인할 수 있다.

이 사이트는 배당 정보를 무료로 확인할 수 있다는 장점이 있지만 원하는 조건으로 배당주를 찾기는 어렵다.

Nasdaq.com을 통해 살펴본 애플의 배당금

AAPL/ 배당 내역
애플(AAPL) 배당 내역

이전 배당일	배당률	연간배당금	주가수익비율(PER)
2025.10.2	0.45%	1달러	35.6

배당락일	유형	주당 배당금	배당 선언일	배당 기준일	배당 지급일
2025.8.11	현금	0.26 달러	2025.7.31	2025.8.11	2025.8.14
2025.5.12	현금	0.26 달러	2025.5.1	2025.5.12	2025.5.15
2025.2.10	현금	0.25 달러	2025.1.30	2025.2.10	2025.2.13
2024.11.8	현금	0.25 달러	2024.10.31	2024.11.11	2024.11.14
2024.8.12	현금	0.25 달러	2024.8.1	2024.8.12	2024.8.15
2024.5.10	현금	0.25 달러	2024.5.2	2024.5.13	2024.5.16
2024.2.9	현금	0.24 달러	2024.2.1	2024.2.12	2024.2.15
2023.11.10	현금	0.24 달러	2023.11.2	2023.11.13	2023.11.16
2023.8.11	현금	0.24 달러	2023.8.3	2023.8.14	2023.8.17
2023.5.12	현금	0.24 달러	2023.5.4	2023.5.15	2023.5.18
2023.2.10	현금	0.23 달러	2023.2.2	2023.2.13	2023.2.16
2022.11.4	현금	0.23 달러	2022.10.27	2022.11.7	2022.11.10
2022.8.5	현금	0.23 달러	2022.7.28	2022.8.8	2022.8.11
2022.5.6	현금	0.23 달러	2022.4.28	2022.5.9	2022.5.12
2022.2.4	현금	0.22 달러	2022.1.27	2022.2.7	2022.2.10
2021.11.5	현금	0.22 달러	2021.10.28	2021.11.8	2021.11.11
2021.8.6	현금	0.22 달러	2021.7.27	2021.8.9	2021.8.12

출처: https://www.nasdaq.com

Dividend.com

Dividend.com에서는 다양한 배당 관련 정보를 확인할 수 있으며, 필터링하면 자신이 원하는 종목을 선정할 수도 있다. 예를 들어 3% 이상 배당률, 5년 이상 배당 지급 기간 등 자신이 원하는 조건을 상세히 설정할 수 있다. 다만 일부 기능들이 유료인 것이 단점이다.

Dividend.com에서 지원하는 필터

산업 전체가 커질 때,
함께 올라타는 법

시기별로 성장하는 섹터는 따로 있다는 것을 앞에서 알아봤는데 어떤 업종의 종목에 투자했느냐는 투자성과에 큰 영향을 미친다. 산업의 특성이 그 산업 내 기업의 성과에 미치는 영향을 '산업 효과'라고 한다.

세계 3대 컨설팅 업체 중 하나인 맥킨지는 2000년~2004년 중간 분위에 있던 기업들을 10년간 관찰한 결과, 기업이 가진 개별 종목의 내부 역량보다 그 기업이 속한 업종이 성과에 더 큰 영향을 미친다는 것을 알아냈다.

2010년~2014년 산업별 연평균 이익을 살펴보면, 가장 높은 성장을 보인 소프트웨어 산업에 속한 기업은 산업 내 평균에만 속해도 건자재 산업에서 가장 뛰어난 성과를 보인 기업보다 나았다. 나아가 소프트웨어 산업에 속한 기업들은 평균 미만의 성과를 냈더라도 전체 섹터 기준으로 상위권이었고, 성과가 가장 안 좋은 기업조차 건자재 평균보다 높았다.

상위권으로 도약한 기업의 73%가 상승하는 산업(메가트렌드)에 속했으며, 중간 분위에 머문 기업의 60%는 하락 추세 산업이었고, 하위로

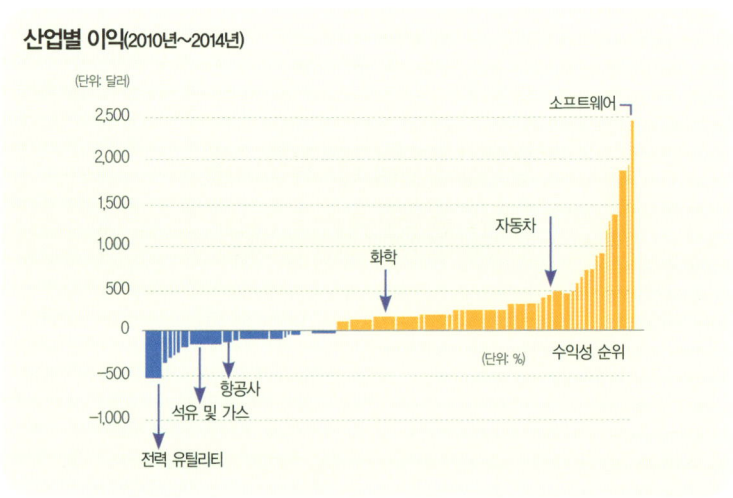

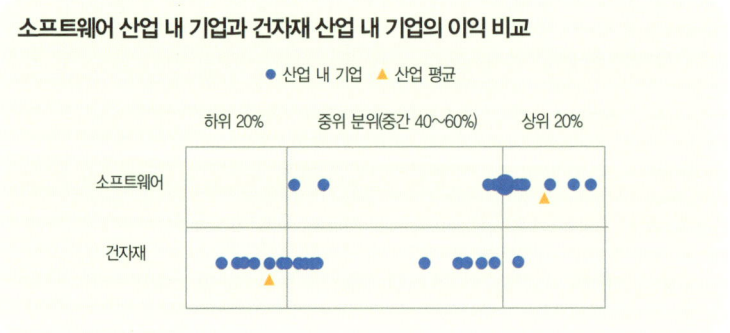

추락한 기업의 78%는 하락 추세 산업에 속해 있었다. 이를 통해 다음과 같은 시사점을 얻을 수 있었다.

• 모두 중간 분위라는 유사한 선상에 있던 기업들인데 트렌드에 속하지 못한 기업은 10년 후 이익에서 큰 차이가 났다.

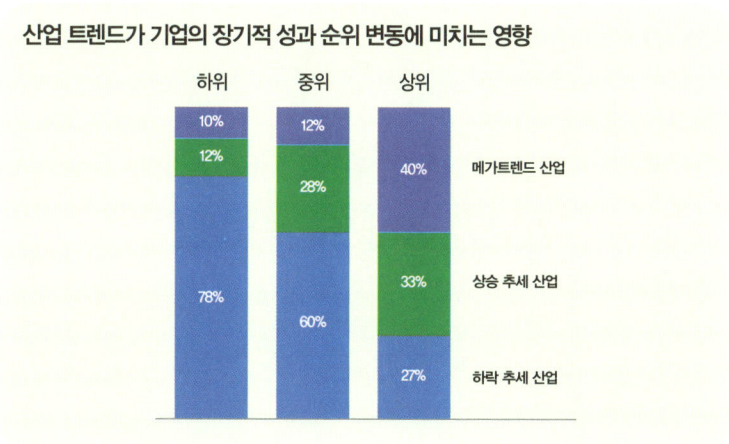

출처: https://www.mckinsey.com

- 하락 추세 산업에 속해 있으면 실적이 좋아도 전체 산업에 대한 관심 밖으로 밀려나며 하위 그룹으로 떨어질 가능성이 있다.
- 기술 혁신, 인구, 소득 구조 전환 등 거대한 흐름을 타는 산업은 기업의 개별 역량을 뛰어넘는 레버리지 효과를 제공한다.
- 산업 자체의 방향성이 회사의 성과를 좌우한다. 산업이 오르면 평균도 위대함을 이기고, 내리막일 땐 위대함조차 평균에도 못 미칠 수 있다.

따라서 투자자들이 시장을 이기며 장기적인 초과 수익을 올리기 위해서는 산업 선택, 즉 내가 어디에 있을지 잘 결정해야 한다. 특히 ETF를 통해 비슷한 산업군이나 특정 테마 기업에 다양하게 투자하는 사례가 많아지는 시점에서 산업 효과의 영향은 앞으로도 확대될 가능성이 크다.

모멘텀은
기회가 아니라 전략이다

미국주식의 특징 중 하나는 상승하는 종목은 지속적으로 상승하는 경향이 있다는 것이다. 그리고 이러한 경향성을 이용한 투자법이 바로 모멘텀 투자다.

모멘텀이란 가격 추세가 앞으로도 지속될 수 있는 힘을 말한다. 그리고 모멘텀 투자는 주식이나 자산 가격이 상승할 때 매수하고 하락할 때 매도하는 전략으로 최근 상승하는 자산을 매수해 추세가 꺾일 때까지 보유하는 것이다.

모멘텀 투자가 더 좋은 결과를 보이는 데는 다음과 같은 3가지 이유가 있다.

첫째, 행동 금융 이론(Behavioral Finance Theories)이다. 이는 주가가 상승하는 종목을 투자자가 매수하는 경향이 있어 주가의 추가 상승 압력으로 이어지는 것으로 군중심리나 FOMO 등이 가격 추세를 강화한다.

둘째, 추세 지속성이다. 추세는 한번 형성되면 단기적으로 지속되는 경향이 있고 이것이 수익 기회를 제공한다.

셋째, 위험 감수의 대가다. 단기적으로 주가가 많이 상승했고, 추세 반전이 일어나는 모멘텀 크래시 리스크를 감내한 대가라는 것이다.

모멘텀 장세의 가장 큰 특징은 소수의 주도주가 시장 전체의 상승을 견인한다는 것이다. 따라서 지수에 투자한 경우라면 영향이 없을 수 있지만, 개별 종목에 투자했다면 특정한 소수 종목에 투자하지 못했을 때 상승에서 소외될 가능성이 크다.

그렇다면 어떤 종목이 모멘텀 장세에서 강할까? 미국 대형주들이 강하다. 대형주는 소형주 대비 2.71%p 높은 초과 수익률을 보였고, 글로벌 증시 대비 8.73%p 더 높은 상승을 보였다. 모멘텀이 약한 시기의 격차(3.18%p)보다 훨씬 컸다.

또한 주목할 점은 상위 10개 종목이 S&P 500 지수보다 무려 16.21%p나 높은 수익률을 기록하며 시장 상승을 압도적으로 이끌었다는 것이다.

출처: https://www.troweprice.com

이처럼 미국 시장이 모멘텀 장세에서 강한 이유는 애플, 마이크로소프트, 엔비디아 등 글로벌 거대 기업을 가장 많이 보유하고 있고, 모멘텀 장세에 들어올 막대한 자금 유동성을 받아들일 수 있을 만큼 거대한 금융시장과 신뢰를 보유하고 있기 때문이다.

따라서 모멘텀 장세가 강화되는 시기에는 시장을 주도하는 소수 핵심 대형주에 집중하는 투자 전략이 소외되지 않고 시장의 흐름에 편승하는 효과적인 방법이 될 것이다.

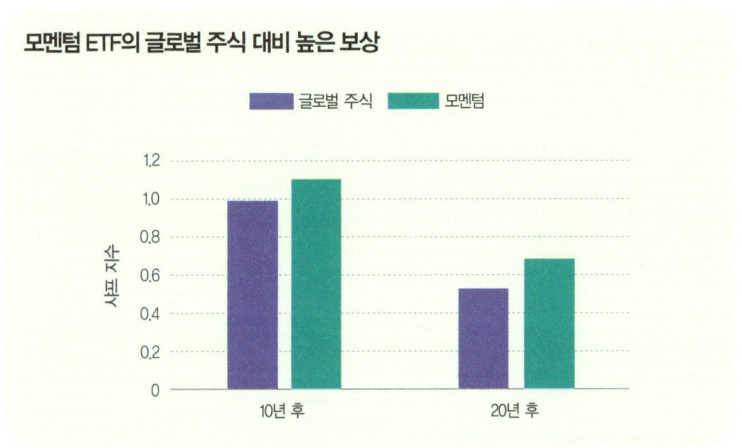

출처: https://www.blackrock.com

모멘텀을 판단하는
기술적 지표가 있나요?

RSI(상대강도 지수)

주가의 상승폭과 하락폭을 비교해 과매수·과매도 상태를 파악하는 기술적 분석 지표다. 주로 14일 기간을 기준으로 계산하며 값은 0에서 100 사이에서 표시된다.

   일반적으로 RSI가 70을 넘으면 과매수이고 30 이하면 과매도로 본다. 그래서 통상적으로 70이 넘으면 매도 계획을 세우고 30 이하에서는 매수 계획을 세우지만, 모멘텀 투자에서는 과매수 상태가 장기간 지속될 수 있기 때문에 다른 지표와 함께 고려해야 한다.

출처: Finviz

실제 단기 모멘텀을 기준으로 RSI를 선정할 때는 50 이상이거나 70보다는 낮지만 충분히 높은 65 이상을 기준으로 종목을 물색하는 것이 좋다.

이동평균선(Moving Average)

이동평균선은 일정 기간의 가격(종가 등)의 평균을 내 만든 선으로 주가의 '평균 가격' 흐름을 통해 시장의 전반적인 추세(direction)를 파악하는 데 쓰인다. 즉 현재 기준에 대비해 과거에 주가가 어떻게 움직였는지 알 수 있으며 이는 지지선, 저항선 등 여러 가지 형태로 높은 활용성을 보여주는 지표다.

이동평균선은 크게 단순 이동평균선(SMA: Simple Moving Average)과 지수 이동평균선(EMA: Exponential Moving Average)으로 나뉜다. 단순 이동평균선은 특정 기간의 주가를 단순 평균해 산출한 선으로 최근 N일 동안의 종가를 N으로 나누어 선으로 표시한 것이다.

$$SMA_N = \frac{P_t + P_{t-1} + \cdots + P_{t-(N-1)}}{N}$$

미국주식에서는 일반적으로 50일선과 200일선을 가장 많이 활용한다. 200일선 위에 50일선이 정렬되어 있으면 정배열이라고 한다.

골든크로스 & 데드크로스

골든크로스는 50일 이동평균선(MA)이 200일 이동평균선을 상향 돌파하는 것을 말한다. 이때 단기적으로 주가 상승이 기대되는데, S&P 500이 1950년 이후 골든크로스가 발생했을 경우 약 80% 확률로 1년 후 주가가 상승했다. 반대로 50일 이동평균선이 200일 이동평균선 아래로 이탈하는 것을 데드크로스라고 한다.

지수 이동평균선은 최신 가격에 더 큰 가중치를 부여해 주가 변동을 더 신속히 반영한다. 최근 가격에 더 큰 가중치를 두기 때문에 단순 이동평균선보다 빨리 반응하는 경향이 있고, 상대적으로 단기 매매에 유용한 지표로 평가받는다. 이러한 지수 이동평균을 활용하는 대표적인 지표로 MACD가 있다.

MACD(Moving Average Convergence Divergence, 이동평균 수렴확산지수)

MACD는 단기(12일) 지수 이동평균(EMA)과 장기(26일) 지수 이동평균의 차이를 계산해 만든 추세 추종형 지표로 주가의 추세와 모멘텀을 파악하는 데 널리 쓰인다.

- MACD선 = 12일 EMA - 26일 EMA
- 신호선(Signal Line) = MACD선의 9일 EMA
- MACD 오실레이터 = MACD선 - 신호선

MACD선이 신호선을 뚫고 위로 올라가면 상승 모멘텀이 강화되고 있다는 신호이고, MACD선이 신호선 위에 있으면 전반적으로 상승 추세가 우위에 있다는 의미다. 반대로 MACD선이 신호선 밑으로 향하면 하락 모멘텀이 강화되고 있고, MACD선이 시그널선 밑에 있으면 하락 모멘텀이 우위에 있다는 뜻이므로 주의할 필요가 있다.

MACD 오실레이터(MACD Oscillator)는 MACD 지표의 한 형태로 MACD선에서 신호선을 뺀 값을 막대그래프(히스토그램)로 나타낸 보조지표다. 0을 상향 돌파하는 순간을 매수 신호로 사용하며 반드시 상향 돌파하는 순간이 아니더라도 0 이상을 유지하고 있다면 모멘텀이 살아 있다고 볼 수 있다. 'MACD 오실레이터 > 0'은 'MACD선 > 신호선'과 똑같은 의미다.

신고가가 두렵다면,
DCA(적립식 매수)로 돌파하라

국내 투자자들은 코스피가 장기간 박스피를 그리면서 신고가를 지속적으로 돌파하지 않다 보니 일정 수준 이상으로 오르면 팔고 다시 많이 하락하면 사는 경향이 강하다.

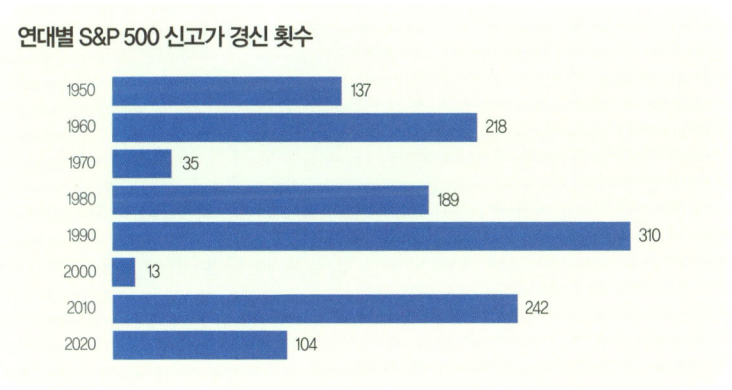

출처: https://www.rbcgam.com

하지만 미국주식은 지속적으로 꾸준히 상승해 왔으며 1950년 이후 2024년 3월까지 S&P 500은 1,250회 이상 사상 최고치를 경신했다. 연간으로 환산하면 매년 16회 이상 사상 최고치를 경신한 셈이다. 그러므로 미국주식시장에서는 신고가라고 해서 주식을 매도하거나 주가가 떨어지기만 기다리면서 매수 기회를 엿보면 더 큰 이익을 놓칠 수 있으므로 두려워하지 말고 투자를 지속해 나갈 필요가 있다. 다만 신고가를 경신하면 두려워지는 사람들을 위해 신고가 경신 이후 주가 흐름을 살펴보자.

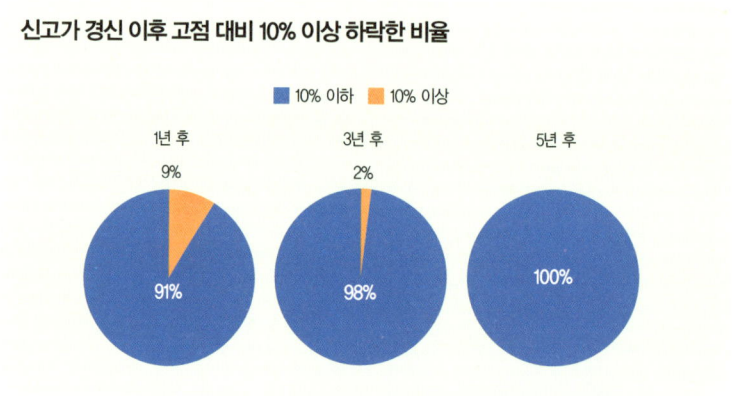

출처: https://www.rbcgam.com

위의 표는 S&P 500 지수가 사상 최고치(ATH)를 기록한 이후 일정 기간(1년·3년·5년) 동안 최근 고점 기준으로 10% 이상 하락(빅 코렉션)을 겪은 빈도를 보여준다. 사상 최고치 경신 이후 1년 안에 10% 이상 하락한 경우는 전체 중 9%에 불과하고, 3년 후에는 2%, 5년 후에는 10% 이상의 조정이 단 한 번도 나타나지 않았다. 이는 역사적으로 사상 최고치 경신 이후 장기적으로 큰 조정이 매우 드물었음을 보여준다.

실제로 신고가 때만 투자했을 경우의 주가 수익률을 살펴보면 1년 후, 3년 후, 5년 후 모두 평소 투자했을 때와 비교해 수익률 차이는 약

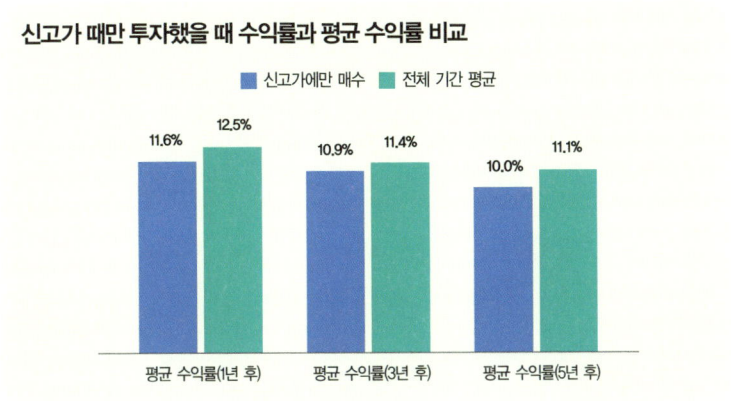

출처: https://www.rbcgam.com

1%p로 크지 않다. 또한 2024년 1년 동안 S&P 500은 사상 최고치를 57회 경신했다. 따라서 신고가 때도 투자할 수 있는 용기가 필요하다.

신고가 때 투자가 두려울 때 사용하기 좋은 투자법이 바로 DCA이다. DCA(Dollar Cost Averaging)는 가치투자 창시자인 벤저민 그레이엄이 1949년 자신의 저서 『현명한 투자자』에서 소개하면서 대중화되었는데 같은 기간 동안 같은 금액을 투자하는 방법이다. 이 방식을 따르면 주가가 오를 경우 그에 맞춰 주식을 적게 매수하고, 주가가 하락하면 더 많은 주식을 매입한다.

예를 들어 매월 500달러를 투자하기로 결정했다면 주가가 50달러일 때는 10주를 사고, 주가가 100달러일 때는 5주를 매수하는 것이다. 이 투자법은 다음과 같은 장점이 있다.

- 정기적인 매수로 시장 변동성을 완화한다. 주가가 내리면 더 많은 주식을 매수하고, 주가가 오르면 적은 주식을 매수하게 되어 시장 변동

성을 완화할 수 있다.
- 일관성 있는 투자 계획 고수를 쉽게 해주며 감정적인 의사결정을 최소화해 뇌동매매를 방지할 수 있다.

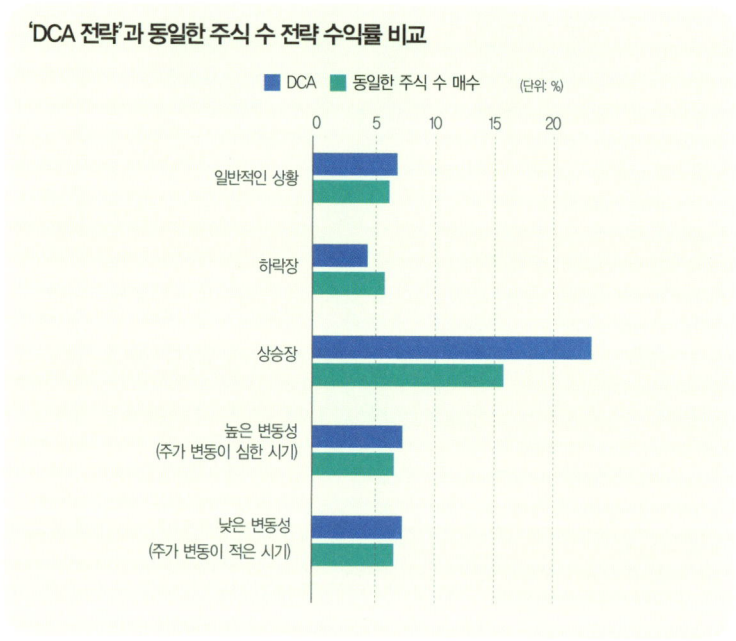

출처: https://www.wsj.com

조지 메이슨대학에서 20년간 데이터를 기반으로 100만 회 시뮬레이션을 실행한 결과, DCA는 매월 동일한 주식 수를 투자하는 방법과 비교해 모든 투자 전략에서 평균 0.4%p 높은 수익률을 보였다. 특히 증시가 2년 이상 상승하던 시기에는 DCA가 연간 7.53%p(23.57% 대 16.04%) 더 높은 수익을 냈으며, 고변동성, 저변동성 때 모두 동일한 주식 수를 매수하는 전략보다 높은 수익률을 보였다(특히 DCA는 고변동성 장세에서 더 강했다). 동일한 주식 수를 매수하는 전략이 DCA보다 높은 수익률을 낸 유일한 순간은 하락장 때뿐이었고, 그 차이도 1.64%p로 상승장에서의 성과보다 낮았다. 그러므로 신고가가 경신되는 순간을 두려워하기보다 꾸준히 조금씩 매수해 나가는 전략을 고려할 필요가 있다.

종목 수는 많을수록 좋을까?
최적의 포트폴리오 관리

투자에서 포트폴리오 구축이 중요하다는 데는 대부분 동의할 것이다. 예상치 못한 손실에 대비하고 장기투자하기 위해서는 분명히 다수 종목을 포트폴리오에 넣어야 하는데 문제는 얼마나 담아야 하느냐다.

포트폴리오에 투자 종목이 너무 적으면 위험에 크게 노출될 수 있고, 반대로 너무 많은 종목을 보유하면 관리가 어려울 뿐만 아니라 사실상 시장수익률과 비슷한 수익률을 얻을 수밖에 없어 마음 편하게 S&P 500이나 나스닥 100 지수 추종 ETF를 사는 것이 나을 수 있기 때문이다. 따라서 포트폴리오의 적정 종목 수에 대한 다양한 연구와 투자 구루(Guru, 전문가)들의 포트폴리오를 통해 살펴보자.

관련 연구들

몇 개 종목에 투자해야 위험을 적절히 줄일 수 있는지는 월가와 금융·투자 학계의 오랜 관심사였고 이와 관련된 수많은 연구가 있었다. 1968

년 에반스&아처(Evans&Archer) 연구에서는 6~15개 종목이면 충분히 분산효과를 볼 수 있다고 주장했고, 이후 엘튼&그루버(Elton&Gruber)(1977)의 연구와 『파이낸셜 타임스』의 테리 스미스(Terry Smith)의 연구에서 20개 종목으로 구성된 포트폴리오의 표준편차는 20%로 이는 시장 전체(19.2%)와의 차이가 불과 0.8%p라는 것을 알아냈다(한 종목에만 투자할 경우의 표준편차는 49.2%다).

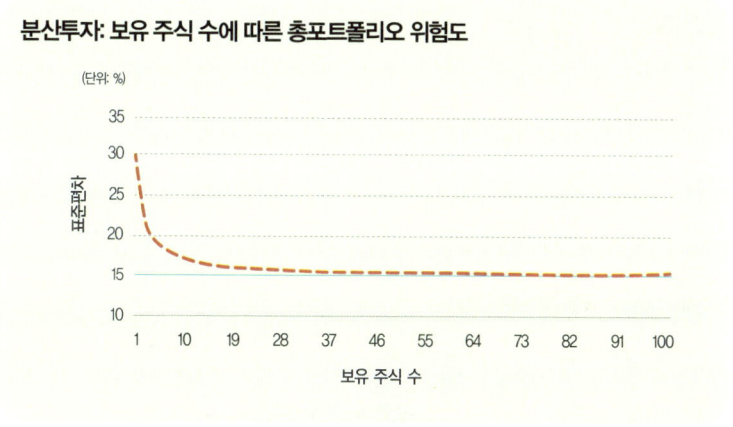

출처: https://media.rainpos.com

즉 투자 종목이 20개가 넘으면 분산으로 인한 위험 감소 효과는 미미하다는 것이다. 그리고 이는 비탈리 알렉셰프&프랜시스 타폰(Vitali Alexeev&Francis Tapon)의 연구의 '주식 포트폴리오 분산투자: 주식 수가 몇 개여야 충분한가? - 5개 선진국 시장에서 찾은 근거'(2013)에서도 드러나는데, 일반적인 상황에서 90% 수준의 분산효과를 얻기 위해서는 미국주식 23개 종목이 필요하며, 금융위기와 같은 블랙스완 상황에서는 16개 종목으로도 충분하다고 분석했다.

결론적으로 ETF처럼 시장 자체를 추종해 개별 종목의 위험을 최대한 줄이는 것이 목표가 아니라면 시장의 위험을 회피하는 데 굳이 20개를 넘길 필요는 없다.

그렇다면 시장을 이기려면 몇 개 종목이 좋을까? 실제 시장을 이기고 있는 전문가들의 포트폴리오에서 그 아이디어를 얻어보자.

구루들의 포트폴리오

워런 버핏(Warren Buffett)

워런 버핏은 S&P 500을 이긴 대표적인 투자 전문가 중에서 절대로

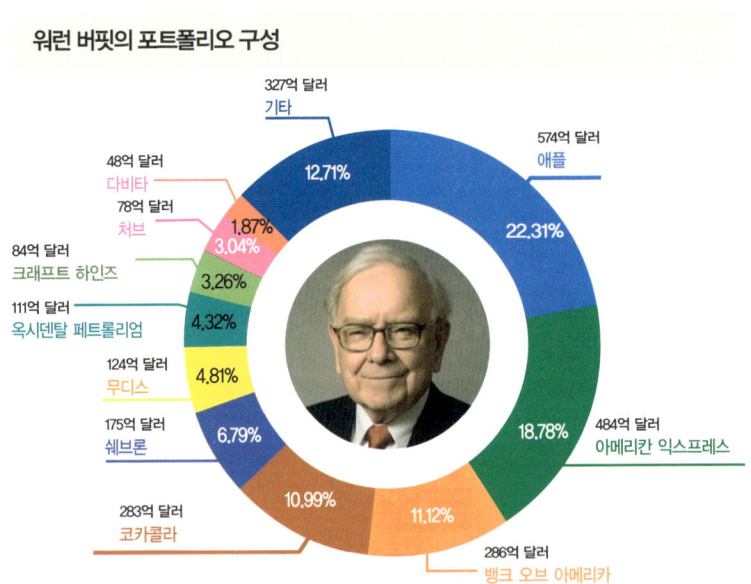

빠질 수 없는 '투자의 귀재'로 현재 약 50개 포트폴리오를 보유 중이다. 많은 종목을 보유했다고 볼 수 있지만, 상위 10개 종목이 전체 포트폴리오의 90%를 차지한다는 점에서 주요 종목들에 집중 투자하고 있음을 알 수 있다.

주요 종목으로는 IT 업종의 애플을 비롯해 금융, 필수 소비재, 에너지 등 다양한 섹터를 들 수 있으며 대부분 현금 흐름이 좋은 우량 기업들로 구성되어 있다.

워런 버핏은 1984년 주주들에게 보낸 서한에서 "분산투자는 무지에 대한 방어 수단이다. 자신이 하는 일을 당신이 제대로 안다면 굳이 분산투자할 이유는 없다."라고 전했다. 이어 "도대체 왜 30~40개 종목을 가져야 하는지 모르겠다. 약 20개, 정말 잘 아는 기업을 보유하고 있다면 굳이 10~20개를 더 늘려야 할 이유가 무엇인가?"라고 반문했다. 또한 자신이 10개 종목 중 어느 종목이 더 나은지 1~10위까지 순위를 매길 수만 있다면 1위 종목만 사면 되지 나머지 9개 종목에 나누어 분산투자할 필요가 없다고 말한 적도 있다.

버크셔 해서웨이 창업 때부터 2024년까지 평균 수익률은 19.9%로 S&P 500의 10.4%와 비교해 2배 가까운 성장률을 보였다. 연간 단위로는 약 9.5%p 높은 수익이지만 이것이 60년이라는 긴 시간 동안 지속적으로 시장보다 2배 가까이 승리한다면 1964년부터 현재까지 5,502,284% 상승하며 같은 기간보다 140배 높은 수익률을 보였다.

워런 버핏은 자신의 스승인 그레이엄에게서 투자를 배울 당시와 찰리 멍거를 만난 이후 투자 스타일이 바뀌었다.

먼저 그레이엄에게서 가치투자를 배운 이후 초기 투자 스타일은 기

버크셔 해서웨이 성과 VS S&P 500 성과

년도	버크셔 해서웨이	S&P 500 (배당 포함)
	연간 수익률 (%)	
1995	57.4	37.6
1996	6.2	23.0
1997	34.9	33.4
1998	52.2	28.6
1999	(19.9)	21.0
2000	26.6	(9.1)
2001	6.5	(11.9)
2002	(3.8)	(22.1)
2003	15.8	28.7
2004	4.3	10.9
2005	0.8	4.9
2006	24.1	15.8
2007	28.7	5.5
2008	(31.8)	(37.0)
2009	2.7	26.5
2010	21.4	15.1
2011	(4.7)	2.1
2012	16.8	16.0
2013	32.7	32.4
2014	27.0	13.7
2015	(12.5)	1.4
2016	23.4	12.0
2017	21.9	21.8
2018	2.8	(4.4)
2019	10.0	31.5
2020	2.4	18.4
2021	29.6	28.7
2022	4.0	(18.1)
2023	15.8	26.3
2024	25.0	25.0
연평균 복리 수익률 (1965년~2024년)	19.9%	10.4%
총누적 수익률 (1964년~2024년)	5,502,284%	39,054%

출처: 버크셔 해서웨이 주주 서한

업의 장기 실적이 형편없더라도 주식을 매우 싼 가격에 살 수 있다면 이익을 낼 수 있기 때문에 PBR이 1.0 미만인 주식을 사 PBR 1.0 위에서 팔거나 경영진을 압박해 회사 자산을 매각해 배당하게 하는 전략을 사용했다. 워런 버핏은 이러한 투자법에 대해 길거리에 떨어진 한 모금만 남은 담배 꽁초처럼 하찮은 존재 같은 주식도 싼 가격 덕분에 이익이 날 수 있었다고 전했다.

그러나 버핏은 결국 이 방식을 바꾸었다. 그 이유는 두 가지인데 먼저 처음에는 싼 가격이라고 생각했지만 나중에 추가적인 문제가 발생해 십중팔구 싸지 않았던 것으로 밝혀져 그로 인해 처음에 싼 가격에서 얻은 이점이 머지않아 사라지는 경우가 많았기 때문이다.

두 번째는 찰리 멍거와의 만남이다. 그는 비싸더라도 훌륭한 기업을 장기보유 하는 것이 중요하다고 설득했고, 이는 현재의 투자 스타일인 '위대한 기업들을 적당한 가격에 매수하여 장기 투자하는 전략'으로 바꾸었다. 현재 워런 버핏의 투자 종목 선정 기준은 다음과 같이 같다.

- 기업구조가 단순하고 이해하기 쉬운가?
- 경영진은 정직하고 합리적인가?
- 기업은 장기적 경쟁우위를 보유했는가?
- 견고한 재무구조와 수익성을 가졌는가?
- 합리적인 매입 가격인가?
- 장기적으로 보유할 가치가 있는가?

빌 애크먼(Bill Ackman)

빌 애크먼은 퍼싱 스퀘어 캐피털 매니지먼트(Pershing Square Capital Management)를 이끄는 행동주의 투자자다. 그의 투자 스타일의 핵심은 소수 우량 기업에 자본을 집중 투자해 장기 보유하는 것이다. 알고 있는 기업에 대한 소수 집중 투자가 더 나은 위험 조정수익을 낼 수 있다고 밝혔으며, 8~12개 종목을 이상적인 집중도로 보았다(현재 포트폴리오 내 11개 종목을 보유 중이다).

그가 선호하는 기업은 단순하면서 예측 가능하고, 강력한 현금 흐름을 창출하며, 진입 장벽이 높은 지배적인 사업 모델을 가진 곳이다.

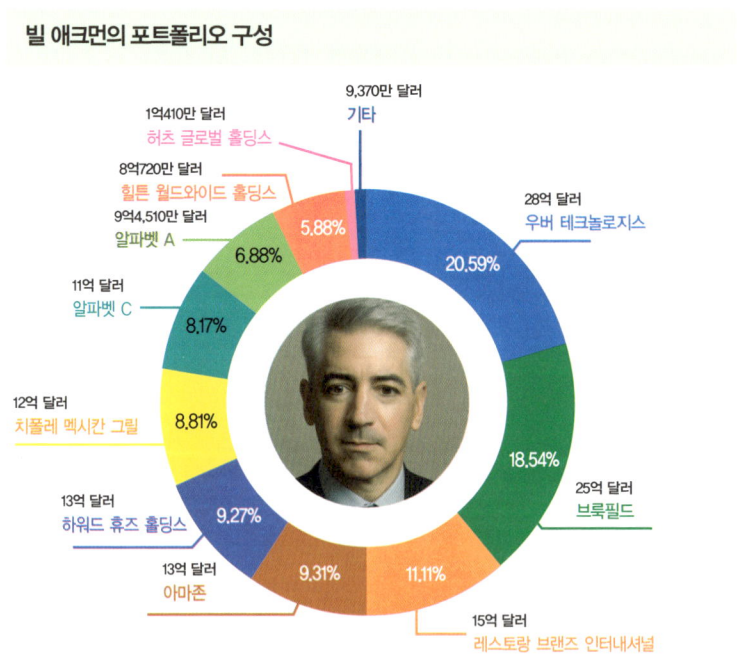

빌 애크먼의 포트폴리오 구성

출처: https://www.gurufocus.com

실제 그의 포트폴리오를 살펴보면 치폴레, 레스토랑 브랜즈(버거킹, KFC 등), 알파벳, 힐튼, 우버 등과 같이 각자의 분야에서 강력한 브랜드 파워와 충성도 높은 고객 기반을 갖춘 지배적 사업자들이 주를 이루며, 그 외에도 브룩필드와 하워드 휴즈 같은 자산 대비 저평가 기업들에 투자하고 있다. 이러한 모습은 '리틀 버핏'이라는 그의 별명처럼 워런 버핏과 비슷한 모습을 보인다.

마이클 버리(Michael Burry)

마이클 버리는 2008년 서브프라임 모기지 사태를 예측하고 CDS(신용부도 스왑)에 투자해 3조 원 가까운 수익을 올린 월가의 유명 투자자로 과거 그의 스토리는 영화 「빅쇼트」로 만들어지기도 했다. 이후 여러 투자 실패로 명성이 과거와 같지는 않지만 여전히 많은 사람이 그의 포트폴리오에 관심을 보이고 있다.

그는 안전 마진을 확보하는 투자 스타일로 기업가치를 기반으로 투자하는 바텀업(Bottom-up) 방식이다. 특히 잠재적 투자 대상에 제한을 두지 않고 그 방식도 크게 제한을 두지 않아 소형주부터 대형주, 비기술주와 기술주, 롱·숏 등 모든 것을 고려한다.

약 2억 달러를 운영하는 마이클 버리의 Scion Asset Management는 2025년 1분기에는 에스티로더만 보유하고 있었지만 최근 룰루레몬, 메르카도 리브레, 그리고 여러 헬스케어 종목들을 새로 편입했다. 또한 2025년 1분기에는 엔비디아(NVDA), 알리바바(BABA), 핀둬둬(PDD) 등 주요 기술주에 대해 풋옵션을 매수하며 하락에 베팅했지만, 2분기 들어 메타(META), 알리바바(BABA), ASML(ASML) 등의 콜옵션을 매수하면서

마이클 버리의 포트폴리오 구성

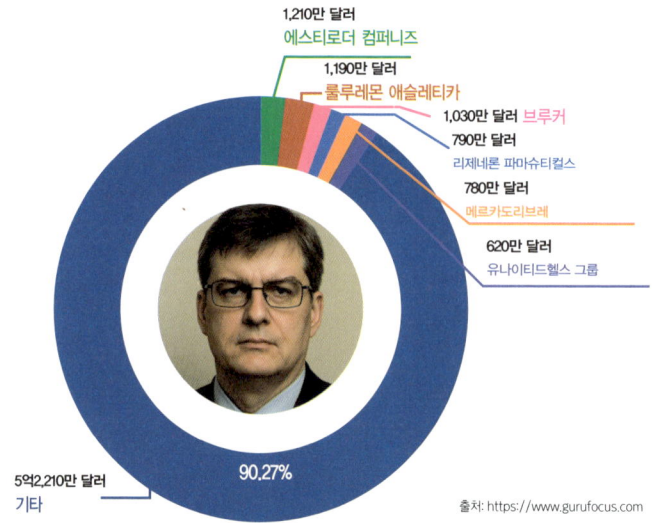

출처: https://www.gurufocus.com

기술주에 대한 전망을 긍정적으로 전환한 모습이 확인된다.

종목을 선별할 때 EV/EBITDA를 통해 잠재적 저평가 기업을 걸러낸 후 FCF를 통해 내재가치를 평가하는 것으로 알려져 있으며, 현재 보유 중인 주식은 하나지만 일반적으로 12~18개 종목에 집중 투자하는 것을 선호한다고 밝혔다.

스탠리 드러켄밀러(Stanley Druckenmiller)

스탠리 드러켄밀러는 조지 소로스와 함께 퀀텀 펀드를 운용하며 1992년 영국 파운드화 폭락에 베팅해 '영란은행을 무너뜨린 사나이'로 명성을 떨친 월가의 전설적인 투자자다. 그는 30년간 연평균 30%라는 경이로운 수익률을 기록하면서도 단 한 번도 연간 손실을 입지 않은 것으로 유명하다. 현재는 개인 자산을 운용하는 듀케인 패밀리 오피스(Duquesne Family Office)를 이끌고 있으며 그의 거시경제 전망과 포트폴리오는 시장 참여자들에게 큰 영향을 미친다.

그의 투자 스타일은 개별 기업의 가치를 파고드는 '바텀업' 방식이 아니라 금리, 환율, 인플레이션 등 거시경제의 큰 흐름을 먼저 읽고 투자 방향을 정하는 '톱다운(Top-down)' 접근법이 핵심이다. 그는 주식, 채권, 통화, 원자재 등 자산군에 구애받지 않으며 확신이 드는 거시적 테마가 나타나면 롱·숏 포지션을 자유자재로 활용해 대규모 집중 투자를 단행하는 것으로 유명하다. "자본 보전이 최우선이지만 기회가 보이면 목을 겨눠야 한다."라는 그의 말처럼 리스크 관리와 과감한 베팅을 결합하는 스타일이다.

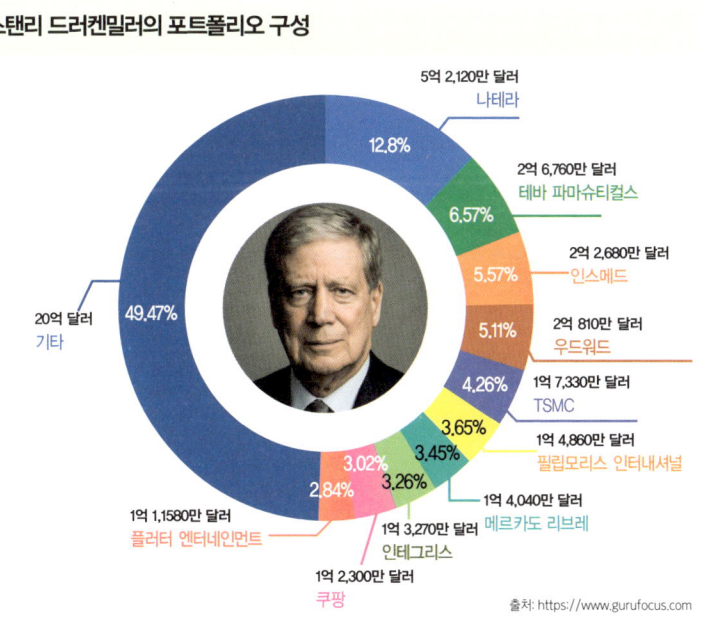

스탠리 드러켄밀러의 포트폴리오 구성

출처: https://www.gurufocus.com

그의 포트폴리오(2025년 6월 30일 기준)를 살펴보면 이러한 톱다운 전략이 잘 드러난다. 헬스케어 분야의 나테라(Natera), 테바(Teva), 반도체 리더인 TSMC, 특정 성장 테마를 가진 메르카도 리브레(Mercado Libre) 등 다양한 산업의 종목들이 혼재되어 있다. 이는 특정 가치나 성장이라는 틀에 얽매이지 않고 자신이 예측한 거시경제 시나리오에 따라 가장 유리하다고 판단되는 자산을 유연하게 편입하는 그의 투자 특징을 보여준다.

적절한 투자 종목 수는?

앞서 살펴본 투자 전문가들은 많은 종목을 보유한 경우도 있었지만 대부분 포트폴리오는 상위 10개 종목에 집중되어 있었다. 물론 몇 개 종목에 투자하는 것이 적정한지는 투자 자금 규모나 전략에 따라 달라질 수 있다.

그러나 너무 많은 종목에 투자하는 것은 종목을 방치하는 결과가 생길 수도 있으므로 개인 투자자라면 10~15개 종목이면 충분하다. 상황에 따라 종목 수를 늘리더라도 비중을 조절해 상위 10개 내외 종목에 비중을 두는 것이 적절할 것이다. 물론 비중을 싣기 위해서는 그 종목을 충분히 공부하는 것이 전제되어야 한다.

적정한 투자 기간은
어느 정도가 좋을까요?

투자할 때 궁금한 점 중 하나는 언제 파느냐다. 이에 대해 정해진 기간은 없지만 많은 투자 전문가들은 장기투자를 선호한다. 빌 애크먼은 항상 최소 5년 이상의 투자 수익 실현을 염두에 둔다며 장기투자를 선호했고, 뱅가드 창업자 존 보글도 "시장 전체를 사 평생 보유하라."라고 조언했다.

반대로 그렇지 않은 투자자들도 있는데 조지 소로스는 투자 기간이 평균 2.65분기로 별로 길지 않다. 그 이유는 조지 소로스의 다음과 같은 투자 성향 때문이다.

- 정책이나 거시경제 이벤트에 주로 투자한다.
- 시장을 불균형 상태로 보고 그 불균형이 해소되는 과정에 투자한다.

다음은 2014년 조지 소로스가 발표한 『오류 가능성, 반사성, 그리고 인간의 불확실성 원리』에서 자신의 투자 이론을 정리한 내용의 일부다.

- **초기 단계(A~B)**: 새로운 긍정적인 실적 추세가 나타나지만 시장이 이를 아직 알아차리지 못한다.
- **가속 단계(B~C)**: 추세가 인식되면서 기대감이 더해져 가격 상승이 빨라진다.
- **시험 단계(C~D)**: 실적이나 기대감이 흔들리면 조정이 오지만 추세와 투자 심리가 무너지지 않으면 오히려 더 단단해진다.
- **확신 단계(D~E)**: 투자자들의 신념이 굳어져 일시적인 실적 부진에도 흔들리지 않는다. 기대와 현실의 간극이 계속 벌어진다.
- **과열·진실의 순간(E~F → F)**: 현실이 과장된 기대를 더 이상 떠받치지 못하는 순간이 온다. '편향'이 노출되면서 투자 심리가 흔들린다.
- **황혼기(F~G)**: 많은 투자자가 거품임을 깨닫지만 관성적으로 거래는 이어진다.
- **전환점(G)**: 추세가 완전히 꺾이며 가격이 마지막 지지선마저 잃

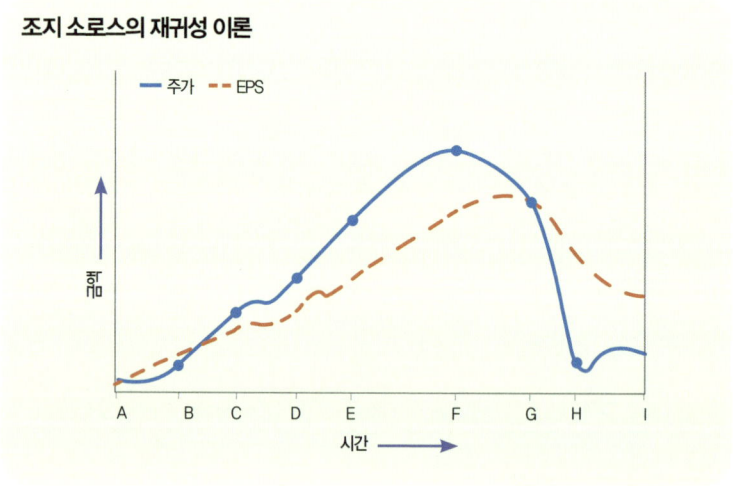

출처: https://www.concertedaction.com

는다.
- **폭락 단계**(G~H): 공포가 확산되면서 급격한 가격 붕괴가 일어난다.
- **안정·반등**(H~I): 비관이 과도해지면 실적이 바닥을 다지고 가격도 어느 정도 되돌림 반등을 보인다.

이처럼 시장은 '무관심 → 과열 → 붕괴 → 안정'을 반복하며 기대와 현실 사이의 괴리가 커질수록 반작용도 극단적으로 나타난다.

중요한 것은 매수하는 이유

이처럼 중요한 것은 투자 전략에 맞는 투자 기간이며 특별히 정해진 적정한 투자 기간은 없다. 만약 기업의 장기적 스토리를 보고 투자했다면 그 스토리가 계속 이어지는 한 매도할 필요는 없을 것이다.

예를 들어 팔란티어의 뛰어난 AI 역량이 국방·안보 분야를 넘어 일반 비즈니스 영역에서도 확장될 것이며, 이를 통해 상업 매출이 지속적으로 증가하고 정부 부문에서도 DOGE 프로그램의 주요 수혜자로 성장할 것이라는 투자 스토리를 가지고 투자했다고 가정해 보자.

먼저 팔란티어의 AI가 실제로 기업들의 효율성을 올려주었는지부터 확인해야 한다. 팔란티어는 실적 발표 리포트나 AIP Con 등 다양한 행사에서 회사의 AI가 어떤 식으로 기업들의 효율성을 높여주었는지 공개했는데 그 대표적인 이야기는 다음과 같다.

웬디스는 미국 전역에 6,450개 레스토랑과 250개 출하지, 34개 물류

센터를 보유 중이다. 그동안 유통기한을 준수하면서 식재료를 관리하는 방법으로 30일분 재료를 꽉 채워 식료품이 상하더라도 남은 재고를 사용해 왔다. 웬디스에 따르면 공급망 전체에 걸쳐 30일분 재고를 보유하는 것이 업계 표준이었다. 이에 대해 팔란티어는 동적 관리 재고 및 엔드투엔드 파이프라인 관리가 없다는 것을 알아내 네트워크의 비효율성을 진단했고 이를 해결할 방안을 모색했다.

그 결과 팔란티어는 실시간으로 데이터를 통해 부족분과 필요한 주문량을 한 번에 제시하며 어느 지역에 어떤 식자재가 필요하고 이를 위해 어느 공장에서 얼마나 추가 생산해야 하는지, 그리고 각 선택지에 따른 비용과 선택지에 따른 행동 이후 얼마 동안 공급망에 문제가 없는지 알려주었다. 이 업무는 15명이 하루종일 해야만 해결할 수 있는 일이었다. 하지만 팔란티어는 이 과정을 단 5분 만에 해냈다. 즉 팔란티어는 단 5분 만에 15명이 하루종일 해야 할 일을 해결한 것이다.

그 외에도 월 그린스, 페이스 트렉, 데이터 브릭스 등 다양한 사례에서 팔란티어가 AI와 데이터를 통해 기업의 비용을 많이 줄이고 효율성도 증가한 것을 확인할 수 있다.

이렇게 팔란티어의 제품이 기업들의 효율성을 높여준 것을 확인했다면 실제로 재무적으로 반영되는지 확인하면 되는데 팔란티어는 매출성장률이 계속 증가하고 있다. 단순히 매출만 증가한 것이 아니라 성장률 자체도 커지면서 성장 가속 단계에 있음을 확인할 수 있고, 그중에서도 미국 상업 매출이 전체 매출성장률을 크게 상회하며 상업 부문 매출성장률도 2024년 4분기 64%, 2025년 1분기 71%, 2025년 2분기 93% 성장했다. 즉 투자 스토리가 계속 이어지고 있는 것이다. 이러한 상황에서 그 주식을 팔아야 할 이유는 없을 것이다.

반대로 이동평균선 같은 기술적 지표를 보고 주식에 투자한다면 그 기술적 지표가 깨졌을 때 매도해야 한다. 즉 자신의 투자 아이디어가 끝난 시점을 기준으로 매도 기간을 잡는 것이 좋다.

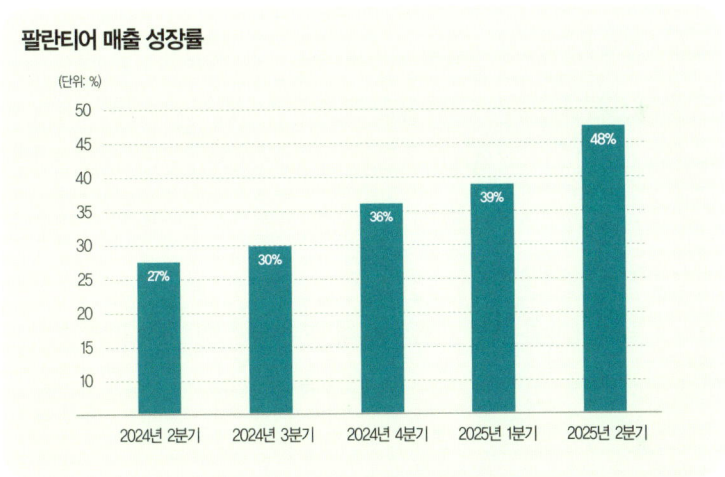

출처: https://www.palantir.com

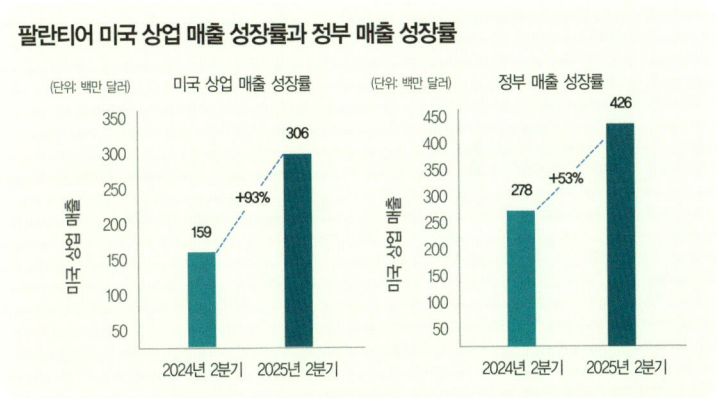

출처: https://investors.palantir.com

그럼에도 장기투자가 유리한 이유

그럼에도 개인투자자들에게 장기투자를 권하는 두 가지 이유가 있다. 첫째, 손실 가능성을 줄여준다. 워런 버핏의 주요 투자 원칙인 "첫째, 절대로 잃지 말라. 둘째, 첫 번째 원칙을 잊지 말라."에서 확인할 수 있듯이 투자에서 잃지 않는 것은 매우 중요하다.

그리고 주식은 투자 기간이 길어질수록 그 변동성과 손실 확률이 크게 감소한다. 단기적으로 1년 동안만 투자한다면 주식은 약 16%의 변동성을 갖지만 장기투자하면 그 변동성 위험은 감소한다. 특히 통계적으로 투자 기간이 5년이 넘으면 변동성이 꾸준히 감소하며 이는 다양한 연구에서 나타난다.

둘째, 복리효과와 세금 이연의 시너지다. "투자의 가장 좋은 친구는 시간이다."라는 격언처럼 충분한 시간을 들여 복리효과를 누리면 수

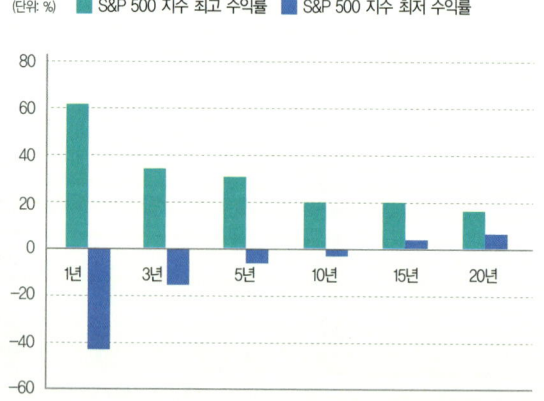

출처: https://www.palantir.com

익률은 시간이 지날수록 큰 차이를 만들어낸다. 여기에 미국주식의 과세 구조가 더해지면 수익률 차이는 더 크게 벌어진다. 미국주식은 투자수익에 22% 과세하는데 매년 과세가 이루어지면 투자 원금이 줄어들어 복리효과가 제한된다. 반면 주식을 매도하지 않고 장기간 보유하다가 마지막에 한 번만 세금을 내면 복리효과를 온전히 누릴 수 있다.

예를 들어 1,000만 원을 연평균 10% 수익률로 30년간 투자했을 때를 비교해 보자. 매년 과세가 이루어지는 경우 최종 자산은 약 9,518만 원에 불과하지만 세금을 이연한 경우에는 약 1억3,831만 원에 이른다. 무려 약 4,300만 원의 추가 수익이 발생하는 것이다. 즉 똑같은 수익률을 얻더라도 장기투자와 세금 이연을 통해 복리효과를 극대화하는 것이 큰 차이를 만들어낸다.

워런 버핏의 발언을 마지막으로 적정 투자 기간을 정리해 보자.

"Our favorite holding period is forever."
(우리가 선호하는 보유 기간은 '영원히'입니다.)

모두가 공포에 떠는 순간이
진짜 기회다

"남들이 탐욕을 부릴 때 두려워하고, 남들이 두려워할 때 탐욕스러워져라."(Be fearful when others are greedy and greedy only when others are fearful.)

이 말은 워런 버핏의 투자 철학을 상징하는 말 중 하나다. 결국 주가는 이익과 밸류에이션의 함수이며 시장이 공포 단계에 있을 때 이 밸류에이션이 급격히 낮아져 좋은 기업을 낮은 가격에 살 기회가 오기 때문이다. 그러나 문제는 남들이 두려워할 때 투자하는 나 자신도 두렵다는 것이다. 특히 시장이 공포에 휩싸일 때는 뉴스, 유튜브 가리지 않고 다양한 미디어에서 수많은 전문가가 지금은 투자하기 위험하다고 말하기 때문에 나도 모르게 그 심리에 휩싸이기 쉽다.

그러므로 시장의 공포를 좀 더 객관적으로 바라보는 습관을 들일 필요가 있고, 이를 위한 가장 간단한 방법이 공포를 숫자로 확인하는 것이다.

현재 시장이 어느 단계인지 알아내는 방법을 살펴보자. 가장 대표적인 지수는 매일 CNN에서 발표하는 공포·탐욕 지수다. 이 지수는 주가 모멘텀, 주가 강도, 주가 변동폭, 풋옵션·콜옵션 비율, 시장 변동성, 안전자산 선호도, 정크본드 수요 등 이 7가지 지표로 측정한 것으로 간단하면서도 직관적으로 현재의 시장 심리를 알 수 있다.

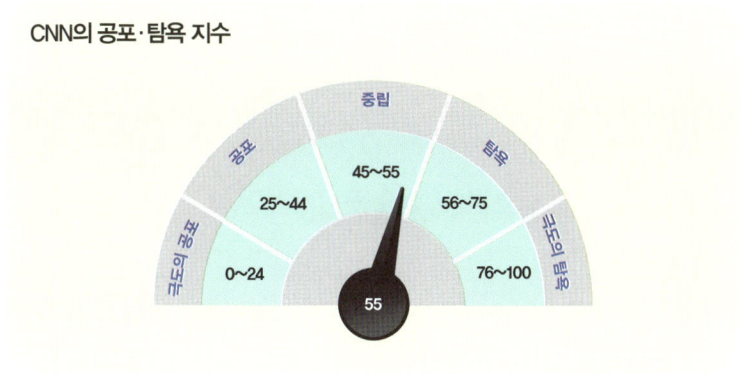

출처: https://edition.cnn.com

검색창에 'CNN Fear & Greed Index'라고 검색하면 위와 같은 지수를 볼 수 있다. 공포·탐욕 지수는 극심한 공포부터 극심한 탐욕까지 크게 5단계로 나뉘며, 숫자와 함께 현재 어느 단계인지 표시해 준다.

실제로 공포가 극심한 순간에 투자하면 높은 이익을 얻을 수 있고 그 이익은 장기투자할수록 강화된다. 공포·탐욕 지수가 극단적 공포 단계에 있을 때 S&P 500을 매수할 경우 1년 후 수익률은 평균 28.7%로 S&P 500의 장기 평균 수익률인 약 10%의 3배 가까운 모습을 보였고, 3년간 투자할 경우 그 차이는 더 커져 최저 수익률과 최고 수익률 모두에서 나머지 구간을 상회했다.

2025년 4월 트럼프 미국 대통령의 상호관세 부과조치 발표로 주가가 폭락하며 시장의 우려가 극대화되었던 시기의 공포·탐욕 지수는 4였

점수별 심리 상태

점수	심리 상태
0~24	극심한 공포
25~44	공포
45~55	중립
56~75	탐욕
76~100	극심한 탐욕

고 S&P 500은 4,835까지 하락했다. 돌이켜 보면 그 순간은 기회였지만 그 순간에는 대부분 투자자가 두려움에 휩싸여 기회를 보지 못했다.

그러므로 의도적으로 시장 심리를 객관적으로 바라보는 습관을 기르고, 두려움이 극대화될 때야말로 장기적으로 가장 절호의 매수 타이밍이 될 수 있다는 것을 기억하고 위기의 순간을 기회로 바꿔보자.

두 배 레버리지는
두 배로 수익을 가져다주지 않는다

30억 달러. 국내 투자자들이 보유한 TQQQ 규모다. TQQQ는 나스닥 100 추종 ETF인 QQQ의 3배 레버리지 ETF로 현재 서학 개미 보유 주식 8위이며 많은 선호를 보이고 있다. 그 외에도 TSLL(테슬라 2배 레버리지)이 10위, SOXL(반도체 3배 레버리지)이 11위에 랭크되는 등 레버리지 상품에 적극적으로 투자하는 모습을 보이고 있다.

왜 이렇게 레버리지에 열심히 투자하는 걸까? 어차피 상승할 종목이라고 생각하고 레버리지를 통해 더 큰 수익을 올리겠다는 심리가 저변에 깔려 있기 때문이다. 그러나 실제로 레버리지 투자는 예상과 달리 부정적인 결과를 가져올 수 있다.

레버리지 투자가 부정적인 결과를 가져오는 3가지 이유가 있다.

변동성 끌림

변동성 끌림(Vol Drag: Volatility Drag) 현상은 변동성이 커지면서 장기적으로 가격 가치가 점점 하락하는 현상을 말한다. 이런 현상이 일어나는 이유는 레버리지 상품이 추종하는 것이 지수가 아닌 '일별 수익률'이기 때문이다.

만약 지수가 100에서 110으로 10% 상승했다가 다시 100으로 9.09% 하락하는 경우를 가정해보자.

- 일반 지수: 지수는 100으로 다시 돌아오기 때문에 손실은 없다.
- 2배 레버리지 상품: 지수가 10% 상승할 때 20% 상승해 120이 된다. 이후 지수가 9.09% 하락하면 2배인 18.18% 하락해 지수는 98.18이 된다.

레버리지 변동 예

일차	지수 변동	지수 가격	레버리지 ETF 변동	레버리지 ETF 가격
0일차	–	100	–	100
1일차	1% 상승	101	2% 상승	102
2일차	0.99% 하락	100	1.98% 하락	102.00 x (1−0.0198) = 100.00
3일차	1% 상승	101	2% 상승	100.00 x 1.02 = 102.00
4일차	0.99% 하락	100	1.98% 하락	102.00 x (1−0.0198) = 100.00
5일차	1% 상승	101	2% 상승	100.00 x 1.02 = 102.00
6일차	0.99% 하락	100	1.98% 하락	102.00 x (1−0.0198) = 98.02
7일차	1% 상승	101	2% 상승	98.02 x 1.02 = 99.98
8일차	0.99% 하락	100	1.98% 하락	99.98 x (1−0.0198) = 97.99
9일차	1% 상승	101	2% 상승	97.99 x 1.02 = 99.95
10일차	0.99% 하락	100	1.98% 하락	99.95 x (1−0.0198) = 97.96
11일차	1% 상승	101	2% 상승	97.96 x 1.02 = 99.92
12일차	0.99% 하락	100	1.98% 하락	99.92 x (1−0.0198) = 97.93

높은 수수료

앞서 살펴본 수익률은 수수료가 없을 때를 전제한 것으로 레버리지

ETF는 파생상품 또는 차입을 통해 운용되기 때문에 일반 ETF보다 더 비싼 수수료를 내야 한다. 수수료를 살펴보려면 레버리지 ETF가 어떤 식으로 구성되어 있는지 알아야 하는데 레버리지 ETF의 포트폴리오는 다수의 스왑(swap) 계약으로 구성되어 있다.

스왑은 거래 상대방이 미리 합의한 기간 동안 서로 다른 현금 흐름을 교환(스왑)하는 장외(OTC) 파생상품 계약으로 레버리지를 제공하는 대신 금액에 대해 단기 금리와 가산 금리를 지불해야 한다.

지불하는 이 금리는 차입금리 기반이기 때문에 비용이 높을 수밖에 없고, SOFR 금리가 4.5%일 때 2배 레버리지는 6.5%, 3배 레버리지는 12.1%의 비용이 연간으로 발생한다.

TQQQ 포트폴리오 구성

순위	명칭	비율(%)
1	NASDAQ 100 Index SWAP Barclays Capital	9.52
2	NASDAQ 100 Index SWAP Citibank NA	9.47
3	Net Other Assets −Liabilities	7.43
4	NASDAQ 100 INDEX SWAP NOMURA CAPITAL	7.41
5	NASDAQ 100 Index SWAP UBS AG	7.23
6	NASDAQ 100 Index SWAP BNP Paribas	7.05
7	NASDAQ 100 Index SWAP Goldman Sachs International	6.55
8	NASDAQ 100 Index SWAP Morgan Stanley & Co. International PLC	6.3
9	NASDAQ 100 Index SWAP Bank of America NA	5.89
10	NASDAQ 100 Index SWAP Societe Generale	4.84
11	NASDAQ 100 Index SWAP JPMorgan Chase Bank NA	4.77
12	NASDAQ 100 E−mini Dec24	3.46

출처: https://www.kcif.or.kr

장기투자의 어려움

또 다른 문제는 장기적인 이익을 얻기 위해 기다리는 것이 어렵다는 점이다. 레버리지 상품은 관련 ETF 설명에도 나와 있듯이 투자를 위한 것이 아니라 단기 트레이딩을 위한 것이다. 그러나 시장을 이기기 위해 중요한 것 중 하나는 장기투자다. 그런데 높은 변동성과 수수료는 장기투자를 하기 어렵게 만든다.

S&P 500을 추종하는 ETF인 SPY가 6.3% 상승하는 동안 SPY를 2배 추종하는 ETF인 SSO의 수익률은 5.87%로 SPY에 미치지 못했다. 나스닥 100 추종 ETF인 QQQ와 그 3배 레버리지 상품인 TQQQ를 비교해도 마찬가지로 이는 '변동성 끌림 효과'와 비용으로 인해 레버리지 ETF가 시장이 횡보하거나 하락할 때 얼마나 취약한지를 명확히 보여준다.

따라서 레버리지 상품은 반드시 그 배수만큼 상승하는 것은 아니며 오르는 경우라도 때로는 하락할 수 있다는 것을 기억하자.

이와 관련해 최악의 경우는 회사는 여전히 상장되어 있지만 주식이 상장폐지되는 것이다. 2025년 1월 9일 가장 주목받던 양자 컴퓨팅 기업 아이온큐(IONQ) 주가가 급락하면서 아이온큐의 일일 주가상승률을 3배로 추종하는 영국 상장지수증권(ETP)이 상장폐지 절차에 들어갔다는 소식이 전해졌다.

상장폐지된 상품은 'Leverage Shares 3×Long IONQ ETP'로 당시 CES 2025에서 엔비디아 CEO 젠슨 황이 "유용한 양자 컴퓨터가 나오려면 20년은 걸릴 것이다."라고 발언하자 아이온큐 주가가 하루 만에 39% 급락했고, 이로 인해 ETP의 순자산 가치가 마이너스(-)가 되면서 상장폐지된 것이다. 아이온큐는 이 하락 이후 주가가 재상승해 다시 사상 최고치를 경신하며 하락의 고통을 견뎌낸 투자자에게 수익을 안겨주었지만 레버리지에 투자한 사람에게는 하락을 견뎌낼 시간을 주지 않았다.

앞서 S&P 500을 이기기 위한 다양한 방법을 살펴보았다. 그럼 이제 이 책의 주제이자 이겨야 할 대상인 S&P 500을 살펴보자. S&P 500은 어떤 지수인지, 이기는 것이 왜 어려운지와 함께 미국주식이 가진 장점까지 함께 살펴본다.

워런 버핏은 뉴욕 헤지펀드 운용사인 프로테제 파트너스와 향후 10년간 인덱스 펀드와 헤지펀드 중 어느 것이 더 많은 이익을 낼지 내기를 했다. 버핏은 뱅가드의 S&P 500 인덱스펀드에, 프로테제는 다섯 개 헤지펀드 묶음에 돈을 걸었다. 양측은 판돈으로 각각 32만 달러를 걸고 10년 후 총상금을 승자가 지정한 자선단체에 기부하기로 약속했다.

2008년 1월 1일자로 내기는 시작되었고 2018년 12월 29일 워런 버핏이 선택한 인덱스펀드는 연평균 7.1% 성장했지만, 프로테제가 선택한 헤지펀드는 2.2%의 수익률로 워런 버핏의 승리로 끝났다.

워런 버핏은 자신이 죽은 후 아내에게 남겨진 재산의 10%로 국채를 매입하고 남은 90%는 S&P 500 인덱스펀드에 투자하라고 2013년 자신의 유서에 적었다. 즉 시장에 투자하라고 했는데 이는 시장을 이기는 것이 그만큼 쉽지 않다는 것을 보여준다.

NVIDIA
PALANTIR
MICROSOFT

PART
02

**워런 버핏도 인정한
S&P 500 상회 수익률의 어려움**

S&P 500
미국 경제의 심장

S&P 500(Standard & Poor's 500) 지수는 1957년 출범해 뉴욕증권거래소(NYSE)와 나스닥(Nasdaq)에 상장된 미국 대표 대형주 500개를 시가총액 비중으로 산출한 주가지수다. 1923년 Standard Statistics에서 233개 종목을 기반으로 지수를 개발하면서 시작되었다.

금융·정보기술·헬스케어·산업재·소비재 등 11개 주요 섹터를 골고루 포함해 시장 전반을 반영하는데, 미국주식시장 전체 시가총액의 약 80%를 차지하며 시장의 분위기와 투자 성과를 가늠하는 척도(barometer) 역할을 한다.

ETF 운용자산 순위

티커	이름	운용자산
VOO	Vanguard S&P 500 ETF	7,738억 달러
SPY	SPDR S&P 500 ETF Trust	7,046억 달러
IVV	iShares Core S&P 500 ETF	6,790억 달러
VTI	Vanguard Total Stock Market ETF	5,532억 달러
QQQ	Invesco QQQ Trust Series I	3,922억 달러

출처: https://etfdb.com

주식시장에서 흔히 "시장을 이겼다."라고 말할 때, 그 시장이 바로 S&P 500이다. 그러한 상징성을 반영하듯 1993년 미국 최초로 ETF 출시될 때 ETF는 S&P 500을 추종하는 SPY였다. SPY의 성공 이후 수 많은 자산운용사들이 다양한 ETF를 출시했지만, 여전히 전 세계 운용자산 (AUM) 1, 2위는 S&P 500을 추종하는 ETF가 차지하고 있다.

세계 최대 자산운용사인 블랙락의 CEO인 래리 핑크는 S&P 500을 금융시장의 투명성과 효율성을 한 단계 끌어올린 벤치마크라고 언급하기도 하였다. 이처럼 S&P 500은 미국주식을 대표하는 가장 핵심적인 기준 지표라고 할 수 있다.

역대 상승률로 본
불패 지수의 저력

1872년 S&P 500에 100달러를 투자했다면 모든 배당금을 재투자했다고 가정하면 2025년 말 7,796만6,841달러 67센트를 보유하게 된다. 이를 수익률로 환산하면 77,966,741.67%다.

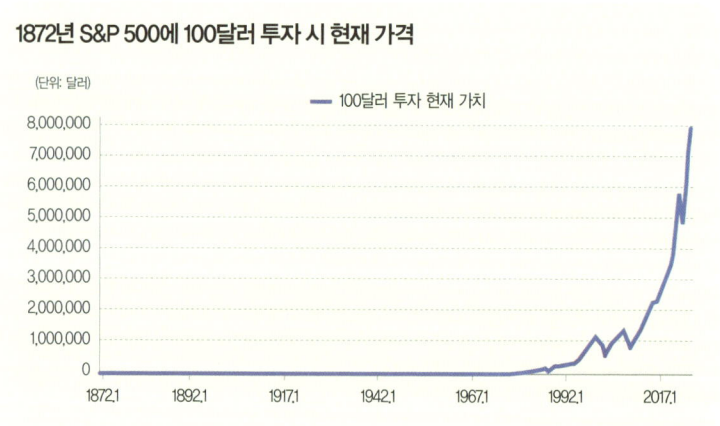

출처: https://www.officialdata.org

20년 전 투자했다면 수익률은 6.5배

2005년 초 S&P 500에 100달러를 투자하고 배당금을 모두 재투자했다고 가정하면 2025년 말 745달러 98센트를 보유하게 된다. 이를 수익률로 환산하면 645.98%다. 즉 자녀가 태어났을 때 S&P 500에 100만 원을 투자했다면 20년 후 자녀가 만 20세가 되었을 때 745만 원을 줄 수 있다는 뜻이다.

이렇게 장기간 인플레이션 이상으로 주가지수가 꾸준히 우상향하는 모습을 보여주었다. S&P 500이 도대체 무슨 비결로 이렇게 상승할 수 있었는지 S&P 500의 구성과 특징, 장점을 알아보자.

세계 최강 기업들의 집합체, S&P 500의 구성 비밀

1999년 MSCI와 S&P 다우존스 인덱스는 일관되고 완전한 산업 정의를 제공하기 위해 'The Global Industry Classification Standard(GICS®)'라는 산업 분류 표준을 만들었다. 이에 따르면 산업은 총 4단계로 나뉘고 11개 섹터, 25개 산업 그룹, 74개 산업, 163개 하위 산업으로 분류된다.

GICS 기준에 따라 기업이 특정 섹터나 산업에 선정되었다고 해서 영원히 그 섹터에 있는 것은 아니며 매년 검토 작업을 거쳐 기업 섹터

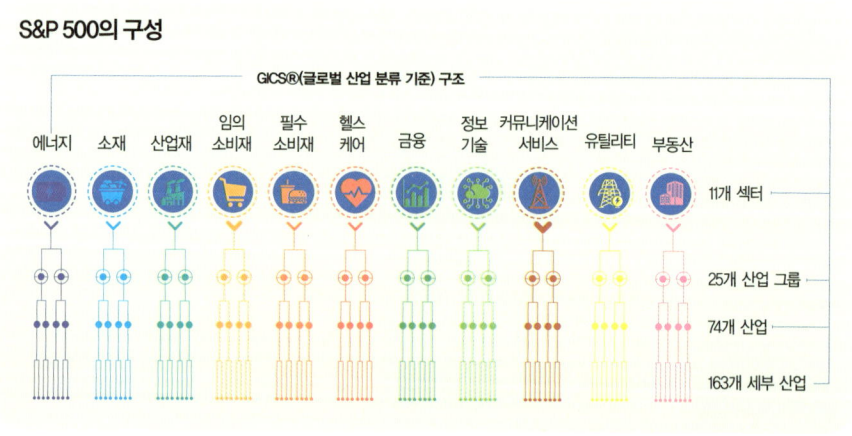

출처: https://www.msci.com

가 변경되기도 한다. 대표적으로 비자와 마스터카드는 과거 기술 섹터였지만 이후 금융 섹터로 변경되었다.

섹터별 특징과 주요 기업

S&P 500 기업들의 다양한 섹터별 특징과 기업 이름들을 살펴보자.

커뮤니케이션 서비스(Communication Services)

2018년 기존 통신 섹터에서 개편된 분야다. 전통적인 통신 서비스 외에 미디어, 콘텐츠 제작, 광고, 소셜미디어, 검색 엔진 등 다양한 기업을 포함한다. 경기가 확장될 때 광고·구독 수익 증가로 수혜를 보지만 알파벳이나 메타 같은 거대 기업의 실적이 섹터 전체에 큰 영향을 미칠 수 있다.

- 대표 종목: 알파벳(GOOGL), 메타 플랫폼스(META), 넷플릭스(NFLX)

임의 소비재(Consumer Discretionary)

소비자의 재량 소득으로 구매하는 비필수 상품 및 서비스를 제공하는 기업들로 구성되며 자동차, 명품, 의류, 호텔, 레스토랑 등이 포함된다. 경기가 좋을 때는 높은 성과를 보이고 경기가 둔화되면 어려움을 겪는 대표적인 '경기 민감주' 섹터다.

- 대표 종목: 아마존(AMZN), 테슬라(TSLA), 홈디포(HD)

필수 소비재(Consumer Staples)

경기 상황과 상관없이 꾸준히 수요가 발생하는 필수 제품을 판매하는 기업들이 속한다. 식품, 음료, 생활용품, 담배 등이 포함되며 대형 마트와 약국도 여기에 해당한다. 경기가 불확실할 때 투자자들이 선호하는 '방어주' 섹터다.

- 대표 종목: 월마트(WMT), 코스트코(COST), 프록터 앤드 갬블(PG)

에너지(Energy)

석유, 천연가스, 석탄 등 에너지를 탐사, 시추, 생산, 정제하는 기업들을 포함한다. 관련 장비 및 서비스를 제공하는 회사들도 이 섹터에 속한다. 국제 유가와 글로벌 경제 활동에 매우 민감하게 반응하며 지정학적 사건에 따라 실적이 크게 변동될 수 있다.

- 대표 종목: 엑슨 모빌(XOM), 셰브론(CVX), 코노코필립스(COP)

금융(Financials)

자금을 취급하는 모든 종류의 회사를 아우르는 섹터다. 은행, 보험사, 증권사, 자산운용사, 결제처리기업 등이 포함된다. 금리가 상승하면 예대 마진 확대로 수혜를 볼 수 있지만, 금리가 지나치게 높아져 경기가 위축되면 대출 수요 감소와 손실 증가로 이어질 수 있다.

- 대표 종목: 버크셔 해서웨이(BRK, B), JP모건 체이스(JPM), 비자(V)

헬스케어(Health Care)

헬스케어 섹터는 크게 두 분야로 나뉜다. 하나는 의료 장비, 병원 등

헬스케어 장비 및 서비스이고, 다른 하나는 신약 개발 관련 제약 및 생명공학이다. 경기 침체기에도 수요가 꾸준해 방어적 성격이 강하며 인구 고령화가 장기적인 성장 동력으로 작용한다.

- **대표 종목**: 일라이 릴리(LLY), 유나이티드헬스 그룹(UNH), 존슨 앤드 존슨(JNJ)

산업재(Industrials)

다른 기업이 상품 생산에 사용하는 자본재를 만드는 기업들로 구성된다. 항공기, 방위산업, 건설·산업용 기계, 운송(항공, 철도, 트럭), 전문 상업 서비스(폐기물 처리, 보안) 등이 포함된다. 경제 성장에 따라 기업 투자가 증가하면 수혜를 보는 경향이 있다.

- **대표 종목**: GE 에어로스페이스(GE), RTX 코퍼레이션(RTX), 캐터필러(CAT)

정보기술(Information Technology)

소프트웨어, IT 서비스(클라우드), 하드웨어(PC, 스마트폰), 반도체 등을 생산하는 기업들을 포함한다. 경제가 좋을 때 기업과 소비자의 기술 투자가 늘어나면서 성장하지만 금리 인상에 민감할 수 있다.

- **대표 종목**: 애플(AAPL), 엔비디아(NVDA), 마이크로소프트(MSFT)

소재(Materials)

화학, 금속, 건설 자재, 포장재, 제지 등 원자재를 추출·가공하는 기업들로 이루어져 있다. 글로벌 경제 성장과 수요에 따라 실적이 좌우되며 원자재 가격과 환율 변동의 영향을 크게 받는다.

- **대표 종목:** 린데(LIN), 셔윈-윌리엄스(SHW), 에코랩(ECL)

부동산(Real Estate)

쇼핑센터, 오피스 빌딩, 데이터 센터 등 상업용 부동산을 개발·관리하는 기업들이 여기에 속한다. 특히 세금 혜택이 있는 부동산 투자신탁(REITs)이 대부분을 차지한다. 경제 성장의 긍정적인 영향을 받지만 자금 조달 의존도가 높아 금리 인상에 매우 취약하다.

- **대표 종목:** 프롤로지스(PLD), 웰타워(WELL), 아메리칸 타워(AMT)

유틸리티(Utilities)

전기, 가스, 수도 등 필수 서비스를 제공하는 공공사업 기업들이 여기에 속한다. 풍력, 태양광 등 신재생에너지 발전업체도 포함된다. 경기침체에도 수요가 일정해 대표적인 방어주로 꼽히지만 정부 규제와 금리 변동에 민감하게 반응하며 최근 전력 수요 증가의 수혜를 보는 전력 제공업체도 포함되어 있다.

- **대표 종목:** 넥스테라 에너지(NEE), 서던 컴퍼니(SO), 콘스텔레이션 에너지(CEG)

S&P 500이 가진 독보적 특징

역사적으로 더 많았던 상승장

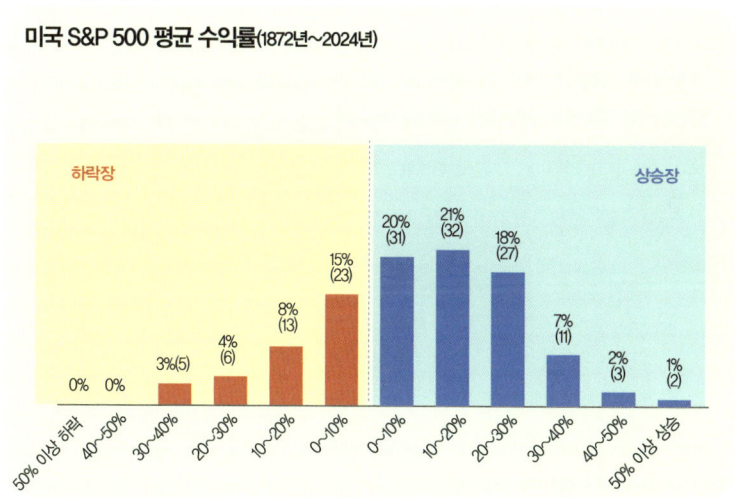

출처: https://themeasureofaplan.com

※ 플러스(+) 수익률을 기록한 해: 106년(69.3%)
　평균 수익률: 8.6%
　표준편차: 18.2%

　마이너스(-) 수익률을 기록한 해: 47년(30.7%)
　수익률 중앙값: 9.6%

S&P 500은 역사적으로 하락보다 상승이 많았다. 1872년부터 2024년까지 106회 상승했고 47회 하락했다. 즉 전체 연도 중 69%는 상승했고 31%는 하락했으며, 평균 수익률은 9.72%였다. 최근 5년간 S&P 500의 수익률은 다음과 같다.

- 2024년: +21.5%
- 2023년: +22.1%
- 2022년: -23.1%
- 2021년: +20.2%
- 2020년: +16.9%

긴 강세장과 짧은 약세장

출처: https://www.tker.co

통상적으로 약세장은 고점 대비 20% 하락한 경우를 의미하며, 강세장은 최근 저점을 기준으로 20% 이상 상승한 경우를 말한다.

제2차 세계대전 이후 총 12회의 강세장(Bull Market)이 있었고, 2022년부터 지금까지 이어져 오는 경우를 제외하면 평균 5년 6개월 동안 상승했으며 평균 상승률은 180%였다.

이러한 강세장은 단지 많이 올랐다는 이유만으로 하락하지 않았다. 〈Ned Davis Research〉 조사에 따르면 최근 12회 강세장 중 3년을 못 간 경우는 5회로 경기 침체가 3회, 연준의 강화된 통화정책에 의한 것이 1회, 유럽의 국가부채 위기 및 미국의 신용등급 강등에 의한 것이 1회이다. 모두 단순히 주가 상승 자체가 아니라 경기나 기업의 외부 문제에 의한 강세장 종료였다.

하지만 이러한 상승장에서도 하락하는 순간은 매번 있었다. 1950년부터 2025년까지 연평균 11.6% 상승하는 과정에서 매년 5% 수준의 조정 3.4회, 10% 수준의 조정 1.1회를 겪었다. 즉 1년에 서너 번 작은 하락과 한 번의 의미 있는 조정이 항상 있었다는 뜻이다.

심지어 연간 수익률이 좋던 해에도 중간에 큰 폭의 하락이 있었다. 28.6% 상승으로 마감한 1998년에도 연중 최대 19.3%의 하락이 있었고, 26.5% 상승으로 마감한 2009년에도 연중 27.6%나 하락했다. 물론 주식시장에는 가벼운 조정을 넘어 투자자들을 공포에 빠뜨리는 큰 하락인 '약세장'도 존재한다.

1946년부터 2025년 3월까지 S&P 500은 20% 이상 하락한 약세장을 총 14회 경험했다. 평균 32%라는 큰 폭의 하락을 겪었지만 23개월 안에 고점을 회복하는 등 평균 5년이 넘는 강세장에 비해 짧은 시간에 회복하며 시장은 장기적으로 신고점을 꾸준히 경신해 왔다. 이는 역사 전반적으로 확인되는 강력한 회복 탄력성을 보여주었다.

S&P 500 강세장 (1950년~2025년)

약세장 저점	강세장 고점	S&P 500 등락률	기간 (년)	10월에 강세장 시작?
1949.6.13	1956.8.2	267.10%	7.1	아니요
1957.10.22	1961.12.12	86.40%	4.1	예
1962.06.26	1966.2.9	79.80%	3.6	아니요
1966.10.7	1968.11.29	48.00%	2.1	예
1970.5.26	1973.1.11	73.50%	2.6	아니요
1974.10.3	1980.11.28	125.60%	6.2	예
1982.8.12	1987.8.25	228.80%	5	아니요
1987.12.4	2000.3.24	582.10%	12.3	아니요
2002.10.9	2007.10.9	101.50%	5	예
2009.3.9	2020.2.19	400.50%	11	아니요
2020.3.23	2022.1.03	114.40%	1.8	아니요
2022.10.12	2025.2.18	71.30%	2.4	예
평균		191.6%	5.5	12번 중 5번이 10월에 시작
중앙값		114.4%	5	

※2022년 시작된 강세장은 아직 종료되지 않고 진행 중이다.

출처: pbs.twimg.com

현재의 강세장은 2022년 10월에 시작해 이제 막 4년차로 접어들었다. 또한 강세장 기간에 평균 180% 넘게 상승했는데 2022년 10월부터 2025년 7월까지 상승률은 약 70%로 상승 여력이 여전히 많이 남아 있으며, 올해 최대 문제였던 미중 무역전쟁과 지정학적 위기는 점점 안정되어 가고 있다.

3년 차 강세장이 강세장 중 하락할 가능성이 높고 위태로운 강세장이라면, 4년 차 강세장은 지속적인 성장이 매우 기대되는 강세장이다.

2차 세계대전 이후 강세장이 3년을 넘긴 사례는 총 8번 있었으며, 이들 강세장은 평균 6년 이상 지속되었고, 시작점 대비 평균 213% 상승을 기록했다.

여기에 현재는 인공지능(AI) 혁명이라는 거대한 구조적 변화의 한가운데에 서 있다. 이러한 흐름을 감안하면, 과거 1987년부터 약 12년간 이어진 강세장이나 2009년부터 코로나 이전까지 이어진 장기 상승장처럼, 또 한 번의 대규모 상승 사이클이 전개될 가능성도 충분하다. 따라서 단기 조정에 지나치게 흔들리기보다 여유 있는 시각으로 시장을 바라보는 자세가 바람직하다.

투자 기간에 따라 줄어드는 손실 위험

결론적으로 투자 기간이 길수록 손실 확률은 눈에 띄게 줄어든다.
다음 그래프는 미국주식시장의 기간별 연평균 수익률 범위다.

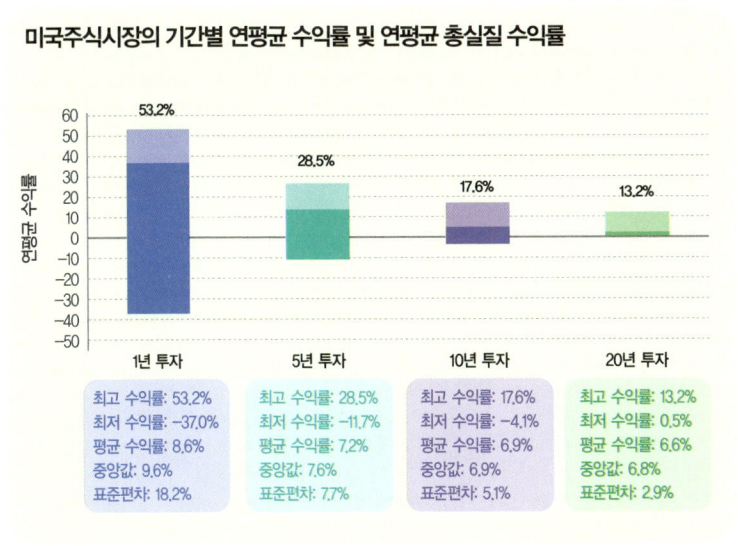

- **1년 투자**: 연간 수익률은 최고 +53.2%에서 최저 -37.0%까지 극심한 변동성을 보였다.
- **5년 투자**: 연간 최고 수익률은 1년 투자의 절반 이하인 연 28.5%로 줄었지만, 최저 수익률은 -11.7%로 손실 폭이 ⅓ 수준으로 감소했다. 그럼에도 두 자릿수 손실 가능성은 여전히 존재한다.
- **10년 투자**: 투자 기간을 10년으로 늘리면 최저 수익률은 -4.1%로 손실 가능성이 크게 줄어든다.
- **20년 투자**: 투자 기간을 20년으로 늘렸을 때 역사상 최악의 경우에도 최저 수익률은 +0.5%로 손실을 기록한 적이 없었다.

이는 단기적인 시장의 등락을 예측하고 피하려는 노력보다 우량한 자산을 장기적으로 꾸준히 보유하는 것이 가장 확실한 투자의 길이라는 것을 분명히 보여주는 증거다. 변동성은 우리가 투자를 통해 장기적

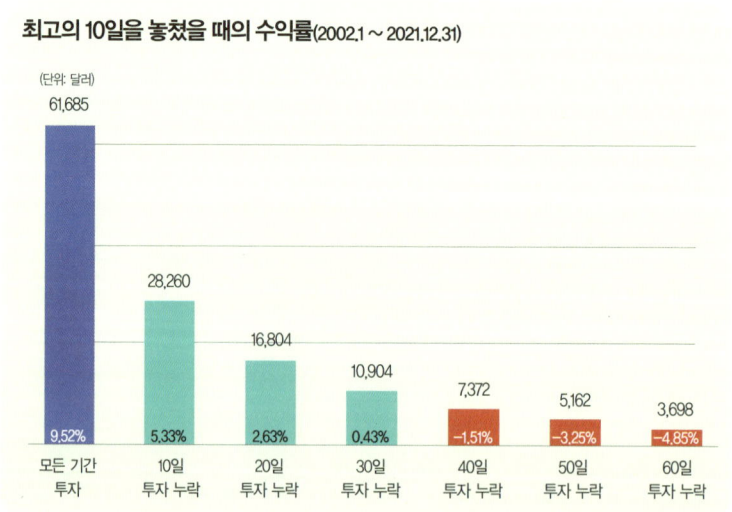

으로 부를 쌓기 위해 지불해야 할 '통행료'와 같다.

최고의 10일이 수익률을 결정한다

장기투자를 했을 때 얻을 수 있는 수익률을 앞에서 살펴보았다. 하지만 이것 말고도 높은 투자 수익을 얻기 위해 장기투자를 해야 하는 다른 이유가 있다. 바로 최고의 10일을 놓치지 않는 것이다.

다음은 2002년부터 2021년까지 20년간 1만 달러를 투자했을 때 몇 달러가 되었는지를 나타낸 표다. S&P 500에 투자해 20년 동안 팔지 않고 보유했다면 1만 달러는 61,685달러가 된다. 하지만 20년이라는 긴 시간 중에서 주가가 가장 많이 올랐던 최고의 10일을 놓쳤다면 그 금액은 516% 수익률의 절반도 안 되는 182%의 수익률을 얻게 된다. 심지어 20년간 투자했음에도 불구하고 최고의 40일을 놓쳤다면 수익률은 마이너스가 된다.

최고의 10일은 최악의 10일과 가까이 있다

이제 독자들도 최고의 10일을 놓치면 안 된다는 것을 알았을 것이다. 그리고 최고의 10일이 언제인지 알 수 없기 때문에 장기투자해야 한다는 것도 이해했을 것이다.

그렇다면 역사적으로 최고의 10일은 언제였을까? 2003년부터 2022

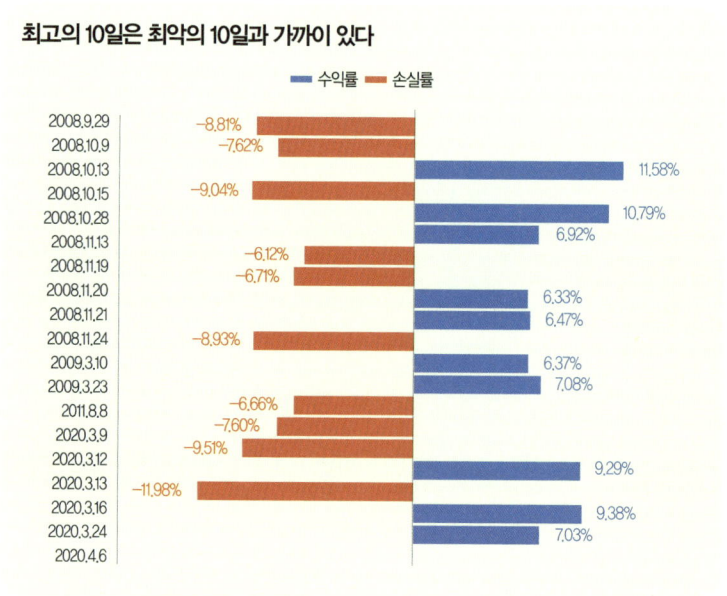

출처: https://fmpwa.com

년 말까지 최고의 10일을 살펴보면 2008년, 2009년, 2020년에 집중된 것을 확인할 수 있다. 그리고 이날들은 모두 2008년 서브프라임 모기지 사태와 2020년 코로나 발 하락사태 직후라는 것을 알 수 있다. 이날들은 모두 최근 증시가 가장 많이 하락했던 날과 가까이 있다.

최근 20년 중 하루 동안 가장 많이 오른 날은 2008년 10월 13일로 11.6% 상승했다. 그리고 이날은 실제로 하루 동안 7.62% 하락하며 최악의 10일 중 하루로 꼽힌 2008년 10월 9일로부터 불과 4일 후였다. 2020년 3월 12일 코로나로 주가가 9.51% 하락했지만 그다음 날 바로 9.29% 상승하며 최고의 10일 중 하루가 되었다. 최근 20년간 가장 많이 하락한 날인 2020년 3월 16일로부터 8일 후인 3월 24일도 단 하루

만에 주가가 9.38% 상승하며 최고의 10일에 들었다.

이처럼 최고의 10일은 대부분 최악의 순간과 함께 있는 경우가 많았다. 그래서 주가가 좋지 않다는 이유로 팔기보다는 장기적으로 주식을 보유해 최고의 10일을 향유하는 것이 중요하다는 사실을 아무리 강조해도 지나치지 않은 것이다.

미국주식,
너무 많이 오른 것 같은데 사도 될까요?

한국 시장의 박스피를 오랫동안 경험한 투자자에게 미국주식이 장기적으로 우상향하는 모습은 투자를 망설이게 할 수 있다. 하지만 역사적으로 높은 가격은 '거품'이 아니라 미래 성장에 대한 '합리적 기대감'을 반영한 경우가 많았다. 따라서 투자를 망설이기보다 시장의 구조적 강점과 장기적 관점을 이해하는 것이 중요하다.

미국은 세계 1위 경제 대국이자 기축 통화국이다. 경제 위기 때도 글로벌 자본이 몰려드는 안전자산 지위를 갖고 있다. 게다가 AI, 클라우드, 반도체 등 세계를 움직이는 혁신 테마의 중심에는 항상 미국 기업이 있다. 이들은 전 세계를 상대로 수익을 창출하며 미래 산업의 표준을 만들어 나간다. 나아가 기업이 회사의 이익을 적극적으로 환원하는 문화를 통한 신뢰성까지 합쳐진 '성장 프리미엄'의 일종이다. 2023년과 2024년 전체 글로벌 경기에 대한 우려에도 불구하고 AI 성장세를 기반으로 20%가 넘는 성장을 보이며 시장의 성장을 주도한 점에서 이를 확인할 수 있다.

결론적으로 미국 증시의 꾸준한 상승은 투자자에게는 분명히 부담스러울 수 있지만 그 이면에 있는 강력한 경제적 기반과 혁신 역량, 미래 성장에 대한 기대를 이해한다면 단기적 고점에 대한 두려움보다 장기적 성장에 동참할 기회로 바라보자.

미국주식, 언제 사는 것이 가장 좋을까요?

주식투자를 하기 좋은 시점은 '바로 지금, 그리고 꾸준히'다. 시장의 최저점을 예측해 '가장 쌀 때' 사려는 노력은 거의 항상 실패하며 오히려 '상승장을 놓치는' 더 큰 기회비용을 낳는다. '언제 살까?(Timing)'를 고민하기보다 '얼마나 오래 보유할까?(Time)'를 고민하는 것이 더 높은 수익률을 가져다줄 수 있다.

그럼에도 주가가 폭발적으로 상승하는 강력한 변곡점이 존재하는데 바로 적자 기업이 흑자로 전환되는 시점이다. 최근 주가가 크게 오른 팔란티어(Palantir)나 스포티파이(Spotify) 같은 기업들은 모두 오랜 적자 기간을 끝내고 흑자로 돌아섰다는 공통점이 있다.

팔란티어의 흑자 전환 시점 이후 주가 추이

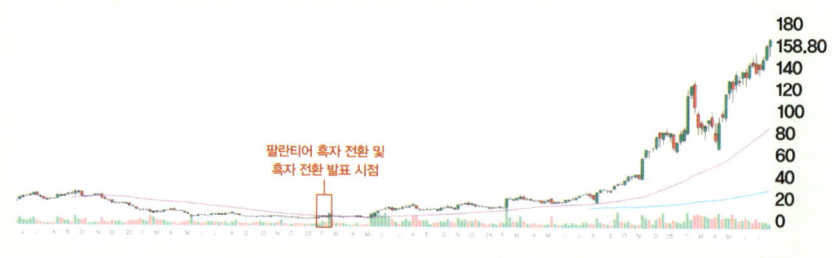

출처: Finviz

앞의 차트를 보면, 팔란티어의 주가는 첫 분기 흑자를 기점으로 폭발적인 성장을 보였다. 2023년 2월, 2022년 4분기 실적발표한 이후부터 2025년 7월까지 주가는 약 1,600% 넘게 상승했다.

흑자 전환은 기업이 자신의 사업 모델을 증명하며 '성장 잠재력만 있는 기업'에서 '실제로 돈을 버는 기업'으로 인식이 바뀌면서 더 많은 투자자의 관심이 집중되고 가치 재평가가 이루어진다. 그리고 이는 연기금, 대형 펀드 등 보수적인 기관투자자들이 매수를 시작하게 만든다.

따라서 평소 꾸준히 분할 매수하며 '시간'에 투자하되 오랫동안 지켜보던 유망 기업이 '흑자 전환'이라는 결정적 신호를 보낼 때를 놓치지 않는다면 장기적인 안정성과 폭발적인 성장 기회라는 '두 마리 토끼'를 잡을 수 있을 것이다.

스스로 약한 기업을 걸러내는
자기 정화 시스템

2024년 S&P 500에서 가장 높은 수익률을 보인 종목은 349.5%의 팔란티어였다. 하지만 팔란티어가 S&P 500에 처음부터 들어 있었던 것은 아니다. 팔란티어는 2024년 9월 23일 S&P 500에 편입된 이후 연말까지 100% 넘게 상승하며 S&P 500에 전체적으로 긍정적인 영향을 미쳤다.

S&P 500의 장점 중 하나는 바로 분기별로 종목을 편입·편출하면서 시장 트렌드에 맞는 종목을 계속 추가한다는 점이다.

S&P 500 편입 조건

- 미국에 본사를 둘 것
- 일정 수준 이상의 시가총액(15억 3천만 달러 이상)을 보유할 것
- 충분한 유동성과 거래량: 월평균 25만 주 거래, 10% 이상 거래 가능할 것

- 업종별 균형을 고려해 산업 대표성을 띨 것
- 재무 건전성 면에서 4분기 연속 흑자일 것 등

S&P 다우존스 지수위원회가 최종 결정을 내리는데 위의 편입 조건이 일부 맞지 않더라도 포함되는 경우가 있다.

예를 들어 도어대시는 2개 분기만 흑자였고 4분기 연속 흑자 기준을 충족하지 못했는데도 2025년 1분기에 S&P 500에 편입되었다. TKO 그룹도 3분기 연속 흑자로 4분기 연속 흑자 기준을 충족하지 못했고, 코로나 시기에 모더나 역시 4분기 연속 흑자를 기록하지 못했음에도 편입에 성공하는 등 이 기준이 반드시 절대적인 것은 아니다.

2024년부터 2025년 1분기까지 S&P 500 정규 편입·편출 종목은 다음과 같다.

2024년부터 2025년 1분기까지 S&P 500 정규 편입·편출 종목

시기	편입 종목	편출 종목
2024년 1분기	슈퍼마이크로 컴퓨터(SMCI)	월풀(WHR)
2024년 1분기	데커스 아웃도어(DECK)	자이언스 뱅코프(ZION)
2024년 2분기	KKR&Co(KKR)	로버트 하프(RHI)
2024년 2분기	크라우드 스트라이크(CRWD)	코메리카(CMA)
2024년 2분기	고대디(GDDY)	일루미나(ILMN)
2024년 2분기	텍사스 퍼시픽 랜드(TPL)	–
2024년 3분기	팔란티어(PLTR)	아메리칸 에어라인 그룹(AAL)
2024년 3분기	델(DELL)	엣시(ETSY)
2024년 3분기	이리 인뎀너티(ERIE)	바이오 래드 래브러토리스(BIO)
2024년 4분기	아폴로 글로벌 매니지먼트(APO)	코르보(QRVO)
2024년 4분기	워크데이(WDAY)	어멘텀 홀딩스(AMTM)
2025년 1분기	도어대시(DASH)	보그워너(BWA)
2025년 1분기	TKO 그룹(TKO)	텔레플렉스(TFX)
2025년 1분기	윌리엄스 소노마(WSM)	셀렌스(CE)
2025년 1분기	익스팬드 에너지(EXE)	FMC(FMC)

편입 종목을 살펴보면 시장의 관심이 많고 전망이 긍정적인 AI, 콘텐츠, 대체투자 종목들 위주이고, 반대로 편출 종목은 최근 흐름이 좋지 않은 농업화학 및 헬스케어 관련 기업들이다.

이처럼 S&P 500은 미래의 성장을 이끌어갈 주도주를 끊임없이 수혈하고 경쟁력을 잃은 종목들을 제외시켜 시장에 지속적인 성장 동력을 제공하며 지수 자체가 시대를 대표하는 최고 포트폴리오를 스스로 구축해 나가고 있다.

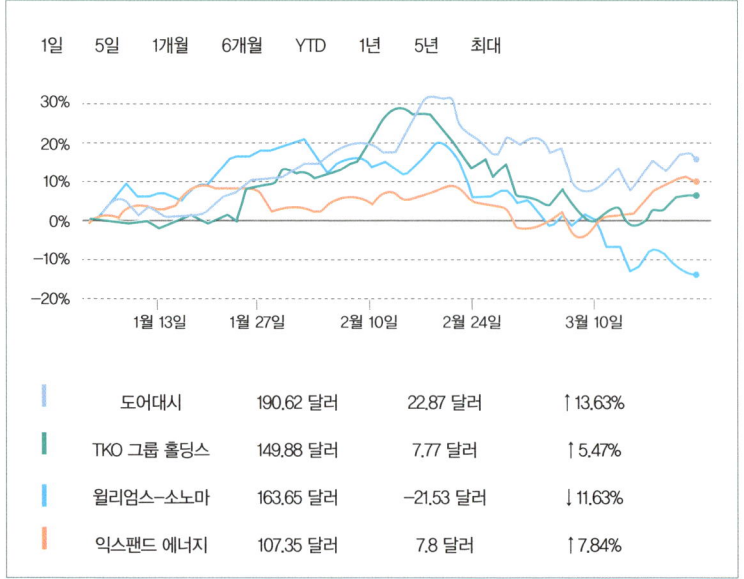

편입 종목의 2025년 1월 1일~3월 23일 주가

편출 종목의 2025년 1월 1일~3월 23일 주가

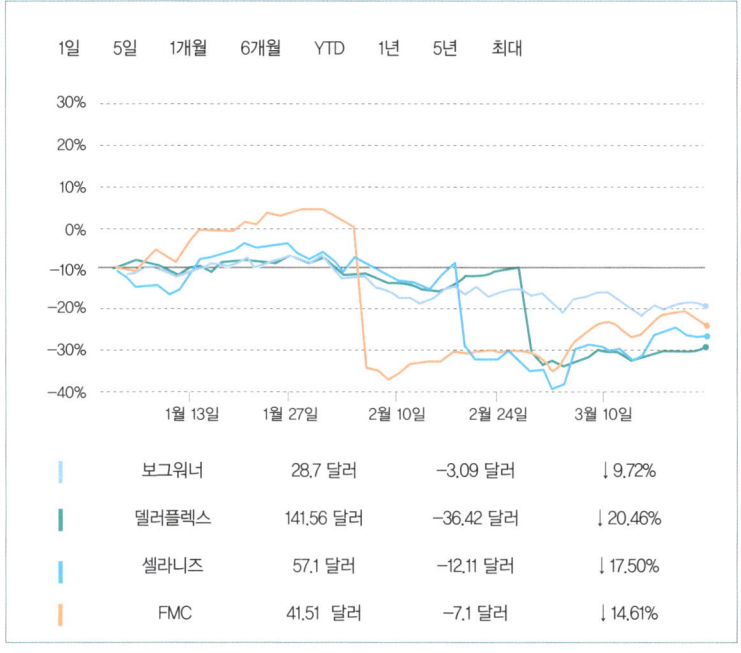

	종목	가격	변동	변동률
▌	보그워너	28.7 달러	-3.09 달러	↓9.72%
▌	델러플렉스	141.56 달러	-36.42 달러	↓20.46%
▌	셀라니즈	57.1 달러	-12.11 달러	↓17.50%
▌	FMC	41.51 달러	-7.1 달러	↓14.61%

S&P 500 편입 예상 종목 투자는 위험 부담이 없을까요?

S&P 500에 편입되면 전 세계에서 S&P 500을 추종하는 수많은 ETF 자금이 들어온다(실제로 AUM이 가장 높은 ETF 1위(VOO)와 2위(SPY) 모두 S&P 500을 추종하는 ETF다). 그래서 S&P 500에 편입된다는 발표가 나오면 투자하거나 발표 시점 무렵에 미리 주식에 투자하는 전략을 생각해볼 수 있다. 하지만 이는 생각만큼 쉽지 않은 전략이다.

우선 S&P 500 편입 소식이 발표된 후부터 실제로 편입되는 시점까지의 주가 상승률은 높지만 S&P 500 편입 이후 주가 상승률은 높지 않다. 그러므로 의미 있는 수익을 내려면 S&P 500 편입이 유력한 기업을 알아내야 하는데 결코 쉽지 않다. 우선 앞에서 살펴본 S&P 500 편입 조건을 충족하지 못했더라도 편입되는 경우가 있기 때문이며, 분기마다 반드시 편입·편출하는 것도 아니다.

2025년 2분기 S&P 500 편입이 가장 유력했던 종목은 로빈후드였다. GENIUS 법안과 함께 암호화폐에 대한 시장의 관심이 컸지만 S&P 500 내 암호화폐 관련 기업은 당시 코인베이스뿐이었고 S&P 500 편입 조건에 부합했다. 미국 기업으로 6분기 연속 흑자였고 충분한 유동성과 거래량을 갖추었으며 당시 시가총액도 600억 달러가 넘는 등 편입 조건을 충족했다. 하지만 S&P 500 위원회가 편입·편출하지 않기로 결정하면서 다음 주 주가는 갭하락으로 시작했다.

이후 셰브론이 S&P 500 종목 중 하나인 헤스를 인수함에 따라 빈자리를 메꾸기 위해 S&P 500 신규 편입을 진행했는데, 이때에도 로빈후드가 아닌 로빈후드의 절반 정도의 시가총액을 가진 블록이 편입되며 S&P 500 편입에 실패했다

또한 2025년 1분기 S&P 500 편입이 가장 유력하던 코인베이스도 편입에 실패했다. 당시 S&P 500에는 암호화폐 관련 기업이 전무했고 여러 조건이 충족되어 월가에서는 유력할 것으로 전망했지만 최종적으로 S&P 500 편입에 실패하고 주가는 하락했다.

이후 정규 편입이 아닌 디스커버 파이낸셜 서비스(DFS)가 M&A로 인해 편출되며 추가 편입이라는 방법으로 S&P 500에 편입되었다. 이런 점을 살펴볼 때 S&P 500 편입 예측은 결코 쉽지 않으며, 편입 확률이 높은 기업은 발표 이전부터 주가가 미리 오르는 경우가 많으므로 발표만 기대하고 트레이딩하는 것은 위험 부담이 크다.

그럼에도 S&P 500에 어떤 종목이 편입될지 관심 가질 필요는 있다. 그 종목들이 현재 시장의 관심을 받고 있고 성장성과 우량성을 동시에 갖추었을 가능성이 크기 때문이다. 따라서 트레이딩이 아니라 편입될 후보가 될 수 있는 종목들을 공부해 장기적으로 투자하는 것이 시장을 이기는 높은 수익률을 안겨줄 수 있다.

S&P 500 편입 전후 평균 주가 움직임

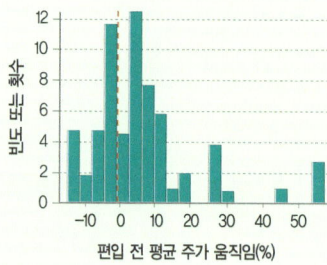
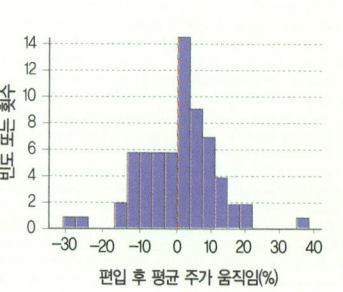

적극적 주주 환원,
돈이 돌고 또 도는 구조

주주 환원 현황

2024년 S&P 500 기업들은 자사주 매입과 배당금 지급을 합쳐 1,572조 달러라는 사상 최대 규모의 주주 환원을 했다. 이는 전년 대비 14% 상승한 수치로 코로나 사태 당시인 2020년보다 60%나 증가했다.

자사주 매입은 전년 대비 18.5% 증가한 942억5천만 달러였으며 배당

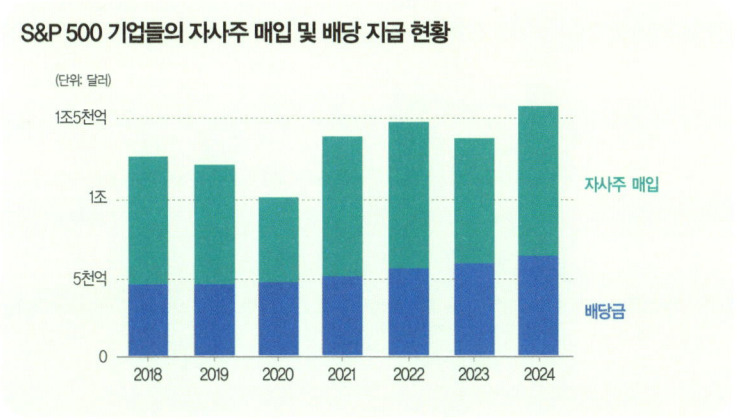

S&P 500 기업들의 자사주 매입 및 배당 지급 현황

출처: https://www.axios.com

금은 7% 증가한 629억6천만 달러였다. 2024년 S&P 500 기업의 이익이 사상 최고치를 경신했던 만큼 주주 환원도 사상 최고치를 갈아치웠다.

연간 기준으로 435개 기업이 연중 최소 한 번 이상 자사주를 매입했으며, 2024년 4분기에는 342개 기업이 최소 500만 달러어치 이상의 자사주를 매입하는 등 적극적인 주주 환원 정책을 폈다. 전체 11개 섹터 중 IT, 금융, 커뮤니케이션 서비스 순서로 자사주 매입을 많이 했고, 자사주 매입이 가장 적은 섹터는 부동산이었다.

S&P 500에서 자사주 매입을 가장 많이 하는 기업을 살펴보면 2024년 기준으로 애플이 자사주 매입에 약 1,100억 달러를 승인하며 1위를 차지했고, 이는 전체 주식 수의 3.9%였다. 2위는 알파벳으로 700억 달러어치의 자사주 매입을 승인했는데 전체 지분의 3.3%를 차지했다. 3위는 500억 달러어치의 자사주 매입을 승인한 메타로 전체 지분의 약 5%를 차지했다.

2024년 자사주 매입 승인액 순위

순위	기업명	티커	승인액
1	애플	AAPL	1,100억 달러
2	알파벳	GOOG	700억 달러
3	메타 플랫폼스	META	500억 달러
4	어도비	ADBE	250억 달러
5	AIG	AIG	100억 달러
6	HCA 헬스케어	HCA	60억 달러
7	페덱스	FDX	50억 달러
8	마라톤 페트롤리움	MPC	50억 달러
9	마벨 테크놀로지	MRVL	30억 달러
10	메트라이프	MET	30억 달러

출처: https://www.uptrends.ai

자사주 매입

미국주식의 가장 큰 특징 중 하나는 자사주 매입이다. 자사주 매입은 회사가 발행한 주식을 공개시장에서 매입하는 것을 가리킨다. 자사주를 매입하면 시장에서 유통되는 주식 수가 줄면서 전체 주식에서 투자자가 소유한 주식 비율이 증가하는데 이로 인해 기업과 주주에게 다음과 같은 효과를 미친다.

EPS 증가

EPS(주당순이익)는 기업의 당기순이익을 유통주식 수로 나눈 값이다. 자사주 매입을 하면 실적이 증가하지 않더라도 EPS가 증가하는 효과가 생기는데 그 이유는 순이익이 변하지 않더라도 유통주식 수가 감소하면서 한 주에 반영되는 순이익이 증가하기 때문이다.

예를 들어 A 기업의 주식 100주가 유통 중이고 이 기업이 1억 원의 순이익을 냈다면 이 기업의 EPS는 100만 원이다. 그런데 만약 이 회사가 자사주 매입으로 20주를 매수했다면 유통되는 주식은 80주가 되고 1억 원을 80주로 나누면 EPS는 25% 증가한 125만 원이 된다.

주가 상승

자사주를 매입하면 앞에서 살펴본 EPS 증가와 함께 결국 주가 상승 효과가 발생한다. 이는 다음과 같이 정리할 수 있다.

① 자사주 매입에 따라 동시에 매수 수요가 증가하면서 주가 상승에 긍정적인 영향을 미친다.

② 유통 물량이 줄어 주식의 희소성이 증가한다. 특히 미국 기업들의 증가하는 주식 기반 보상으로 인해 주식이 희석되어 주가에 악영향을 미칠 수 있는데 이 부분을 상쇄할 수 있다.
③ 회사가 자사주를 매입하는 행위는 경영진이 현재 주가가 저평가 상태로 앞으로 더 상승할 수 있다는 시그널을 시장에 준다.
④ 앞에서 살펴본 EPS가 증가해 만약 시장에서 동일한 밸류에이션을 인정받을 수 있다면 주가는 상승한다.

배당금 증가

자사주를 매입하면 기업이 배당금을 늘리지 않더라도 주식 수가 감소함에 따라 주당 배당금이 증가하는 효과가 있다.

예를 들어 A라는 기업이 연간 1천만 원을 배당금으로 지급하는데 이때 이 기업의 유통주식 수가 100주라면 주주들은 주당 10만 원의 배당을 받는다. 하지만 이 회사가 자사주 매입을 통해 20주를 매수했다면 회사가 기존과 동일하게 연간 1천만 원만 배당금으로 지급하더라도 1천만 원을 80주로 나누면 되므로 주주들은 주당 25% 증가한 12만5천 원을 받게 된다.

세금

세금 측면에서도 장점이 있다. 회사의 주주 환원을 위한 자금을 배당금으로 받으면 현금으로 받는 장점은 있지만 15%의 배당소득세를 내야 하며, 그 금액이 클 경우에는 종합과세가 될 수 있다. 하지만 자사주 매입 형태로 주주 환원을 하면 주식을 팔지 않는 한 주가 상승효과를 누릴 수 있고 세금을 내지 않아도 된다.

마찬가지로 기업들도 투자 심리 같은 펀더멘탈 이외의 문제 때문에 주가가 크게 하락할 경우 주주들을 위해 주가를 관리할 수 있으며, 배당은 그 특성상 쉽게 줄일 수 없지만 자사주 매입은 배당보다 상대적으로 유동적으로 관리할 수 있어 선호된다.

'배당 천국' 미국주식

미국 기업들은 자사주 매입에 이어 배당에도 적극적이다. S&P 500 기업 중 430여 개 기업이 순이익의 35%를 배당으로 지급했다. 또한 10년 평균 약 42.4%의 배당 성향을 보이며 이익의 상당 부분을 배당으로 지급하고 있다.

한국, 중국, 일본, 미국의 배당 성향 비교

구분	한국	중국	일본	미국
2023년 말	40.5%	30.5%	36.2%	37.1%
10년 평균	26%	31.3%	36%	42.4%

이는 한국, 중국, 일본과 비교해 가장 높은 수치다. 2023년 말 한국의 배당 성향이 40.5%로 가장 높았지만, 이는 삼성전자의 이익이 급감했음에도 배당금을 유지함에 따라 배당 성향이 상승한 일시적 현상이었다. 미국이 한·중·일보다 더 적극적으로 배당 지급을 했음을 알 수 있다.

또한 배당률만큼 중요한 것은 배당 성장률이다. S&P 500의 최근 배당 성장률은 7.46%로 유럽(3.5%), 일본(3%)보다 훨씬 높다. 2015년부터 2024년까지 10년간 유럽 주식 배당이 61.8% 상승하는 동안 미국주식의 배당은 73.6% 상승했다. 그리고 투자 기간이 늘어날수록 배당 성장률 차이도 늘어날 것이다.

장기간 배당 금액을 올린 종목을 사고 싶다면: 배당 귀족주와 배당 킹

미국에서는 장기간 배당 금액을 인상한 기업에 인상한 기간에 따라 배당 귀족주(Dividend Aristocrat) 또는 배당 킹(Dividend King)이라는 칭호를 부여한다. 배당 귀족주라는 칭호는 25년 연속으로 배당 금액을 인상한 기업에 붙이는데 일반적으로 S&P 500에 속해야만 배당 귀족주로 불린다. 2008년 52개 종목이었지만 지속적으로 증가해 현재는 69개 종목의 배당 귀족주가 있다.

하지만 배당 킹은 S&P 500에 속하지 않아도 되며 최소 50년 연속으로 배당 금액을 인상했을 때 붙이는 칭호다. 현재 미국 증시에는 55개 배당 킹 종목이 있다.

일단 이 기업 리스트에 오른 기업에 투자한다면 향후 배당이 줄어들 걱정은 별로 하지 않아도 된다. 일반적으로 미국 기업들은 한 번 배당을 지급하면 잘 줄이지 않는 특징도 있지만, 배당 귀족주나 배당 킹의 CEO들 중 자신이 배당 지급 기록을 망친 인상적인 리더로 아무도 기억되고 싶어 하지 않기 때문이다. 그래서 위 기업들은 매년 조금씩이라도 항상 배당 금액을 인상한다.

2025년 배당 귀족주 리스트

구분	회사명	티커	구분	회사명	티커
1	Realty Income	O	36	Colgate-Palmolive	CL
2	Amcor	AMCR	37	PPG Industries	PPG
3	Franklin Resources	BEN	38	Illinois Tool Works	ITW
4	T. Rowe Price	TROW	39	Aflac	AFL
5	Federal Realty	FRT	40	Albemarle	ALB
6	Eversource Energy	ES	41	Atmos Energy	ATO
7	Stanley Black & Decker	SWK	42	Lowe's	LOW
8	Chevron	CVX	43	Automatic Data Processing	ADP
9	Target	TGT	44	Fastenal	FAST
10	PepsiCo	PEP	45	General Dynamics	GD
11	J.M. Smucker	SJM	46	A. O. Smith	AOS
12	Kimberly-Clark	KMB	47	Abbott Laboratories	ABT
13	Clorox	CLX	48	Erie Indemnity Company	ERIE
14	Kenvue	KVUE	49	Nucor	NUE
15	Hormel Foods	HRL	50	Emerson Electric	EMR
16	Archer Daniels Midland	ADM	51	Caterpillar	CAT
17	Essex Property Trust	ESS	52	Nordson	NDSN
18	Exxon Mobil	XOM	53	Chubb	CB
19	AbbVie	ABBV	54	Expeditors International of Washington	EXPD
20	Consolidated Edison	ED	55	Linde	LIN
21	Johnson & Johnson	JNJ	56	Cardinal Health	CAH
22	Genuine Parts	GPC	57	Church & Dwight	CHD
23	Medtronic	MDT	58	Dover	DOV
24	Brown-Forman	BF.B	59	Walmart	WMT
25	NextEra Energy	NEE	60	FactSet	FDS
26	Coca-Cola	KO	61	Ecolab	ECL
27	Sysco	SYY	62	Pentair	PNR
28	Procter & Gamble	PG	63	Sherwin-Williams	SHW
29	McCormick & Company	MKC	64	W. W. Grainger	GWW
30	C.H. Robinson	CHRW	65	S&P Global	SPGI
31	Air Products and Chemicals	APD	66	Cintas	CTAS
32	IBM	IBM	67	ROPER TECHNOLOGIES	ROP
33	Becton, Dickinson and Company	BDX	68	BROWN & BROWN	BRO
34	McDonald's	MCD	69	WEST PHARMACEUTICAL SERVICES	WST
35	Cincinnati Financial	CINF			

배당 킹 리스트

구분	회사명	티커	구분	회사명	티커
1	American States Water	AWR	29	Sysco	SYY
2	Dover Corporation	DOV	30	MSA Safety	MSA
3	Northwest Natural Holding	NWN	31	National Fuel Gas	NFG
4	Genuine Parts	GPC	32	Universal Corporation	UVV
5	Parker Hannifin	PH	33	W. W. Grainger	GWW
6	Procter & Gamble	PG	34	AbbVie	ABBV
7	Emerson Electric	EMR	35	Becton, Dickinson & Co.	UVV
8	Cincinnati Financial	CINF	36	PPG Industries	BDX
9	Coca-Cola	KO	37	Target	TGT
10	Johnson & Johnson	JNJ	38	Tennant	TNC
11	Kenvue	KVUE	39	Canadian Utilities	CDUAF
12	Lancaster Colony	LANC	40	Abbott Labs	ABT
13	Colgate-Palmolive	CL	41	Kimberly Clark	KMB
14	Illinois Tool Works	ITW	42	Walmart	WMT
15	Nordson	NDSN	43	Lowe's	LOW
16	Farmers & Merchants Bancorp	FMCB	44	ADM	ADM
17	Hormel Foods	HRL	45	PepsiCo	PEP
18	California Water Service Group	CWT	46	Nucor	NUE
19	Tootsie Roll Industries	TR	47	Middlesex Water	MSEX
20	ABM Industries	ABM	48	S&P Global	SPGI
21	Federal Realty Investment Trust	FRT	49	The Gorman-Rupp Company	GRC
22	Stanley Black & Decker	SWK	50	Consolidated Edison	ED
23	Commerce Bancshares	CBSH	51	Fortis Inc.	FTS
24	SJW Group (NYSE: SJW)	SJW	52	RPM International	BRM
25	Stepan	SCL	53	United Bankshares	UBSI
26	H.B. Fuller	FUL	54	RLI Corp	RLI
27	Altria Group	MO	55	Automatic Data Processing	ADP
28	Black Hills Corp.	BKH			

주주 가치를 지켜주는
제도적 장치

2024년 대한민국에서 한강 작가가 노벨문학상을 받아 전국을 놀라게 할 무렵 노벨경제학상은 대런 아세모글루(Daron Acemoglu), 사이먼 존슨(Simon Johnson), 제임스 로빈슨(James A. Robinson)에게 돌아갔다.

갑자기 노벨경제학상을 언급하는 이유는 이들이 노벨경제학상을 받은 이유가 미국주식에 투자해야 할 이유와 관련 있기 때문이다. 스웨덴 왕립과학원 노벨위원회는 "국가의 번영을 위해 사회제도가 중요하다는 점을 입증했다."라며 "법치가 부족하고 착취적 제도가 존재하는 사회는 성장을 이끌지 못한다."라고 설명했다.

노벨경제학상을 받는 데 주요한 역할을 했던 저서 『국가는 왜 실패하는가』와 『권력과 진보』를 통해 그들의 핵심 이론을 살펴보자.

국가의 성패를 이루는 핵심 요인은 바로 제도다. 사유 재산과 법치를 보호하며 다수에게 공정한 경쟁과 참여 기회를 제공하는 '포괄적 제도'가 혁신을 촉진해 지속적인 경제 성장을 이끈다. 반면 소수 엘리트가 권력과 부를 독점하는 '착취적 제도'는 단기 이익에만 치우치게 만들어 사회의 성장 동력을 억제해 국가의 발전을 정체시킨다. 즉 다수의 참여, 재산권 보호, 혁신 촉진, 공정한 경쟁이 보장되는 포괄적 민주주의가 국가의 장기적 번영의 핵심 조건이라는 것이다.

이는 투자에도 많은 시사점을 준다. 단기적 실적만으로는 지속적인 성장이 보장되지 않으며 포용적 제도와 공정한 시장 환경을 갖춘 곳에 자본을 배치해야 안정적인 성과를 기대할 수 있다. 그리고 미국은 이러한 포괄적 제도를 잘 구축하고 있다.

첫째, 정보 비대칭성 해소를 위해 '사베인스-옥슬리 법' 등으로 기업 경영진의 재무보고서 책임과 공시 의무를 강화했으며, 엔론 사태 같은 회계 비리가 발생하면 경영진과 관련 법인에게 파산에 이를 정도의 엄중한 처벌을 부과해 투명성을 확보했다.

둘째, 경영진과 기관 투자자는 모든 주주의 이익을 최우선으로 해야 하는 '수탁자 책임'을 법적으로 부담한다. 이에 따라 경영진은 개인의 이익이 아닌 회사 전체의 이익을 위해 신의성실, 충실, 주의 의무를 다해야 한다.

셋째, 'Say on Pay'(경영진 보수 승인 투표), 집단소송제도 등을 통해 소액 주주라도 기업 경영에 적극적으로 목소리를 내는 것을 보장하며 이를 통해 주주가치에 반하는 경영 활동을 효과적으로 견제한다.

넷째, 과거 AT&T 해체 사례와 같이 강력한 반독점법을 시행해 특정 기업의 시장 독점을 막고 소비자를 보호하고 혁신 기업이 계속 등장할 수 있는 역동적인 경제 환경을 조성한다.

이러한 노력은 투자자의 거래 비용을 낮추기 위해 호가 단위를 기존

1센트에서 0.5센트로 축소하는 SEC의 정책처럼 세밀한 부분까지 이어지며 소수가 아닌 전체 투자자의 이익을 극대화하는 방향으로 끊임없이 제도를 개선하고 있다.

이처럼 투자자를 최우선으로 보호하는 강력하고 투명한 제도적 기반 위에서 뉴욕증권거래소(NYSE)와 나스닥(NASDAQ)은 세계에서 유동성이 가장 풍부한 대표적인 금융시장으로 자리 잡았다. 전 세계 투자자들이 이러한 시스템을 신뢰하기 때문에 막대한 자본이 미국 시장으로 끊임없이 유입되는 것이며, 이는 미국 증시가 장기적으로 우상향하는 근본적인 동력이 되고 있다.

2025년 9월 우리나라 투자자들의 해외주식 직접 투자액은 206조 원을 돌파하며 사상최고치를 경신했다. 더 이상 미국 증시는 국내 투자자에게 먼 투자처가 아니며, 국내 증시가 아닌 미국 증시부터 시작해 보려는 투자자들도 늘고 있다.

그러나 심리적 거리가 좁혀진 것에 비해 정보를 얻는 것은 여전히 익숙하지 않다.

이와 관련하여 주식 정보를 살펴볼 수 있는 공시 시스템, 실적과 목표가를 보여주는 사이트들과 아직 계좌도 만들지 않은 사람들을 위한 간단한 팁들을 살펴본다.

NVIDIA
PALANTIR
MICROSOFT

PART
03

초보 투자자들을 위한 친절한 로드맵

투자 경험이 전혀 없어도 가능한
3단계 입문 가이드

미국주식은커녕 주식투자를 아직 한 번도 해본 적 없는, 이제 막 투자 세계에 입문해 아직 계좌조차 없는 사람들을 위한 3단계를 살펴보자.

증권사 선택: 수수료와 양도세 계산 방식을 따져보자

주식투자를 아직 한 번도 해보지 않아 계좌조차 만들지 않았다면 가장 먼저 결정해야 할 것은 증권사 선택이다. 증권사마다 기능에 의미 있는 차이가 있을지 우려될 수 있지만 대부분의 대형 증권사는 안정성이나 기능 면에서 큰 차이가 없다. 따라서 주요하게 고려할 점은 수수료와 양도세 계산 방식이다.

먼저 수수료는 크게 매번 종목을 사고팔 때 내는 거래 수수료와 환전 수수료로 나뉜다. 수수료는 증권사마다 다르지만 매 시기마다 수수료를 할인해주는 이벤트가 있으니 그 순간 할인을 많이 해주는 증권사를 선택하면 유리하다.

두 번째로, 해외주식에 투자한다면 양도소득세를 확인해야 한다. 고려해야 할 점이 있는데 바로 양도소득세 계산 방식이다. 증권사는 보통 두 가지 방식 중 하나를 사용한다.

- **선입선출법**: 먼저 매수한 주식이 먼저 팔린 것으로 간주해 세금을 계산하는 방식이다.
- **이동평균법**: 매수할 때마다 주식의 평균 단가가 새로 계산되고, 매도할 때 이 평균 단가를 기준으로 세금을 계산하는 방식이다.

두 방식의 차이를 살펴보자. A라는 주식을 2024년 1월, 2월, 3월에 1주씩 매수했는데 가격이 200만 원, 300만 원, 400만 원이라고 가정하자. 그리고 A주식 1주를 500만 원에 매도하면 다음과 같은 차이가 발생한다.

선입선출법과 이동평균법에 따른 세금 차이 예시

	선입선출법	이동평균법
매매차익	300만 원(500만 원-200만 원)	200만 원(500만 원-300만 원)
양도세	11만 원(250만 원까지 비과세이므로 50만 원의 22%)	0원(250만 원까지 비과세)

따라서 선입선출법은 과거 매수가가 높은 경우에 유리하며, 이동평균법은 초기 매수가가 낮고 주가가 지속적으로 상승할 수 있을 때 유리하므로 자신에게 맞는 방법을 찾는 것이 중요하다.

증권사별 양도세 부과 방식은 다음과 같다. 다만 이는 향후 바뀔 수 있으니 추가적으로 확인하자.

증권사별 양도세 부과 방식

선입선출법	이동평균법
메리츠증권 키움증권 미래에셋증권 NH투자증권 KB증권	토스증권 삼성증권 한국투자증권

계좌 개설: 10분이면 충분하다

증권사를 골랐다면 다음은 계좌를 만들 차례다. 과거처럼 증권사 지점을 직접 방문할 필요 없이 스마트폰으로 10분이면 모든 과정이 끝난다.

준비물
① 본인 신분증(주민등록증 또는 운전면허증)
② 본인 명의의 스마트폰
③ 인증을 위한 다른 은행 계좌번호

방법
선택한 증권사의 앱을 다운로드한 후 '비대면 계좌개설' 메뉴대로 안내에 따라 진행하면 된다. 신분증을 촬영하고 본인 인증 절차를 마치면 바로 주식 거래가 가능한 계좌가 만들어진다.

환전: 기준환율이 아니라는 점을 기억하자

미국주식은 달러로 거래되기 때문에 환전이 필요하다. 다만 요즘은 환전 없이도 원화를 기준으로 바로 거래할 수 있게 해주는 서비스가 있으니 증권사의 서비스와 편의성에 맞게 선택하면 된다.

하지만 환전할 때 한 가지 알아둘 것이 있다. 환전은 일반적으로 우리가 인터넷에서 검색하면 나오는 기준환율이 아닌 환율 스프레드가 있다. 따라서 증권사별 환전 수수료와 이벤트 및 우대 혜택을 잘 살펴보는 것이 좋다.

미국주식의 진짜 데이터를 보여주는 전자공시 시스템 활용법

미국은 SEC 증권법에 따라 투자자들에게 필요한 정보를 EDGAR에 공시하도록 하고 있다. 이에 따라 기업 실적 소식이나 주주들에게 중요한 정보는 EDGAR에서 모두 확인할 수 있다.

한국과 미국의 공시 시스템 비교(상법 개정 전 기준)

	미국	한국
공시 시스템	SEC 전자공시시스템(EDGAR)	한국거래소 전자공시시스템(KIND) 금융감독원 전자공시시스템(DART)
규제 당국	미국 증권거래위원회(SEC)의 법률에 의한 규제	KRX 거래소의 자율규제 및 금융 위원회 금융감독원 의무 공시 혼재
관련 법규	Securities Act 1993 Securities Exchange Act 1994	자본시장법 및 거래소 공시 규정
투자자 공시 매체	SEC 공시자료 기업 IR 부서 추가 공시자료 컨퍼런스 콜, '투자자의 날' 등을 통한 정보 제공	금융 감독원 DART KRX 전자 공시
취지	투자자의 정보 사각지대 해소 증권 거래의 투명성 이해관계자의 감시·감독 내부자 거래 규제	공정 공시제도 확립 내부자 거래 규제
공시 대상	증권법상 중요성 기준에 부합하는 모든 정보	정기 공시사항 · 사업보고서 · 반기보고서 · 분기보고서 · 감사보고서 수시 공시사항 합병 등 주요 경영사항 자율 공시사항

EDGAR 공시 시스템에는 10-K(연례보고서), 10-Q(분기보고서), S-1(IPO 공시), 8-K(수시 보고서) 등이 있다. EDGAR 공시뿐만 아니라 그 외 실적이나 투자 관련 정보를 얻는 다양한 방법을 아래에서 살펴보자.

EDGAR 공시 보는 법

EDGAR 공시는 인터넷 창에서 EDGAR를 검색해 들어가면 나오는 검색창에 확인하고 싶은 기업명이나 기업 티커를 검색하거나 퀵 링크를 통해 확인할 수 있다. 예를 들어 엔비디아의 10-K를 보고 확인하고 싶다면 검색창에 엔비디아의 티커인 NVDA를 검색하고 나서 'Filings on Edgar'를 클릭하면 10-K를 포함해 10-Q, 8-K 등 보고 싶은 정보를 확인할 수 있다.

우측 상단에서 NVDA를 검색하거나 빠른 링크에 있는 EDGAR 검색을 누른 후 엔비디아를 찾아본다.

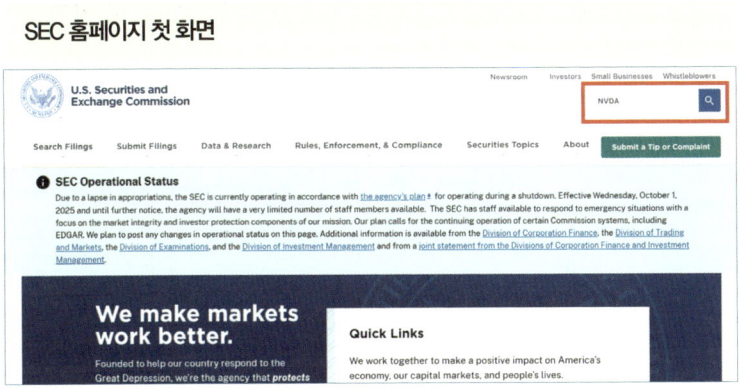

출처: https://www.sec.gov/

SEC에서 NVDA 검색했을 때 나오는 화면

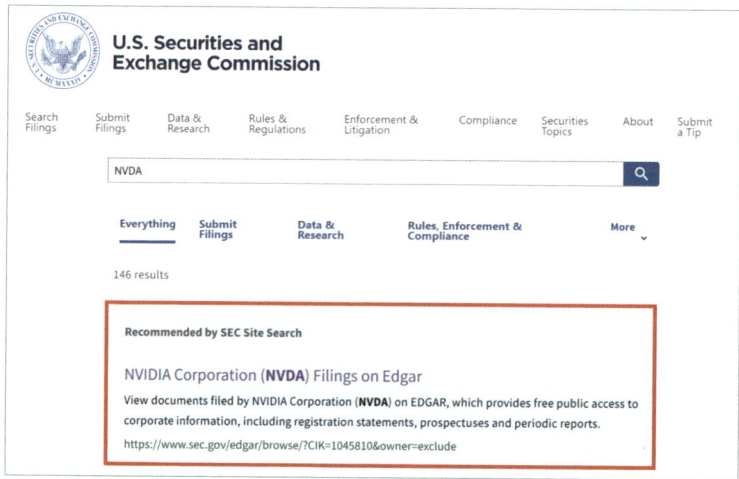

출처: https://www.sec.gov/

NVDA의 10-K는 EDGAR 홈페이지에서 기업의 티커 검색한 후 'Filings on Edgar'에 들어가면 10-K를 확인할 수 있다.

EDGAR에서 NVDA의 10-K를 확인하는 방법

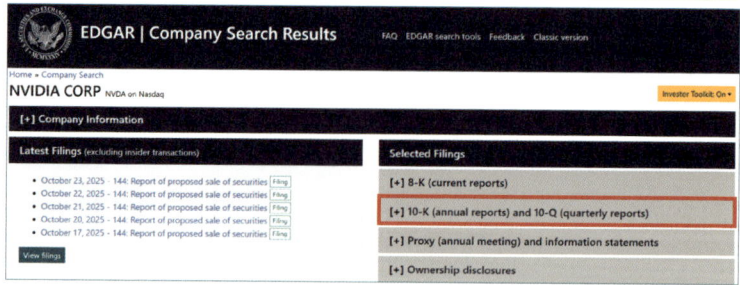

출처: https://www.sec.gov/

EDGAR 시스템 외에 기업의 개별 IR 사이트에서 10-K, 10-Q 같은 공시를 확인할 수도 있다.

퀵 메뉴를 통해 NVDA의 10-K를 확인하는 방법

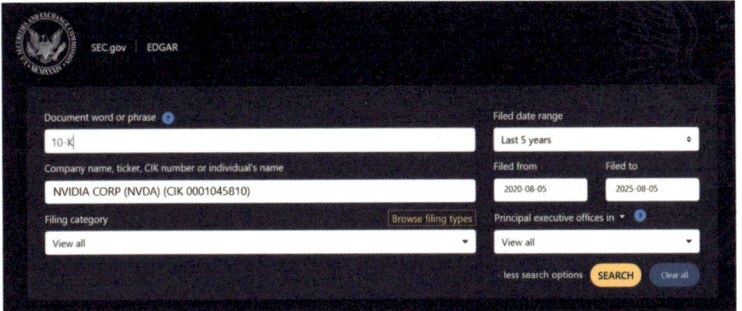

출처: https://www.sec.gov/

10-K

10-K는 증권거래위원회(SEC) 규정상 기업 회계연도가 끝나면 미국 상장회사가 매년 SEC에 제출하는 연례 사업·재무보고서로 회사의 전반적인 재무 상태와 사업 내용을 종합적으로 담고 있다. 10-K는 크게 항목 1(Business)부터 항목 16(10-K 요약)까지 제공되며 주요 내용은 다음과 같다.

- 사업의 개요(Business)
- 위험 요인(Risk Factors)
- 미결 소송 등 법적 사항(Legal Proceedings)
- 재무 상태 및 경영진 분석(Management's Discussion & Analysis: MD&A)
- 재무제표 및 보충 자료(Financial Statements & Supplementary Data)
- 임원·이사진 보상 정보(Executive Compensation)

- 내부 통제 및 공시 절차(Controls & Procedures)
- 기타 주요 계열사 감사보고서, 서명란 등

10-K는 연간보고서와 차이가 있다. 연간보고서도 매 회계연도 마지막에 기업에서 공시하는 사업보고서이지만 SEC 제출용이 아닌 투자자들에게 보여주는 자료로 상대적으로 간단한 경우가 많다. 그래서 동시에 보기 편한 그래픽 자료를 많이 사용하기도 해 일장일단이 있다.

다만 10-K 보고서는 미국 증권거래법상 회계연도가 종료된 후 90일 이내에 제출해야 한다(기업 규모에 따라 60일 또는 75일 이내에 제출해야 하는 경우도 있다). 따라서 실제 보고서가 발표되었을 때는 이미 3개월이 지난 시점인 만큼 그사이에 바뀐 경영환경 변화에 주의해야 한다.

10-K 양이 많은데 어떻게 보아야 할까?

10-K는 크게 네 개 파트(Part)로 구성된다.
- Part 1은 사업 개요, 리스크, 법적 사항들을 설명한다.
- Part 2는 10-K의 본론과 같은 부문으로 회사의 재무 상황, 사업 실적에 관한 경영진의 의견이나 분석, 경영진이 인지하는 사업 리스크와 불확실성이 포함되어 있다. 특히 10-Q는 회계감사를 받는 것이 필수는 아니지만, 10-K는 회계감사를 반드시 받아야 하므로 10-K에 나와 있는 재무나 실적 관련 내용을 확인하는 것이 좋다.
- Part 3은 경영진 및 이사회 구성과 지배구조에 관한 내용으로 임원

의 보수, 내부자의 주식 보유 현황 등이 나와 있다.
- Part 4는 요약 재무 실적을 포함해 10-K 내용에 대한 요약과 참고 자료를 포함한 부록과 같은 내용이다.

10-K는 사업의 개요부터 시작해 재무제표 기업에 있을 수 있는 다양한 위험까지 수록되어 있어 그 기업을 이해하는 데 매우 좋은 자료이지만, 전체적으로 길고 어려워 투자자들에게 진입 장벽이 된다. 그래서 기업을 처음 살펴볼 때 살펴보면 좋은 부문은 우선 Part 1에 있는 사업 개요와 리스크 섹션, Part 2의 항목 7인 MD&A 섹션이다.

MD&A(Management's Discussion and Analysis of Financial Condition and Results of Operations)는 기업의 재무 상태와 실적에 관한 경영진의 분석 부문으로 여기에는 경영진이 기업의 사업 모델, 실적에 대한 평가와 실적에 영향을 미칠 수 있는 사건이나 불확실성, 회사의 재무나 실적에 필요하다고 생각되는 중요한 정보 등이 포함되어 있다.

또한 항목 7A에서 시장 위험에 대한 정량적·정성적 공시를 하는데 그 내용에는 경영진이 인지하는 리스크, 기업에 투자했을 때 주주들이 인지해야 할 리스크 등 기업의 다양한 위험을 알 수 있다.

정리하면 10-K에 관심은 있지만 보기에 너무 어렵다면 항목 1과 1A, 항목 7과 7A만 확인해도 기업의 주요 내용을 파악할 수 있고, 그중 하나만 보고 싶다면 항목 7(MD&A)이 10-K의 핵심 내용이니 이 부분만이라도 확인하는 것이 좋다.

10-K에서 기업의 비즈니스 모델이나 리스크 요인 등을 빨리 파악하는 데 유용한 부문

엔비디아 목차	
	페이지
제 1부	
항목 1. 사업	4
항목 1A. 위험 요소	13
항목 1B. 미해결된 감독 당국 의견	32
항목 1C. 사이버 보안	32
항목 2. 자산	33
항목 3. 법적 절차	33
항목 4. 광산 안전 공시	33
제 2부	
항목 5. 등록 법인의 보통주 시장, 관련 주주 문제 및 발행인의 지분 증권 매입	33
항목 6. 유보됨	35
항목 7. 재무 상태 및 운영 결과에 대한 경영진의 논의 및 분석	36
항목 7A. 시장 위험에 대한 양적 및 질적 공시	45
항목 8. 재무제표 및 보충 자료	46
항목 9. 회계 및 재무 공시에 대한 회계사와의 변경 및 의견 불일치	46
항목 9A. 통제 및 절차	46
항목 9B. 기타 정보	47
항목 9C. 검사를 방해하는 외국 관할권에 대한 공시	47
제 3부	
항목 10. 이사, 경영진 및 기업 지배구조	47
항목 11. 임원 보수	48
항목 12. 특정 수익 소유자 및 경영진의 증권 소유권과 관련 주주 문제	48
항목 13. 특정 관계 및 관련 거래, 그리고 이사의 독립성	48
항목 14. 주요 회계법인 수수료 및 서비스	48
제 4부	
항목 15. 증거 자료 및 재무제표 스케줄	49
항목 16. Form 10-K 요약	85
서명 (Signatures)	86

출처: https://www.sec.gov

항목 1

회사의 핵심 사업 내용, 주요 제품 및 서비스, 목표 시장, 경쟁 구도 등 비즈니스 전반에 대한 개요를 설명

항목 1A

미래 실적에 부정적인 영향을 줄 수 있는 주요 위험 요인들 기술

항목 7

경영진의 관점에서 회사의 재무 상태, 영업 실적, 현금 흐름을 분석하고, 향후 사업 전망이나 계획 등을 설명

항목 7A

회사가 노출된 시장 위험에 대한 다양한 정보 제공

10-K—MD&A 섹션에 언급된 엔비디아가 이스라엘의 지정학적 위기에 미칠 영향

이스라엘과 지역 분쟁

우리는 네트워킹 제품의 연구 개발, 운영, 판매 및 마케팅을 주로 지원하는 이 지역의 약 4,700명의 직원의 건강과 안전을 포함하여 이스라엘 안팎의 지정학적 갈등이 우리 운영에 미치는 영향을 모니터링하고 있습니다. 네트워킹 제품에 대한 글로벌 공급망은 큰 영향을 받지 않았습니다.

　이 지역의 일부 직원은 장기간 현역 군 복무를 해왔으며 계속 결근할 수 있고, 이로 인해 제품 개발 또는 운영에 차질이 생길 수 있습니다. 우리는 사업에 큰 영향이나 비용을 경험하지 않았습니다. 그러나 갈등이 더 연장되거나 확대되면 향후 제품 개발, 운영 및 수익에 영향을 미치거나 당사 비즈니스에 기타 불확실성을 야기할 수 있습니다.

출처: NVDA 10-K: Annual report for year ending January 26, 2025

10-Q 보고서

Part 1: 재무 정보
- 미감사 재무제표: 대차대조표, 손익계산서, 현금흐름표
- 경영진의 논의 및 분석(MD&A): 재무 상태 및 경영 성과에 대한 경영진의 분석
- 시장 위험 공시: 환율, 금리 변동 등 시장 위험 관련 정보
- 내부 통제 관련 사항: 기업 운영 및 통제 시스템 정보

Part 2: 기타 정보
- 법적 절차: 진행 중인 소송 등 법적 문제
- 미등록 지분증권 매도: 관련 거래 내역
- 채무 불이행: 우선순위 증권의 채무 불이행 사항
- 기타 공시사항: 투자자가 알아야 할 기타 중요 정보

10-Q

10-Q는 회계연도 중 분기별로 미국 상장사가 SEC에 제출하는 분기 실적보고서로 기업의 최신 분기 실적과 재무 상태를 투자자에게 신속히 공개하기 위해 마련된 문서다. 매년 마지막 분기에 10-K가 제출되므로 연간 3회(1분기, 2분기, 3분기) 제출된다.

10-K와의 차이점은 재무제표 감사가 필수가 아니어서 재무제표에 감사가 들어가지 않았다는 문구(Unaudited Financials)가 있고 10-K처럼 자세한 설명이 있지는 않다는 것이다.

8-K

8-K는 미국 상장사가 중대한 사건(Material Events)이 발생했을 때 SEC에 신속히 보고하기 위해 제출하는 이벤트 중심 보고서(Current Report)다. 10-K(연례보고서), 10-Q(분기보고서)와 달리 정기 제출이 아니라 사안이 발생할 때마다 보고한다. 사건 발생 후 4영업일 이내에 제출(일부 항목 15영업일 또는 시점 별도 규정)해야 한다. 8-K 공시에 대한 보고 사항은 매우 다양하지만 대표적인 예는 다음과 같다.

- 주요 인수·매각, 공급계약 체결
- 임원·이사회 변경: CEO·CFO 등 임명·해임
- 재무정보: 분기 이하 이벤트로 인한 중요 재무제표 수정 보고
- 재무 상태 변화: 부채 조기 상환, 대출 약정 변경
- 주식·증권 발행(Equity Issuances): 전환사채·옵션 부여, 신주 발행
- 기타 파산 신청, 중요한 소송 판결, 자산 손상 등

기업마다 다른 분기

분기 실적 자료를 보면 현재 2025년인데 2024년으로 표기되어 있거나 3분기 실적을 발표해야 할 시기임에도 2분기로 표시된 것을 볼 수 있다. 이는 한국과 달리 미국 기업들의 회계연도(Fiscal Year)가 기업마다 다르기 때문이다.

회계연도는 회사가 돈을 벌고 쓰는 것을 계산하는 1년 기간을 말한다. 회계연도를 달리하는 이유는 보통 세금 일정을 최적화하거나 내부 경영 및 성과 관리, 사업 사이클과 계절성을 맞추는 용도 등 다양하다. 따라서 실적 등 참고자료를 살펴볼 때는 그 기업의 회계연도를 확인해야 한다.

대표적으로 애플은 10월 1일에 시작해 이듬해 9월에 끝나며, 마이크로소프트는 7월 1일에 시작해 이듬해 6월 30일에 끝난다. 엔비디아는 회계연도를 매년 1월 말부터 2월 초에 시작하는데, 회계연도를 이렇게 정한 것은 제품이 잘 팔리는 연말연시 모두 하나의 회계연도에 넣기 위해서라고 밝혔다. 그래서 2025년 6월에 발표한 실적은 FY(Financial Year)26 1분기에 해당한다.

내부자 거래 공시·내부자 매도, 정말 매도 사인일까요?

투자하다 보면 종종 내부자 매도 소식을 접한다. 그리고 투자자들은 이런 내부자 매도 소식에 부정적으로 반응한다. 이는 내부 정보를 가장 잘 알고 있는 내부자가 기업의 부정적인 소식을 미리 알고 현금화해 피신하기 위한 목적일 것으로 생각했거나 다른 투자자들이 그렇게 생각하며 주식을 매도할 것을 걱정하기 때문일 것이다. 그런데 내부자 매도 소식은 기업에 정말 부정적인 미래를 암시하는 사인일까?

내부자 주식 거래 공시는 Form 3, Form 4, Form 5에서 확인할 수 있다.

Form 3은 내부자가 지분을 처음 획득했을 때 공개하는 자료다. 실제로 자사주 지분을 보유하지 않았더라도 기업의 내부자가 되는 순간 10일 이내에 반드시 공시해야 한다. Form 3 보고가 의무인 자는 임원, 이사회 전원, 주식을 10일 이상 보유한 실질 소유자, 기타 주요 관계자 등이다.

Form 4는 보유 지분이 변경된 경우에 공시하는 자료다. 보유 지분 변경 요인이 되는 주식 매매일을 기준으로 2거래일 이내에 SEC에 제출해야 하며, 거래 일자, 거래 유형, 거래 수량 및 가격, 이후 지분 변화 등

이 포함되어야 한다. 다만 특정 사유로 실제로 경영진이 매도하기 시작하면 그날 당일 또는 단기적으로 주가가 하락세를 보이는 경우가 많다. 하지만 기업이 우량하면 결국 주가는 오른다. 엔비디아 젠슨 황 CEO는 연말까지 600만 주를 매각하겠다고 올해 3월 발표한 이후 6월에 1,500만 달러어치를 매각했다. 하지만 이후 엔비디아 주가는 계속 상승하며 미국 기업 최초로 마침내 시가총액 4조 달러를 달성했다.

또한 2024년 팔란티어의 알렉스 카프 CEO는 2024년 대통령 선거일을 전후로 몇 주 동안 2,500만 달러어치를 매각했다. 대통령 선거일인 11월 5일 팔란티어의 종가는 51달러였고, 이후 주가는 지속적으로 상승해 크리스마스 이브에는 장중 84달러까지 상승했다가 약 75달러로 2024년을 마감하며 매도 당시 가격보다 크게 상승했다.

기업의 주요 임원들은 성과 보수를 스톡옵션으로 받는 경우가 많은데 그들은 자금이 필요할 때 결국 주식을 판다. 물론 내부자가 회사의 부정적인 정보를 미리 알고 팔 가능성도 배제할 수는 없다. 따라서 '내부자의 주식 매도는 무조건 나쁘다.'라는 단편적인 해석보다 현재 기업의 펀더멘털과 성장성을 종합적으로 판단하는 것이 더 중요하다.

목표가는 어떻게 활용해야 할까요?

투매일 당일 수많은 기관이 종목에 대한 투자 의견과 목표가를 제시한다. 이를 어떻게 활용하는 것이 좋을까?

우선 기관들의 투자 의견이나 목표가 인상에 너무 과민반응할 필요는 없다. 특정 기업에 대해 긍정적으로 보지 않더라도 주가 상승에 맞추어 목표가를 계속 올리는 경우가 많기 때문이다. 따라서 목표가는 평균이나 중간값 정도가 아니면 목표가가 오르는 추세는 참고할 만하지만 실제로 특정 기관 한 곳이 목표가를 올렸다는 이유만으로 주가가 곧바로 반응하는 경우는 많지 않다. 그럼에도 투자에 고려하겠다면 대형 기관들 위주로 참고하는 것이 좋을 것이다.

다만 그럼에도 주가에 큰 영향을 미치는 경우가 있다. 첫 번째는 기관들이 모든 종목을 커버하지 않는데 커버(투자의견을 제시하며 해당종목을 지속적으로 팔로우)를 시작하면 주가가 상승한다. 긍정적인 의견으로 커버리지를 시작할 때 주가가 긍정적으로 반응하는 경우가 많다.

두 번째는 셀(Sell) 리포트가 나오는 경우다. 투자 의견은 긍정적인 의견보다 부정적인 의견이 주가에 큰 영향을 미치는 경우가 많으므로 셀 리포트가 나왔다면 단기적으로 그 부분에 주의할 필요가 있다.

목표가와 리스크를 확인할 수 있는 핵심 사이트 모음

애널리스트들의 투자 의견 및 목표가를 확인할 수 있는 사이트는 다음과 같다.

CNBC(https://www.cnbc.com/pro/news/)

CNBC는 미국의 가장 대표적인 경제방송 중 하나로 금융, 국제 경제, 산업, 재정 정책 등 다양한 경제 소식을 중계한다. 뉴욕증권 거래소(NYE), 나스닥(NASDAQ) 등 주요 증권 시장의 개장부터 마감까지 모든 과정을 생중계해주며, 실시간으로 종목에 대한 다양한 투자 의견을 볼 수 있다.

대표적으로 CNBC Pro의 애널리스트들의 콜에서는 매일 주요 IB들의 투자 의견과 관련 내용, 코멘트를 알려준다. 특정 IB의 자세한 의견을 볼 수 있으며 다수 IB들의 의견을 간략히 정리해 주기도 한다. 다만 유료 결제해야 하는 단점이 있다.

CNBC Pro에서 제공하는 애널리스트들의 투자 의견

도이체은행, 테슬라 매수 추천 재확인

회사는 실적 발표 후 주당 가격 목표를 435달러에서 440달러로 상향 조정했습니다.

"Elon Musk는 Tesla 에 확실히 집중하고 있습니다. 보상 패키지 통과는 이러한 상황이 지속되도록 하는 데 중요할 것입니다. 로보택시와 옵티머스는 모두 예상보다 느리게 진행되고 있지만, v14는 FSD의 전환점을 알리는 신호탄이 될 것이며, 테슬라는 궁극적으로 휴머노이드를 대량 생산할 수 있는 유일한 서구 기업으로 자리매김할 수 있을 것입니다."

뱅크 오브 아메리카, 넷플릭스 매수 권고 재확인

해당 회사는 화요일 실적 발표 후에도 해당 주식을 계속 보유할 것이라고 밝혔습니다.

"저희의 견해로는 Netflix는 주가는 지속적인 긍정적인 가입자 수와 수익 모멘텀, 그리고 광고와 실시간 방송 기회의 발전으로 인해 상승세를 보일 것입니다."

출처: https://www.cnbc.com

WSJ(https://www.wsj.com/)

투자 의견을 무료로 볼 수 있는 사이트 중에 월스트리트저널이 있다. 그날 업그레이드와 다운그레이드, 커버리지를 새로 시작하거나 기존에 멈추었던 커버리지를 재개하는 경우를 나누어 볼 수 있고, 목표가 변경이 있으면 목표가도 함께 확인할 수 있다.

이 사이트는 구글 검색창에서 'wall street journal upgrades and downgrades'라고 검색하면 된다. 다만 WSJ에서는 애널리스트들의 구체적인 코멘트는 볼 수 없다.

월스트리트저널에서 제공하는 투자 의견

투자 의견 상향 조정
2025.08.20

회사	티커	증권사	투자의견 변경	목표주가
앤테로 리소시스	AR	UBS	중립 》 매수	43 달러
뱅크 OZK	OZK	스티븐스	동일 비중 》 비중 확대	65 달러
블랙힐스	BKH	BofA 증권	시장수익률 하회 》 중립	64 달러
호멜 푸드	HRL	JP 모건	중립 》 비중 확대	34 달러
J. M. 스머커	SJM	JP 모건	중립 》 비중 확대	129 달러
맥코믹	MKC	JP 모건	중립 》 비중 확대	83 달러
누 홀딩스	NU	씨티그룹	매도 》 매수	18 달러
스노우플레이크	SNOW	BofA 증권	중립 》 매수	240 달러
업스타트	UPST	JP 모건	중립 》 비중 확대	88 달러
바이타 코코	COCO	파이퍼 샌들러	중립 》 비중 확대	39 달러
우드워드	WWD	알렘빅 글로벌 어드바이저스	중립 》 비중 확대	281 달러
브라이트스타 로터리	BRSL	아거스	보유 》 매수	20 달러
로켓 파마슈티컬스	RCKT	BofA 증권	중립 》 매수	10 달러

투자의견 하향 조정
2025.08.20

회사	티커	증권사	투자의견 변경	목표주가
아베크롬비 & 피치	ANF	씨티그룹	매수 》 중립	105 달러
애질론 헬스	AGL	번스타인	시장수익률 상회 》 시장수익률	1.4 달러
어플라이드 머티리얼즈	AMAT	다이와 증권	시장수익률 상회 》 중립	170 달러
아트머스 필트레이션 테크놀로지스	ATMU	JP 모건	비중 확대 》 중립	46 달러
에이비스 버짓	CAR	BofA 증권	매수 》 시장수익률 하회	113 달러
컴포시큐어	CMPO	JP 모건	중립 》 비중 축소	16 달러
커스텀 트럭 원 소스	CTOS	JP 모건	중립 》 비중 축소	5.5 달러
에데노르	EDN	모건 스탠리	비중 확대 》 동일 비중	36 달러
갭	GAP	씨티그룹	매수 》 중립	22 달러
제너럴 밀스	GIS	JP 모건	중립 》 비중 축소	45 달러
굿이어 타이어 앤드 러버	GT	HSBC 증권	매수 》 보유	9.5 달러
헬스피크 프로퍼티스	DOC	도이체방크	매수 》 보유	18 달러
카이지아	KSPI	JP 모건	비중 확대 》 중립	96 달러
크로거	KR	JP 모건	비중 확대 》 중립	75 달러
노바백스	NVAX	BofA 증권	중립 》 시장수익률 하회	7 달러
오케스트라 바이오메드	OBIO	BTIG 리서치	매수 》 중립	7 달러
리스키파이드	RSKD	JP 모건	중립 》 비중 축소	
어반 아웃피터스	URBN	씨티그룹	매수 》 중립	76 달러

출처: https://www.wsj.com

인베스팅닷컴(https://www.investing.com/news/analyst-ratings)

인베스팅닷컴은 개별 종목에 대한 애널리스트들의 의견을 제공한다. 인베스팅닷컴 사이트 뉴스의 Analyst Rating에서 확인할 수 있다.

무료로 볼 수 있다는 장점이 있지만 WSJ처럼 한 번에 정리해 보여주는 것이 아니다. 따라서 WSJ에서 전체적인 투자 의견의 변화를 확인한 후 자세한 내용이 궁금한 종목이 있을 때 인베스팅닷컴에서 개별 내용을 확인하는 것이 좋다.

마켓 스크리너(https://www.marketscreener.com/)

앞에서 살펴본 것이 모두 특정일 기준으로 투자 의견을 보는 사이트라면, 마켓 스크리너에서는 특정 종목에 대한 투자 의견을 자세하고 다양한 방면에서 살펴볼 수 있다.

- 애널리스트들의 목표가
- 현재 종목의 목표주가 범위와 현재 주가의 대략적인 위치 차트
- 애널리스트들의 투자 의견 및 목표가 변화 시점
- 전체 의견 중 매수·매도 비중

위와 같은 다양한 의견을 볼 수 있다. 마켓 스크리너는 무료이지만 한계가 있다.

마켓 스크리너에서 제공하는 엔비디아에 대한 애널리스트의 의견

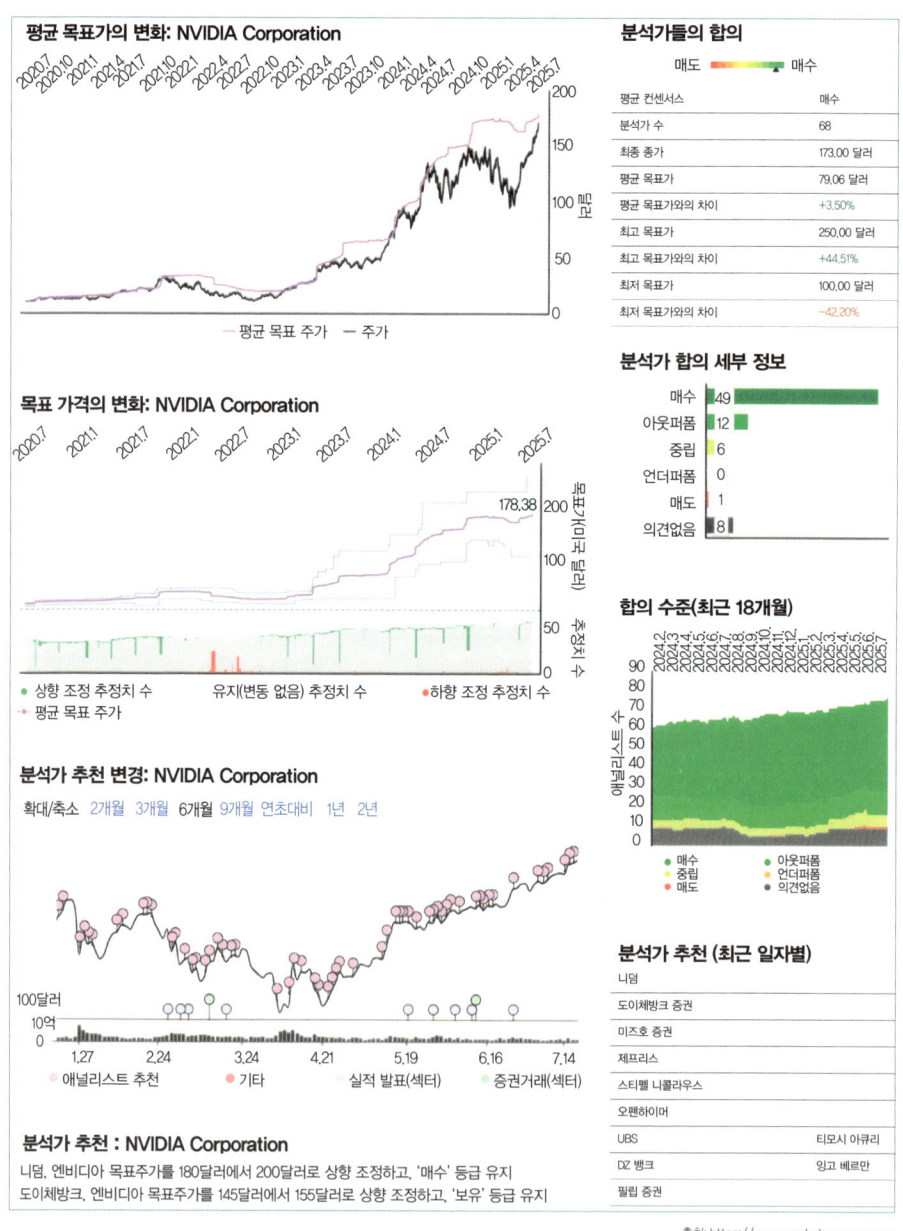

출처: https://www.marketscreener.com

반드시 알아야 할 재무제표 핵심 체크포인트

내 포트폴리오 안에 있는 기업들의 실적을 팔로우하는 것은 포트폴리오 관리에서 중요하다. 실적을 확인할 수 있는 곳은 매우 다양하며 대부분 뉴스에서 실적 관련 정보를 알려준다. 실적을 확인할 때 중요한 것은 단순히 매출이나 이익이 얼마나 올랐느냐가 아니라 월가의 컨센서스에 비해 잘 나왔느냐 여부다. 그래서 월가의 예상치가 어느 정도인지 알 필요가 있는데 이것을 보여주는 사이트들은 다음과 같다.

MSN (https://www.msn.com/en-us/money?id=a6qja2)

MSN Money에서 찾는 기업이나 ETF를 검색한 후 Earnings에 들어가면 그 기업의 예상 매출과 EPS가 나온다. 실적 발표가 얼마 남지 않았다면 실적 발표 시기를 알 수 있고, 이미 실적 발표를 했다면 그 실적과 예상치를 비교해볼 수 있다.

마켓 스크리너 (https://www.marketscreener.com/)

마켓 스크리너에서 종목을 검색한 후 Consensus → Estimate

Revision으로 이동하면 그 기업의 실적 추정치 차트를 볼 수 있다. 실적 추정치 변화를 통해 그 기업의 실적 기대감이 어떻게 변하는지를 알 수 있다. 만약 실적 기대감이 감소하는 와중에 예상치를 상회하는 실적을 발표했다면 주가 상승 폭은 예상보다 클 것이다. 반대로 예상치를 상회했지만 실적 기대감도 함께 상승 중이었다면 주가의 움직임은 생각보다 크지 않을 수 있다.

마켓비트(https://www.marketbeat.com/earnings/guidance/)

마켓비트에 들어가 원하는 기업을 검색하면 그 기업이 발표한 다음 분기와 그 연도의 매출, EPS 가이던스와 애널리스트가 예측한 매출, EPS 가이던스를 확인할 수 있다. 또한 과거에 발표한 가이던스도 함께 볼 수 있어 가이던스 업그레이드·다운그레이드 여부도 바로 확인할 수 있다.

재무제표 간략히 살펴보기

주가수익률

사람들이 흔히 '퍼(PER)'라고 부르는 P/E Ratio는 주식투자할 때 사용하므로 단순하면서도 직관적이어서 널리 퍼져 있다. P/E는 주가를 EPS로 나눈 것으로 주가가 주당순이익의 몇 배에 거래되고 있는지를 의미한다. 예를 들어 A라는 기업의 주가가 100달러이고 EPS가 5달러라면 A 기업의 P/E는 20이다. 그리고 이것은 회사가 더 이상 성장하지 않고 화폐의 시간 가치 등을 고려하지 않았을 때 20년 후 투자자는 손익분기점을 넘긴다는 뜻이다. 단순하고 직관적이며 참고하기에도 편리하지만 한계점도 있다.

첫째, P/E는 상대적으로 동종업계를 비교해야 한다. "이 기업은 단순히 P/E가 40이니까 비싸다."가 아니라 "같은 업계의 다른 기업 B가 30이어서 비싸다."라고 생각해야 한다. 다만 기업마다 성장성, 경쟁력이 달라 완전히 동일하게 P/E를 놓고 판단하기는 어렵다. 일반적으로 그 기업의 과거 P/E, 업계 평균 P/E, 시장 인덱스 P/E와 함께 평가하기도 하지만 완벽한 비교군이 되기는 어렵다.

$$PER = \frac{시가총액}{순이익} = \frac{주가}{주당순이익(EPS)}$$

둘째, 성장성을 고려하기 어렵다. 물론 다음 실적을 감안한 Forward P/E가 있지만 회사의 지속적인 성장성을 고려하기는 어렵다. 이로 인해 성장성을 감안한 PEG라는 지표가 나왔다. 이는 뒤에서 살펴본다.

한편 재무제표를 보다 보면 지수 뒤에 TTM 또는 NTM이 있는 경우가 있다. TTM(Trailing Twelve Months)은 지난 12개월을 나타낼 때 쓴다. LTM(Last Twelve Months)도 마찬가지다. NTM(Next Twelve Months)과 F12M은 향후 12개월, 즉 예상치를 나타낼 때 쓴다.

셋째, 적자 기업이거나 매출이 아직 발생하지 않은 기업들의 P/E는 알 수 없다. EPS는 순이익을 주식 수로 나눈 것이므로 순이익이 발생하지 않았거나 음수라면 P/E라는 개념은 아무런 의미가 없다.

뉴스케일파워(SMR)는 소형 모듈 원자로 기업으로 아직 매출이 없고 적자이므로 EPS는 마이너스(-)로 표시가 되고 P/E는 표시되지 않는다.

P/E의 이러한 한계를 극복하기 위해 PSR이나 EV/EBITDA 등을 사용한다.

뉴스케일파워의 사례

지수	러셀 2000	주가수익비율(P/E)		주당순이익(EPS ttm)	-1.19 달러
시가총액	130억 4천만 달러	예상 주가수익비율	-	내년 주당 순이익	-0.39 달러
순이익	-1억 2,408만 달러	주가이익성장비율 (PEG)	-	다음 분기 주당 순이익 성장률	-0.13 달러
매출	5,613만 달러	주가매출비율 (P/S)	232.4	주당순이익 성장률	70.59%
주당순 자산가치	5.18 달러	주가순자산비율 (P/B)	8.84	내년 주당순이익 성장률	70.59%
주당 현금보유액	1.49 달러	주가현금흐름비율 (P/C)	30.63	향후 5년 주당순이익 성장률	51.67%

출처: Finviz

때로는 개별 종목이 아닌 전체 시장의 P/E를 보고 현재 시장이 과열인지 고평가인지 저평가인지 판단하기도 한다. S&P 500의 평균 P/E는 25로 이보다 높으면 비싸고 낮으면 저렴하다고 생각할 수 있다. 물론 리먼브라더스 사태가 터졌던 2009년 1월 순간적으로 100이 넘어간 적이 있고, 2001년 12월 닷컴버블 붕괴 당시는 45를 기록했으며, 2020년 코로나 사태와 그로 인한 저금리 상승기에는 40에 육박한 적도 있다.

이렇게 높은 P/E는 기대감으로 주가가 급등했기 때문도 있지만 2008년 리먼브라더스 사태 직후처럼 이미 실적 악화가 발생하며 이익이 많이 낮아져 P/E가 오른 경우도 있다.

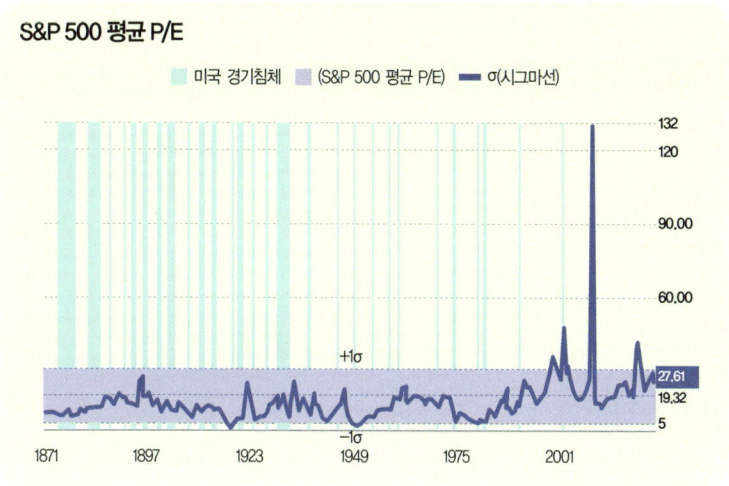

출처: https://www.gurufocus.com

버핏 지수

추가적으로 시장 과열 여부를 확인하는 지수가 있는데 워런 버핏이 소개해 'Buffett Indicator'로 알려진 버핏 지수다. 주식시장 전체 시가총액을 한 국가의 국내총생산(GDP)으로 나눈 비율로 주식시장 전체 가치가 경제 전반의 규모보다 과대·과소평가되어 있는지 가늠할 수 있다.

$$\text{버핏 지수} = \frac{\text{주식시장 전체 시가총액}}{\text{국내총생산(GDP)}} \times 100$$

미국의 과거 20년 평균 버핏 지수는 120%였으며, 2025년 1월 트럼프 대통령 취임과 이후 스타게이트 프로젝트 발표 등에 대한 기대감으로 200%까지 상승했지만 하락해 5월 23일 기준으로 200% 미만에서 거래되기도 했다. 하지만 현재 주가는 반등에 다시 성공하며 다시 205%

버핏 지수를 활용한 시장 평가

버핏 지수	평가
버핏 지수 ≤ 85%	매우 저평가
85% 〈 버핏 지수 ≤ 110%	일부 저평가
110% 〈 버핏 지수 ≤ 134%	적정
134% 〈 버핏 지수 ≤ 159%	일부 고평가
버핏 지수 〉 159%	매우 고평가

이상에서 거래되며 사상 최고치를 경신하고 있다.

다만 버핏 지수는 다국적기업의 해외 매출 비중이 커지면 시가총액이 GDP 성장과 덜 연동될 수 있는 것을 정확히 반영하기 어렵고, 기술 발전에 따른 성장성의 향상, 중앙은행의 정책 영향에 따른 밸류에이션 상승을 곧바로 고평가로 보는 한계가 있다. 따라서 시장 전체의 밸류에이션은 특정 지표 하나만 볼 것이 아니라 다양한 여건을 보고 항상 다각적으로 판단해야 한다.

PEG(주가수익성장률)

앞에서 살펴보았듯이 P/E는 성장성을 고려하지 않는다는 단점 때문에 기대성장률이 높은 기업에는 추가 프리미엄을 부여한다. 그런데 성장성을 고려한 프리미엄을 부여하는 것이 모호해 기업마다 다른 성장성을 표준화한 주가 배수를 만들었고 이것이 주가수익성장률(PEG: Price Earnings to Growth Ratio)이다.

PEG는 마리오 파리나가 처음 고안했고 이후 마젤란 펀드의 펀드매니저 피터 린치가 『전설로 떠나는 월가의 영웅(One up on Wall Street)』에서 소개하며 대중화되었다. PEG의 계산 방식은 다음과 같다.

$$PEG = \frac{PER(주가수익비율)}{EPS(주당순이익)\ 성장률}$$

예를 들어 A 기업의 PER가 10배이고 EPS가 연간 20% 증가할 것으로 가정하면 이 기업의 PEG는 0.5다. 여기서 EPS 성장률은 대부분 향후 3~5년 연평균 성장률(CAGR)을 말한다. 피터 린치는 PEG가 0.5 미만이면 매수하고 1.5 이상이면 매도하라고 조언했다. 또한 이론적으로 PEG가 1.0 이하면 투자 적격 대상이고 0.5 이하면 적극 매수라고 한다. PEG가 1.0만 되더라도 그 기업의 성장률이 P/E만큼은 된다는 뜻이기 때문이다. 즉 P/E가 100인 기업은 매년 100%는 성장한다는 의미이다.

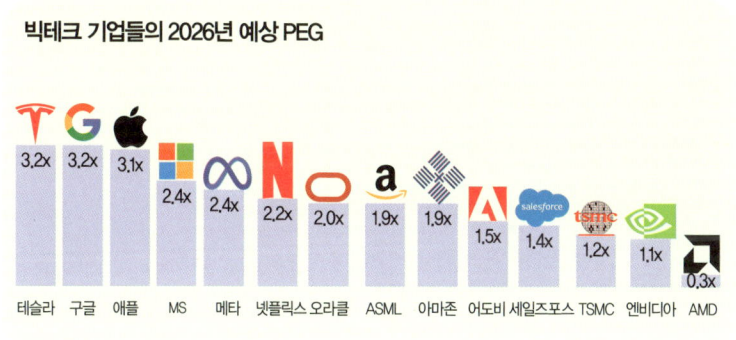

PEG는 성장주 가치를 평가할 때 P/E의 한계를 보완하는 지표임에도 여전히 주의할 사항이 있다. 우선 5년 연평균 성장률을 가정하므로 그 가정이 틀리면 큰 폭의 오차가 있을 수 있고, 기업의 잉여현금흐름(FCF)이 반영되지 않아 성장의 결과로 가져올 기업의 안정성이나 지속 가능성이 반영되기 어렵다는 특징이 있다.

Free Cash Flow(잉여현금흐름)

기업이 사업으로 벌어들인 돈 중에서 세금과 영업 비용, 설비 투자액 등을 제외하고 자유롭게 쓸 수 있는 현금을 말한다.

PSR(주가 매출 비율)

PSR(Price Sales Ratio)은 기업의 시가총액을 연간 매출액으로 나눈 지표로 "회사가 1원어치 매출을 올릴 때 주식시장은 몇 배의 가치를 부여하는가"를 보여준다. PSR의 계산 방식은 다음과 같다.

$$PSR = \frac{\text{시가총액}}{\text{매출액}} = \frac{\text{1주 가격}}{\text{1주당 매출액}}$$

PSR은 초기 SaaS 기업이나 플랫폼 기업처럼 적자이거나 EPS 변동성이 큰 기업들의 가치를 평가할 때 장점이 있으며 기업 성장률과 함께 추적하기 쉽다. 또한 동일 업종 내에서는 매출 대비 시가총액 프리미엄을 직관적으로 비교할 수 있다는 장점이 있다.

하지만 PSR은 기본적으로 기업의 수익성을 고려하지 않는다는 한계가 있다. 그래서 영업 마진과 함께 고려해 그 한계를 극복할 수 있다. PSR을 영업이익률로 나누면 마진을 고려해 기업들의 밸류에이션을 상대적으로 비교할 수 있다. 예를 들어 A 기업의 PSR이 5이고 마진률이 20%라면 5/0.2로 25이며, B 기업의 PSR이 3이고 마진율이 10%라면 3/0.1로 30인데 이때 B 기업이 상대적으로 더 비싸다.

PSR은 '수익성 미확정 성장주'의 밸류에이션 첫걸음으로 유용하지만 마진, 현금 흐름, 성장 지속성과 함께 다층적으로 해석해야 한다.

산업별 PSR

산업	산업별 PSR
전자 장비	1.98
게임 및 멀티미디어	2.42
반도체	4.17
소프트웨어	4.1
IT 서비스	2.16

　이 지표들은 기업의 이익이나 자산 대비 주가 수준을 보여주므로 투자자가 저평가 여부를 손쉽게 판단하도록 도와준다. 하지만 이 숫자들만으로 기업의 모든 것을 판단하기에는 심각한 오판 위험이 있다. 당장 이익이 적은 성장주나 무형자산 가치가 큰 기술 기업의 경우 PER와 PBR 지표들이 그 본질적인 가치를 제대로 반영하지 못한다는 맹점 때문이다.

　따라서 성공적인 투자를 위해서는 하나가 아닌 여러 가지 지표를 종합적으로 활용하는 다각적인 시각을 갖추어야 한다.

밸류에이션 지표 정리

	계산식	의미
EPS	당기순이익 / 총주식수	· 한 주당 얼마의 이익을 냈는가? · EPS가 꾸준히 증가하는 기업은 성장하는 좋은 기업으로 평가받는다.
PER	주가 / 주당순이익(EPS)	· 이익 대비 주가 수준 · 낮을수록 저평가된 것으로 보지만 성장성이 없는 기업도 낮게 나타날 수 있다.
PBR	주가 / 주당순자산(BPS)	· 순자산 대비 주가 수준 · 청산가치 대비 주가가 몇 배인지를 나타낸다. · 1배 이하면 주가가 자산 가치보다 낮은 것을 의미한다.
PSR	주가 / 주당매출액(SPS)	· 매출 대비 주가 수준
PEG	PER EPS 증가율	· 기업의 이익 성장률을 반영하여 현재 주가가 저평가인지 고평가인지 판단한다.
ROE	당기순이익 / 자기자본	· 주주의 돈으로 얼마를 벌었는가? · 높을수록 주주를 위한 경영을 잘한다는 것을 의미한다.
ROI	순이익 / 총자산 (자본 + 부채)	· 회사의 모든 자산으로 얼마를 벌었는가? · 부채까지 포함한 회사의 모든 자산을 활용해 얼마나 효율적으로 이익을 냈는가?
EBITDA	영업이익 + 감가상각비 + 무형자산상각비	· 회사가 영업 활동으로 벌어들인 현금 창출 능력이다. · 설비 투자가 많은 제조업이나 기술 기업을 비교할 때 유용하다.

**장우석의
미국주식 투자법**

앞서 우리는 S&P 500을 능가하기 위해서는 실적이 성장하는 기업과 산업 효과가 나타나는 종목에 집중하고 성장성이 제한적인 섹터는 과감히 배제하는 전략적 집중 투자가 필요하다는 점을 살펴보았다. 현재 시장을 주도하며 향후 실적에도 직접적인 영향을 미치는 가장 큰 투자 축은 AI, 암호화폐, 트럼프라고 할 수 있다.

AI는 챗GPT를 기점으로 본격적인 구조적 성장기에 진입했으며 앞으로 10년 이상 막대한 투자가 이어지면서 시장의 핵심 성장 동력이 될 전망이다. 암호화폐는 AI의 성장과 맞물려 새로운 활용처로 부각되는 중이고 트럼프의 친화적 정책 기조에 힘입어 시장 전반에 큰 파급력을 발휘하고 있다. 또한 트럼프 2기는 이전보다 더 강력해진 정치·경제적 영향력을 통해 기업 환경에 큰 변화를 불러올 것이며 이는 새로운 투자 기회로 이어질 수 있다. 따라서 향후 투자에서는 이 세 가지 축과 관련된 산업과 기업들을 면밀히 살펴보는 것이 중요하다.

NVIDIA
PALANTIR
MICROSOFT

PART 04

시장을 이기려면 집중해야 할 차세대 성장 섹터

AI는 선택이 아닌 필수: 왜 지금 AI에 투자해야 하는가

경기 예측이 어렵다면 구조적 성장에 투자하자

경기 사이클마다 수혜를 볼 수 있는 섹터들이 있으며, 이에 걸맞은 투자를 한다면 시장을 상회하는 성과를 올릴 수 있다. 각 경기 사이클별로 어떤 섹터들이 좋은 성과를 보였는지 살펴보자.

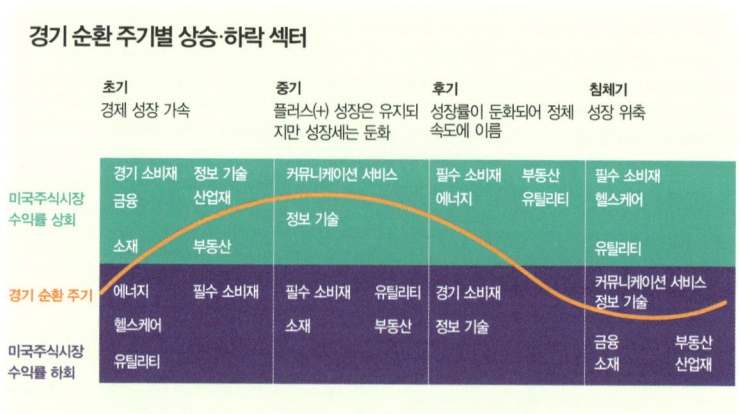

출처: https://institutional.fidelity.com

경기 회복기

경기 회복기는 경기 침체 이후 경제 활동이 증가하기 시작해 투자와 소비가 증가하면서 경제가 다시 성장하기 시작하는 단계다. 아래 표에서 부동산은 평균 39%의 수익률로 다른 섹터를 모두 능가했다. 역사적으로 경기 침체 후에는 통화정책이 완화되고 금리가 하락하기 때문에 부동산 구매가 더 쉬워지면서 부동산 섹터의 성과를 뒷받침한다.

뒤이어 임의 소비재와 소재 섹터가 높은 상승률을 보였는데 이는 경기가 다시 호전된 덕분에 소비와 투자 증가 기대에 따라 주가가 움직였기 때문이다.

경기 회복기 섹터별 상승률

순위	S&P 500 섹터	해당 기간 평균 수익률
1	부동산	+39%
2	경기 소비재	+33%
3	소재	+29%
4	기술	+28%
5	산업재	+27%
6	에너지	+27%
7	금융	+23%
8	헬스케어	+21%
9	필수 소비재	+18%
10	유틸리티	+15%

출처: Visualcapitalist

경기 확장기

경기 확장기는 생산, 고용, 소득이 증가하는 시기다. 이 시기는 경기 회복기 다음으로 높은 수익률을 보이며 기술(21%), 금융(19%), 부동산(18%)이 높은 성과를 보였다.

경기 확장기 섹터별 상승률

순위	S&P 500 섹터	해당 기간 평균 수익률
1	기술	+21%
2	금융	+19%
3	부동산	+18%
4	경기 소비재	+17%
5	산업재	+16%
6	에너지	+16%
7	소재	+13%
8	헬스케어	+11%
9	필수 소비재	+11%
10	유틸리티	+8%

출처: Visualcapitalist

경기 둔화기

이 시기는 흔히 경기 순환기의 정점으로 간주되어 성장이 둔화되기 시작하지만 경제가 반드시 위축되는 것은 아니다. 헬스케어 섹터가 평균 15% 수익률을 기록하며 경기 둔화기에 가장 눈에 띄는 성과를 보였다.
투자자들은 경기 침체에 대비해 경기 순환 섹터에 대한 노출을 줄이고 방어적 투자처를 찾는 경우가 많아 필수 소비재도 평균적으로 높은 성과를 보였다.

경기 둔화기 섹터별 상승률

순위	S&P 500 섹터	해당 기간 평균 수익률
1	헬스케어	+15%
2	필수 소비재	+15%
3	금융	+14%
4	산업재	+12%
5	유틸리티	+12%
6	기술	+10%
7	에너지	+9%
8	소재	+7%
9	임의 소비재	+6%
10	부동산	+2%

출처: Visualcapitalist

경기 침체기

통상적으로 경기 침체기는 2분기 연속으로 GDP가 하락하는 시기를 말한다. 이 시기에는 투자와 소비 모두 감소하므로 일반적으로 방어적 섹터가 상대적으로 높은 성과를 보인다.

실제 최고 수익률을 기록한 업종은 필수 소비재였고 평균 수익률이 플러스(+)를 기록한 유일한 섹터였다. 전통적으로 방어적 섹터인 유틸리티와 헬스케어가 그 뒤를 이었다. 이 섹터들은 총 7번의 경기 침체 중 전체 시장보다 평균 10% 높은 수익률을 기록했다.

경기 침체기 섹터별 상승률

순위	S&P 500 섹터	해당 기간 평균 수익률
1	필수 소비재	+1%
2	유틸리티	-2%
3	헬스케어	-3%
4	에너지	-4%
5	소재	-12%
6	경기 소비재	-12%
7	금융	-13%
8	산업재	-15%
9	기술	-20%
10	부동산	-22%

출처: Visualcapitalist

경기 순환기별로 포트폴리오를 유연하게 관리하고 핵심 종목을 조정하는 것은 시장수익률을 상회하는 중요한 방법 중 하나다. 최근 트럼프의 관세정책으로 미국의 GDP가 역성장하면서 증시도 조정 단계에 진입하는 등 경기 둔화 또는 침체에 대한 우려가 커져 방어주에 대한 관심이 높아진 시기가 있었다. 그리고 침체에 대한 우려는 여전하다.

하지만 GDR, 고용, ISM 데이터 등 다양한 데이터가 서로 엇갈리는 모습을 보이며 경기 순환기 판단을 내리기 어렵게 하고 있다.

현재 경기 흐름과 무관하게 지금 우리는 'AI 혁명 시대'의 한가운데 있다. 전 세계 기업들이 인프라, 인력, R&D에 사상 최대 규모의 투자를 단행하여 AI 기술과 솔루션이 산업 전반의 생산성과 수익성을 비약적으로 끌어 올리는 소위 '구조적 성장기'는 단기적 경기 순환기보다 오히려 더 강력한 모멘텀을 제공하며 경기 순환 리스크를 일부 상쇄시켜 준다.

따라서 경기 순환기를 정확히 예측하기 어렵다면 AI의 구조적 성장 수혜가 기대되는 산업과 기업에 투자함으로써 경기 순환기를 오판할 위험을 낮추고 경기 순환을 뛰어넘는 장기 수익을 도모할 수 있다.

저성장 시대의 대안, AI

IMF는 2025년 세계 경제성장률을 2.8%로 제시하며 2000년대 후반의 4%대 성장률이나 코로나 팬데믹 직전의 3.5% 수준을 다시 기대하기는 어려울 것으로 진단했다.

특히 주요 선진국은 2025년과 2026년 각각 1.4%, 1.5% 성장에 그칠 것으로 전망되어 과거 '2% 성장 시대'의 종말을 예고했다. 이는 단기적으로는 무역 갈등과 정책 불확실성, 중장기적으로는 인구 고령화, 생산성 둔화, 내수 불균형, 과거 위기 대응 과정에서 소진된 재정·통화 정책 여력 등 구조적 요인이 복합적으로 작용한 결과다.

이러한 저성장 국면에서 AI는 핵심적인 대안이 될 수 있다. AI는 특

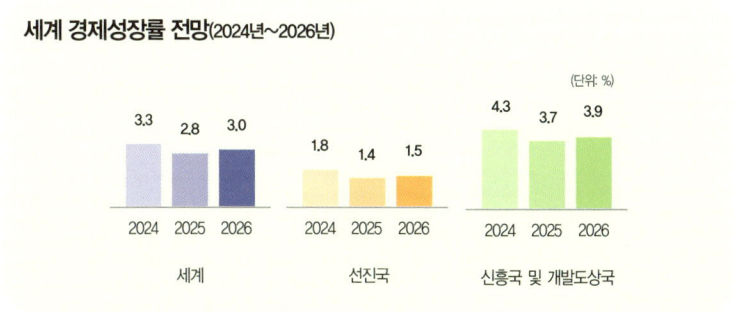

정 소프트웨어나 반도체 산업에 국한되지 않고 거의 모든 산업에서 생산성과 효율성을 끌어올릴 잠재력이 있다. 이제 AI는 투자 영역 전반에서 '기본적인 전제'가 되었다고 해도 과언이 아니다.

AI가 이끌 산업별 이익 증가

앞에서 살펴본 저성장 국면에서 AI가 '대안'이 되는 이유는 단순한 기대가 아니라 실제 수치로 확인되는 이익률 개선 효과 때문이다. 향후

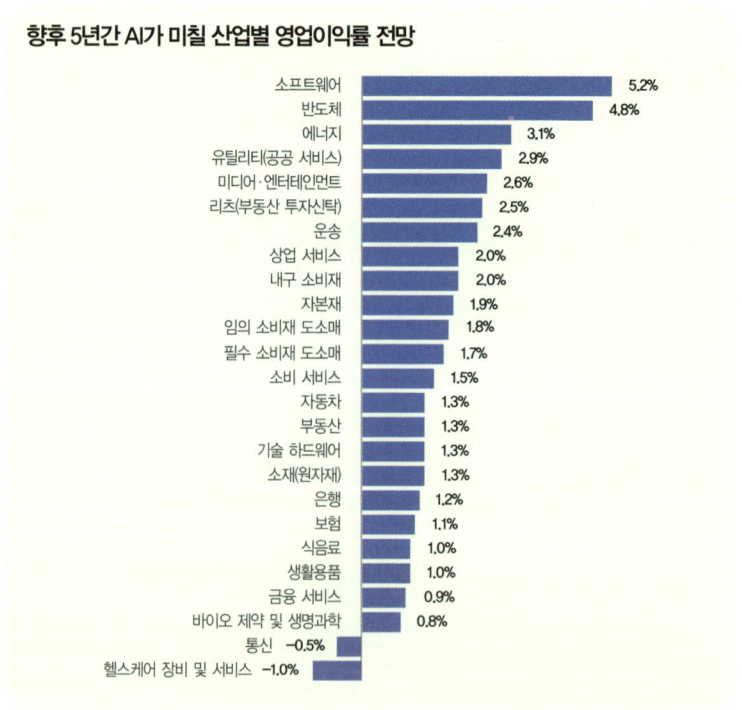

출처: https://institute.bankofamerica.com

5년간 AI는 거의 모든 산업의 마진을 향상시킬 것으로 예상된다. 특히 단순히 소프트웨어나 하드웨어 같은 기술 사업뿐만 아니라 미디어·엔터테인먼트, 교통, 부동산, 은행·보험, 심지어 식음료 사업까지 대다수 산업의 이익을 증가시킬 것이다.

유일하게 영업이익률을 감소시키는 통신과 의료기기·서비스는 고가의 의료 장비 투자, 네트워크 인프라 구축 등 초기 비용이 커 단기적으로는 AI 도입 비용(연구개발·설비 투자)이 이익률 압박 요인으로 작용할 수 있다. 하지만 5년을 좀 더 긴 시계열로 본다면 이 기업들도 AI로 인한 이익 증가를 충분히 기대해볼 수 있다.

AI 혁명기는 이제 시작이다

최근 몇 년 동안 AI가 시장의 주요 테마로 등장한 기업들에 대한 투자가 늦었다고 생각할 수 있다. 하지만 AI 투자는 아직 늦지 않았다. AI 혁명기는 여전히 도입 단계이며 성장할 여력이 많기 때문이다.

역사적으로 거대한 기술혁명은 오랫동안 진행되면서 세상을 바꿔왔다. 18세기 방적기의 발명으로 시작된 1차 산업혁명은 그 기술이 영국을 넘어 전 세계로 확산될 때까지 60년이라는 세월이 필요했다.

더 가까운 예로 3차 산업혁명인 디지털 혁명도 1960년대 집적회로(IC)의 등장부터 1990년대까지 약 20년이 걸렸다. 그 후로도 IT 산업은 챗GPT로 촉발된 생성형 AI 혁명 이전까지 수십 년 동안 시장의 성장을 이끌었다.

이러한 과거 사례에 비추어 볼 때 2022년에 시작해 이제 겨우 3년 된 현재의 AI 혁명은 아직 초기 '도입기'에 있다. 앞으로 성장기와 성숙기를 거치며 발휘될 AI의 성장 잠재력은 무궁무진하다고 할 수 있다.

저성장 시대에 '시장 평균'을 넘어서는 성과를 내려면 AI 중심의 사고와 선택이 필수적이다. AI 혁명이 아직 도입기인 지금 밸류체인 전반을 면밀히 분석하고 기회가 큰 기업에 선제적으로 투자하는 전략이 장기적으로 경쟁우위를 제공할 것이다. 따라서 시장을 이기는 포트폴리오를 구축하기 위해서는 거대한 AI 시장과 기회에서 주요하게 빛을 볼 수 있는 AI 밸류체인 기업에 투자하는 것이 중요하다.

다음 장에서 AI 시대의 주요 산업과 주요 기업들을 살펴보자.

AI칩 전쟁,
승자가 가져갈 미래

AI칩 시장의 성장 잠재력

챗GPT 출시와 함께 본격적으로 성장하기 시작한 AI 시장에서 가장 먼저 수혜를 보는 산업은 바로 AI칩이다. 특히 하이퍼스케일러들을 중심으로 막대한 자본 지출(CAPEX) 투자가 이루어지면서 AI 반도체는 최근 몇 년 동안 높은 성장률을 보였다. 또한 AI칩은 단순히 클라우드나

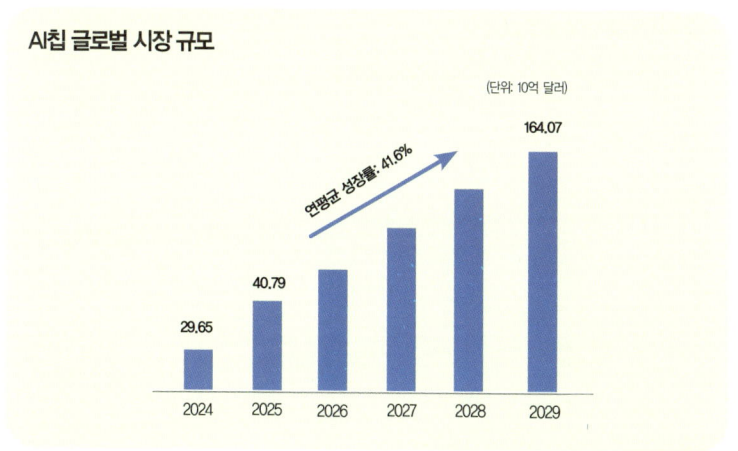

출처: https://www.thebusinessresearchcompany.com

몇몇 AI 소프트웨어 기업을 넘어 자율주행, 로봇, 의료 진단 등 다양한 분야에서 계속 필요하므로 여전히 높은 성장 잠재력을 지닌 산업이라고 할 수 있다.

AI칩 시장에는 분명히 잠시 위기가 있었다. 바로 딥시크로 인한 충격이었는데 중국 기업으로 당시 최신 엔비디아 칩을 충분히 보유하지 못했던 딥시크가 출시한 R1은 수학, 다중 질문 등의 분야에서 Open AI o1 보다 뛰어난 모습을 보였다. 특히 당시 Open AI o1 모델 훈련 비용으로 약 10억 달러를 투자했는데 딥시크 R1는 Open AI o1의 1/100도 안 되는 600만 달러로 딥시크 R1을 훈련시켰다는 소식에 AI 반도체 칩 시장이 줄어들 것이라는 우려가 생겼다.

하지만 '제번스의 역설'과 함께 오히려 AI 산업의 효율성이 높아지면서 장기적으로 AI칩 수요가 증가할 것으로 전망되며 기우임이 드러났다. '제번스의 역설'은 기술 혁신으로 인한 효율성 개선이 자원 사용을 줄이기보다 더 늘린다는 주장으로 1865년 영국 경제학자 윌리엄 제번

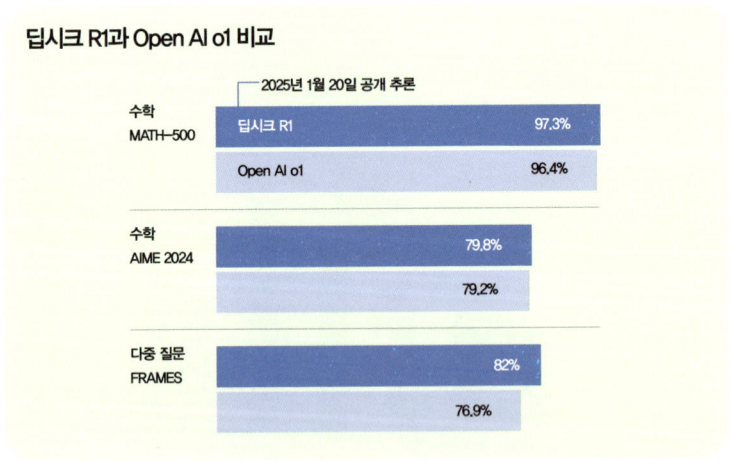

출처: https://www.hani.co.kr

스가 자신의 저서 『석탄 문제』에서 제기한 개념이다.

당시 영국은 주 에너지원이던 석탄 고갈 문제가 중요한 사회 문제여서 석탄을 더 효율적으로 이용할 수 있는 혁신 기술을 도입하면 석탄 소비가 줄어들 것으로 기대했다. 하지만 증기기관의 발명으로 연료 효율성이 높아지면서 석탄 소비는 줄어들기는커녕 오히려 늘어났다. 자동차 연비가 향상되면 오히려 차량 수요가 증가함에 따라 석유 사용량도 증가하듯이, AI 비용이 줄어들면 더 많은 기업이 AI 시장에 뛰어들어 AI칩 시장이 더 커질 수 있다.

아마존, 알파벳, 마이크로소프트, 오라클 등 주요 클라우드 사업체들은 매번 실적 발표 때마다 공급이 수요를 따라가지 못한다며 CAPEX 투자를 계속 늘리겠다는 발표를 했고, 오라클을 제외한 3대

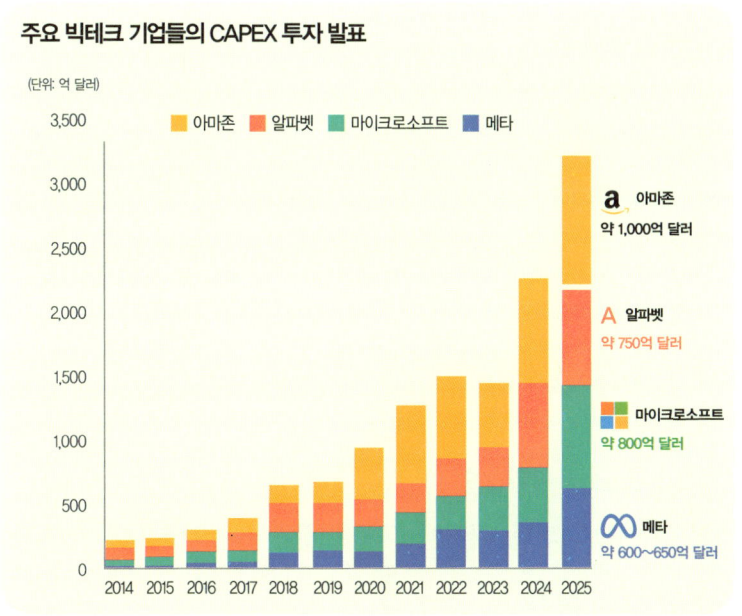

하이퍼스케일러와 메타의 CAPEX 투자 예정액은 3,150억 달러가 넘었다.

이 기업들의 CAPEX 투자는 결국 AI칩 구매로 연결될 것이므로 막대한 자본 투입은 AI칩 시장의 중장기적인 성장 모멘텀을 더 견고히 뒷받침하고, 앞으로도 AI 투자 포트폴리오에서 핵심축으로 자리매김할 것이다. '빅 4' 빅테크 기업들은 2025년에 3,150억 달러를 CAPEX에 투자할 예정이다.

엔비디아(티커: NVDA)

AI칩을 거론할 때 빼놓을 수 없는 기업이 바로 엔비디아다. 엔비디아는 게임용 그래픽카드인 GPU에서부터 처음 시작되었고 상당 기간 게임 시장이 엔비디아의 핵심 사업 분야였지만, 어느덧 실적 발표에서 게이밍 부문이 아닌 데이터 센터 부문의 실적에 초점을 맞추게 되었다.

엔비디아는 2020년 최초의 AI 반도체인 A100을 내놓았고 이후 2022년 H100을 발표했다. 이후 챗GPT와 함께 수많은 하이퍼스케일러들이 그레이스호퍼 시리즈 주문을 대대적으로 시작하자 2023년 269억 달러이던 매출은 2024년 609억 달러로 125% 증가했으며, 제조업체로서는 놀라운 75%의 매출 총이익(Gross Margin)을 기록했다.

엔비디아의 경쟁력은 단순히 하드웨어에만 있는 것이 아니다. 엔비디아의 CUDA(엔비디아가 만든 GPGPU 플랫폼 및 API 모델)는 결국 AI 개발자들이 엔비디아를 포기하기 어렵게 만들었다.

엔비디아는 2026년 1분기에 2024년 1분기 대비 매출이 약 513% 상승할 것으로 예상하고 있다. 그 외에도 AI칩 시장은 여전히 폭발적으

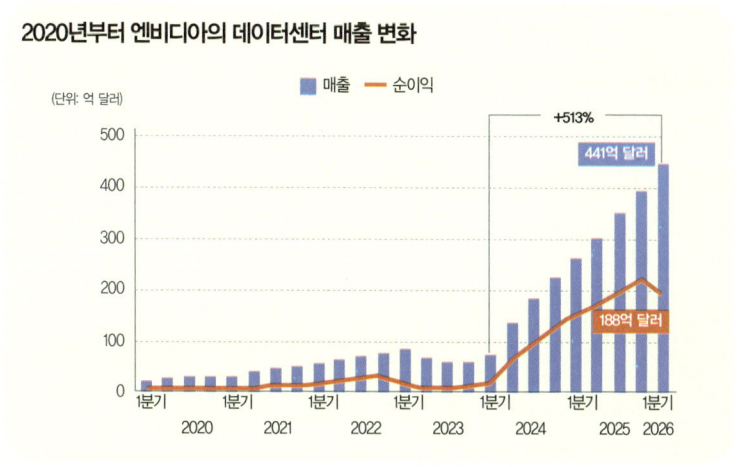

출처: https://www.statista.com

　로 성장할 수 있다. 특히 피지컬 AI에 앞서 젠슨 황 CEO가 강조하던 것이 바로 소버린 AI(Sovereign AI)다. 소버린 AI는 각국이 자체 데이터와 인프라를 활용해 그 국가와 지역의 제도, 문화, 역사, 가치관을 정확히 이해하는 AI를 개발·운영하는 것을 뜻한다.

　유럽, 아시아 등에서는 대규모 AI 클러스터 구축에 들어가는 막대한 비용 부담이 크고 글로벌로 AI 서비스를 제공할 수 없다 보니 현재까지는 미국의 주요 빅테크 기업들을 중심으로 AI의 발전과 AI칩 수요가 발생했다. 하지만 결국 AI의 퀄리티가 향후 산업 지배력, 국제 정세와 패권에 영향을 미칠 수 있으므로 각국은 자국의 기업과 산업 경쟁력을 지키고 나아가 자국의 경쟁력을 강화하기 위해 자체적인 AI 구축을 해야 하고, 그때 엔비디아의 AI칩 수요는 새로운 변곡점을 맞이할 것이다.

　소버린 AI는 먼 미래의 일이 아니다. 이미 시작되었다. 엔비디아는 미국 이외의 국가에 세계 최대 규모의 데이터 센터를 짓는 스타게이트 UAE 프로젝트를 아랍에미리트에 공식 출범시켰다. 스타게이트 UAE 프로젝트에는 엔비디아, 오라클, Open AI 시스코, 소프트뱅크 그리고 아랍에미리트의 G42가 참여하며, 엔비디아의 최신형 GPU인 GB300 약 10만 개가 활용될 것으로 예상된다.

유럽에서도 소버린 AI는 계속 확장 중이다. 독일은 엔비디아와 함께 산업용 AI 팩토리, JUPITER, Blue Lion이라는 소버린 AI를 구축하고 있다. JUPITER는 율리히 연구소에 설치될 유럽 최초의 엑사스케일 슈퍼컴퓨터로 엔비디아의 GH200 그레이스호퍼 슈퍼칩 24,000개가 들어가 초해상도 날씨 예측, 양자 생명과학 연구 등에 사용될 예정이다. Blue Lion은 독일 라이프니츠 슈퍼컴퓨팅센터(LRZ)에 기존 슈퍼컴퓨터보다 약 30배 더 강력한 컴퓨팅을 구축하기로 결정했으며, 이때 엔비디아의 최신형 아키텍처인 베라 루빈을 사용할 것이라고 발표했다.

키어 스타머 영국 총리는 "AI 추종자가 아닌 AI 제작자가 되어 글로벌 경쟁에서 컴퓨팅 파워를 확장하기 위해 10억 파운드(13억5천만 달러)

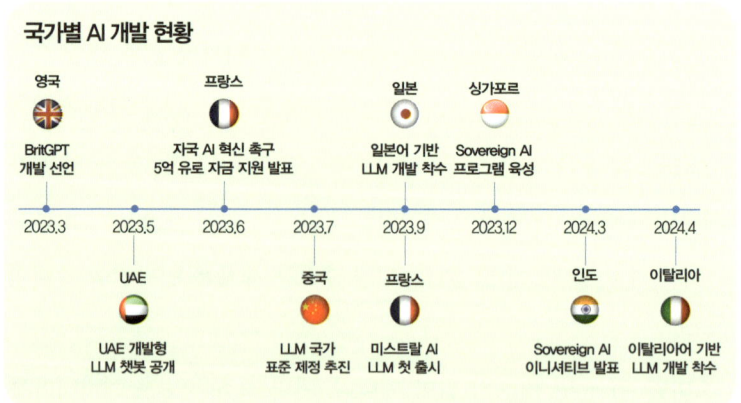

자금을 지원한다."라고 발표했고, 마크롱 프랑스 대통령도 AI에 1,090억 유로라는 대규모 민간투자 유치를 발표하는 등 적극적으로 나서고 있다.

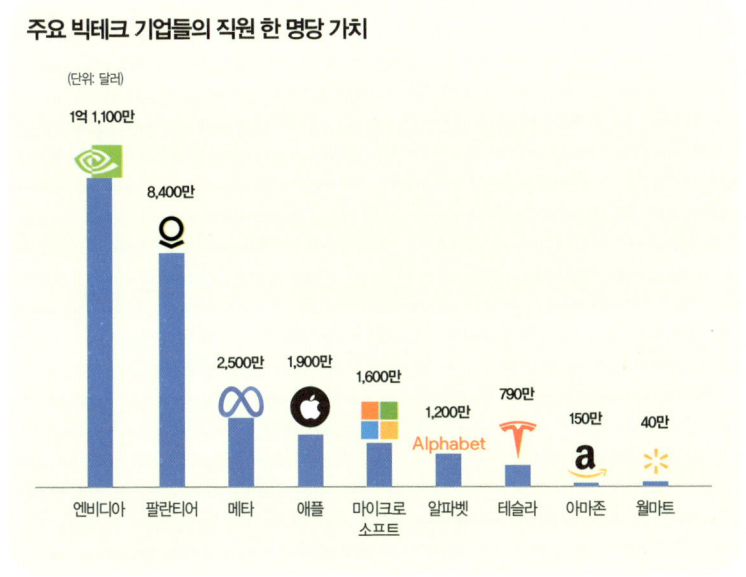

출처: Sherwood

위의 그래프에서 알 수 있듯이 엔비디아 직원 한 명당 가치는 1억 1,100만 달러이며 이는 빅테크 기업들을 압도하는 모습이다. 또한 엔비디아는 지속적인 확장도 모색 중이다. 엔비디아의 어닝콜이나 GTC 행사를 보면 결국 엔비디아가 주요하게 발언하는 것들이 있는데 물리 AI(PHYSICAL AI)인 로보틱스다. 젠슨 황은 로보틱스를 AI에 이어 두 번째 큰 기회라며 로보틱스를 위해 휴머노이드 로봇용 파운데이션 모델인 Isaac GR00T Foundation Models나 AI 공장 및 디지털 트윈 설계를 통해 로봇 작업을 검증할 수 있는 Omniverse Blueprint for Robotics 등을 출시했고, GM과 자율주행을 위한 파트너십을 맺는 등 발 빠르게 나아가며 최초로 시가총액 4조 달러를 돌파했다.

최근 엔비디아는 막혔던 대중국 수출이 다시 가능할 것으로 보여 끊임없이 성장 동력을 찾는 엔비디아의 미래가 기대된다. 젠슨 황 CEO는 대만에서 열린 '컴퓨텍스 2025' 기조연설에서 AI는 전기와 인터넷 같은 필수 인프라이며 엔비디아는 단순히 칩 기업이 아니라 AI 인프라 기업이라고 강조했다.

AI와 로보틱스가 우리 삶에서 사용되는 수많은 부분에 침투했을 때 최상층에서 필요한 칩과 소프트웨어를 제공하는 AI의 지속적인 성장이 기대된다.

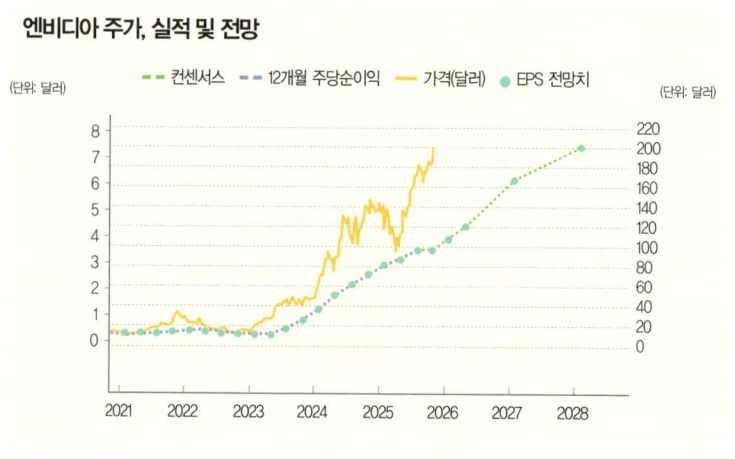

엔비디아 주가, 실적 및 전망

출처: https://www.zacks.com

브로드컴(티커: AVGO)

브로드컴(Broadcom)은 반도체 및 인프라 소프트웨어 분야의 글로벌 선도 기업으로 네트워킹, 데이터 센터, 통신, 저장 장치, 보안 등 다양한 기술 분야에서 핵심 칩과 솔루션을 제공하고 있다.

브로드컴은 적극적인 M&A를 통해 성장했는데 2015년 싱가포르 아바고 테크놀로지스(Avago Technologies)가 브로드컴을 370억 달러에 인수하면서 오늘날의 브로드컴이 탄생했으며, 2023년 610억 달러라는 브로드컴 역사상 최대 규모로 VMware를 인수하며 클라우드 컴퓨팅과 가상화 소프트웨어 시장에서의 지위를 크게 향상시켰다.

새로운 기회: AI 추론 시장

2024년 하반기 증시에는 기존 Mag 7이라는 용어 대신 BAATMAN이라는 용어가 유행했는데 기존 Mag 7 기업에 브로드컴이 추가된 것이다. 이렇게 브로드컴이 시장의 관심을 받을 수 있었던 비결은 기존 AI 시장이 거대 언어 모델(LLM) 등을 개발하는 '학습' 단계에서 학습된 모델을 챗봇, 이미지 생성 등 실제 서비스에 적용해 사용자가 활용하는 '추론' 단계로 변화할 것이라는 기대 때문이었다.

학습이 한 번 또는 주기적으로 이루어지는 이벤트라면 추론은 사용자가 서비스를 이용할 때마다 지속적, 반복적으로 발생하므로 추론 시장은 2025년 1,061억5천만 달러에서 2030년 약 2,550억 달러까지 성장(연평균 성장률: 19.2%)이 예상된다. 또한 모건 스탠리는 미래 데이터 센터용 AI 반도체 수요의 약 75%가 추론용 반도체로 구성될 것이라고 예측하는 등 훈련 시장보다 더 거대한 AI칩 시장이 탄생할 것으로 전망했다.

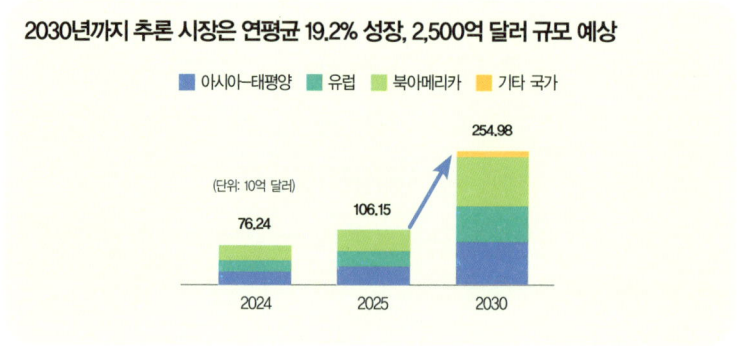

출처: https://medium.com

　브로드컴이 추론용 AI 반도체에서 각광받는 이유는 추론용 AI 반도체에서 요구되는 최적화와 비용 효율성에 있다. 추론은 AI 기업들이 AI 서비스를 제공하는 과정에서 사용되므로 추론 비용은 '운영비' 성격이 강하다. 따라서 추론용 AI 반도체는 이미 학습된 AI 모델을 기반으로 결과를 최적화하는 데 중점을 두며 빠른 연산 속도와 저전력으로 처리를 가능케 하며, 특정 AI 모델에 최적화되도록 설계되어야 한다.

　그리고 브로드컴은 특정 작업에 최적화된 맞춤형 반도체(Application Specific Integrated Circuit, ASIC) 설계 분야에서 압도적 역량을 보유하고 있다. ASIC 칩은 단순히 엔비디아의 GPU보다 저렴하다는 특징 외에 특정 연산에 불필요한 기능을 없애 최적화하므로 범용 GPU 대비 비용 효율을 최대 40%, 전력 효율을 30~90%까지 개선할 수 있다. 특히 대규모 데이터 센터는 칩 가격뿐만 아니라 전기세, 냉각 비용 등 장기적인 유지비(TCO)가 중요한데 브로드컴의 ASIC은 바로 이 TCO를 획기적으로 줄여주므로 빅테크 기업들에게 매력적인 대안이 된다.

학습용 AI 반도체와 추론용 AI 반도체의 차이

학습용 AI 반도체
- AI 모델을 훈련시키기 위해 설계
- 범용성이 높고 다양한 AI 모델에 적용 가능
- 전력 소모와 비용 부담이 큼
- 엔비디아의 GPU가 시장 장악, 구글 TPU도 이용 가능

추론용 AI 반도체
- 이미 학습된 AI 모델을 기반으로 결과를 최적화하는 데 중점
- 특정 AI 모델에 최적화된 설계
- 빠른 연산 속도와 저전력으로 처리 가능
- 퓨리오사 AI, 리벨리온 등 국내외 AI 스타트업이 도전장을 냄

출처: https://www.joongang.co.kr

브로드컴의 네트워킹 부문도 AI 시장의 수혜를 받을 것으로 기대된다. 데이터 센터의 수십만 개 AI칩이 원활히 통신하려면 초고성능 네트워킹 기술이 필수적이다. 브로드컴은 업계 표준이자 개방형 기술인 '이더넷' 분야에서 오랫동안 리더십을 유지하며, 고객사들이 더 유연하고 저렴하게 데이터 센터를 구축하는 것을 지원한다. 그리고 이더넷 스위치인 토마호크 6 스위치는 전작 대비 2배의 성능(102.4Tbps)을 자랑하며 10만 개 이상의 칩을 효율적으로 연결할 수 있다.

브로드컴은 구글, 메타 등 자체적으로 AI칩을 개발하는 빅테크 기업들의 핵심 파트너다. 많은 빅테크 기업이 자사의 AI 서비스를 위해 자체적으로 AI칩 구축을 계속 시도 중이며 그 파트너로 브로드컴을

선택하고 있다. 대표적으로 구글의 TPU, 메타의 MTIA 등이 있으며 이들의 자체적인 AI칩 투자는 브로드컴의 맞춤형 칩과 네트워킹 솔루션 매출로 이어져 향후 AI 시장에서 브로드컴의 성장이 기대된다.

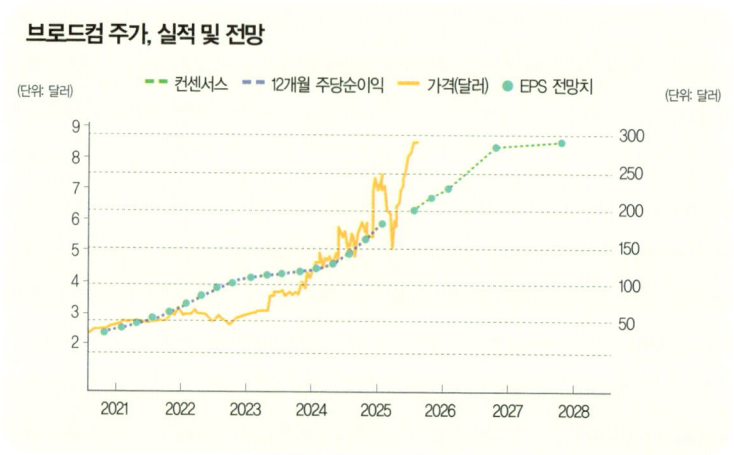

출처: https://www.zacks.com

TSMC(티커: TSM)

TSMC(Taiwan Semiconductor Manufacturing Company)는 전 세계 반도체 공급망의 심장 같은 기업으로 자체 브랜드의 반도체를 설계하지 않고 위탁생산에만 집중하는 세계 최대 규모의 순수 파운드리(foundry) 기업이다. 애플, 엔비디아, AMD 등 세계 최고의 팹리스(Fabless) 기업들이 설계한 최첨단 칩들이 바로 TSMC의 손을 거쳐 탄생한다.

TSMC는 1987년 대만 정부의 반도체 산업 진흥 프로젝트의 일환으로 당시 텍사스 인스트루먼트에서 반도체 사업부 부사장으로 재직 중이던 모리스 창을 영입하며 설립되었다. 이후 TSMC는 '고객과 경쟁하지 않는다'라는 원칙 아래 오직 반도체 제조 기술력 향상에만 막대한

R&D 투자를 집중했다. 이를 통해 7nm(나노미터), 5nm, 3nm에 이르는 초미세 공정 기술을 가장 먼저 상용화하며 경쟁사들이 따라올 수 없는 기술적 해자를 구축했다.

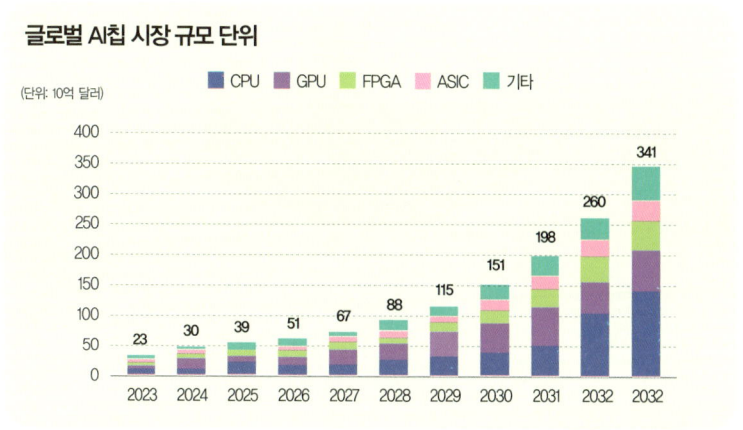

출처: https://market.us

위의 그래프에 따르면 글로벌 AI칩 시장의 연평균 성장률은 31.2% 이며 2033년까지 3,410억 달러 규모로 성장이 전망된다.

엔비디아의 GPU부터 브로드컴, 구글, 메타의 맞춤형 추론용 AI칩, 애플의 온디바이스 AI칩까지 현재 AI 시장을 주도하는 거의 모든 최첨단 반도체는 TSMC 공장에서 생산된다.

TSMC에서 AI 반도체를 생산하는 HPC 부문은 전분기 대비 14% 증가하며 매출의 60%를 차지하고 있다. 현재 TSMC는 AI칩 수요가 너무 강해 7나노 이하 모든 케파는 포화 직전이라고 밝혔다. 그리고 이러한 수요는 관세 때문에 제품을 미리 받으려는 선주문 효과가 아니라 AI로 인한 수요 증가 때문임을 강조했다.

한편 데이터 센터 CPU 등이 포함된 HPC 부문은 2025년 1분기 59%에서 2분기 60%로 증가했다.

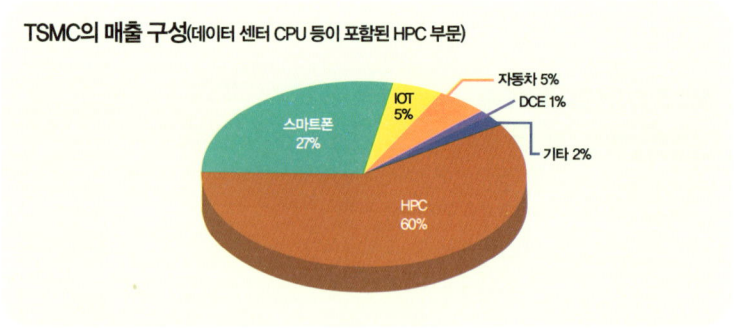

출처: https://investor.tsmc.com

TSMC가 AI 시대의 핵심 인프라로 각광받는 이유는 명확하다. 첫째, 경쟁자가 없는 '초미세 공정 기술력'이다. TSMC는 세계에서 유일하게 3나노 공정을 안정적으로 양산(수율 90% 내외) 중이며 2나노 공정 도입을 눈앞에 두고 있다. 반도체 회로 선폭이 얇아질수록 동일한 면적에 더 많은 트랜지스터를 집적할 수 있어 성능은 기하급수적으로 향상되고 전력 소모는 줄어든다. 이는 AI 반도체의 핵심 경쟁력과 직결되므로 최고의 성능을 원하는 빅테크 기업들은 TSMC를 선택할 수밖에 없다.

둘째, AI 반도체의 병목을 해결하는 '첨단 패키징 기술(CoWoS)'이다. 엔비디아의 H100 GPU처럼 여러 칩(GPU 다이, HBM 등)을 하나의 반도체처럼 매끄럽게 연결해 작동시키려면 고도의 패키징 기술이 필수적이다. TSMC의 'CoWoS(Chip on Wafer on Substrate)'는 이 분야에서 독보적인 기술로 현재 폭발하는 AI칩 수요를 감당하지 못할 정도로 공급 부족을 겪고 있다. 이는 역설적으로 오직 TSMC만 이 기술을 안정적으로 공급할 수 있음을 증명하며 강력한 가격 결정력을 부여한다.

엔비디아의 최신 GPU인 블랙웰 B200, 애플의 M시리즈 칩, AMD의 MI300X 등 각 기업의 주요 칩들은 모두 TSMC의 최첨단 공정을 통해 생산된다. 즉 이 기업들의 성장은 곧 TSMC의 매출과 직결되는 구조다. 이처럼 AI 시장의 최전선에 있는 모든 기업을 고객으로 확보한

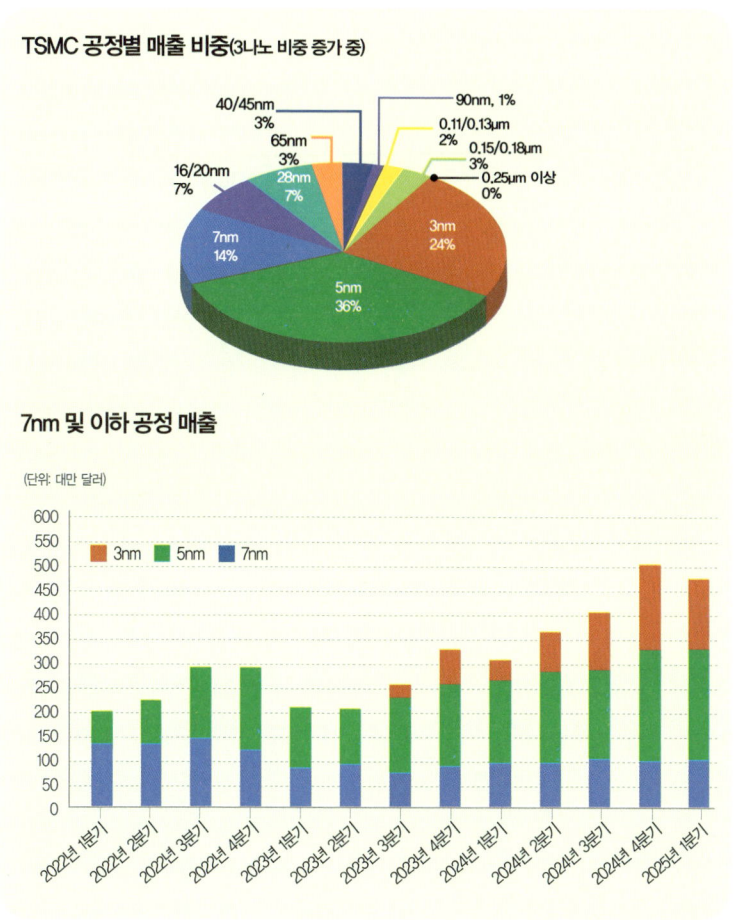

출처: https://investor.tsmc.com

TSMC의 지배력은 앞으로 더 공고해질 전망이다.

AI 시장이 학습에서 추론으로, 데이터 센터에서 '온디바이스'로 확장될수록 더 작고 더 빠르고 더 전력 효율적인 반도체가 필요하다. 이는 결국 TSMC의 독보적인 초미세 공정 기술에 대한 의존도를 심화시킬 수밖에 없다. 글로벌 반도체 시장은 2033년까지 1조 달러, 그중 AI 칩이 3,400억 달러까지 성장할 것으로 기대되는 가운데 TSMC는 그 성장의 최대 수혜자 중 하나가 될 것으로 기대된다.

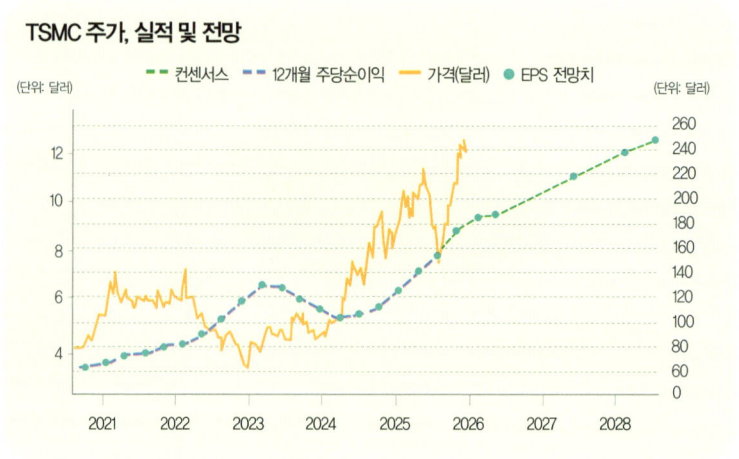

출처: https://www.zacks.com

클라우드,
세상의 모든 데이터가 모이는 곳

클라우드 컴퓨팅(Cloud Computing)은 인터넷을 통해 서버, 스토리지, 데이터베이스, 소프트웨어 등 IT 리소스를 빌려 쓰고 사용한 만큼 비용을 지불하는 서비스다. 과거 기업들이 자체적으로 비싼 서버와 장비를 구매해 유지·관리해야 했던 것과 달리 이제는 아마존(AWS), 마이크로소프트(Azure), 구글(GCP) 같은 클라우드 제공업체의 거대한 데이터 센터 인프라를 필요에 따라 원격으로 이용할 수 있게 되었다.

클라우드 서비스는 크게 세 가지 형태로 나뉜다.

- IaaS(Infrastructure as a Service): 서버, 스토리지 등 인프라 자체를 빌려 쓰는 가장 기본적인 형태
- PaaS(Platform as a Service): 개발자가 애플리케이션을 만들어 실행하는 데 필요한 플랫폼(운영체제, 개발 도구 등)을 제공하는 형태
- SaaS(Software as a Service): 이미 완성된 소프트웨어를 구독으로 제공하는 형태(예: Microsoft 365, Salesforce)

클라우드는 현대 비즈니스 환경에서 단순히 IT 비용을 절감하는 수단을 넘어 AI 시대의 필수적인 존재로 여겨진다. 그 이유는 다음과 같다.

첫째, 막대한 연산 능력 제공이다. 챗GPT 같은 거대 언어 모델(LLM)을 훈련·운영하려면 수십만 개의 AI칩이 동시에 작동해야 하는데 개별 기업이 감당하기 힘든 이 막대한 컴퓨팅 파워를 클라우드 제공업체들은 '온디맨드(On-demand)' 형태로 즉시 제공할 수 있다.

둘째, 데이터 저장과 처리 도구 제공이다. AI 성능은 데이터의 양과 질 둘 다 매우 중요한데 클라우드는 막대한 저장 공간과 함께 데이터를 효율적으로 처리·분석할 수 있는 강력한 도구를 제공한다.

셋째, AI 개발 생태계 구축을 돕는다. 주요 클라우드 플랫폼들은 단순히 인프라를 빌려주는 것을 넘어 기업들이 더 쉽고 빠르게 AI 모델을 개발·배포할 수 있도록 다양한 AI·ML 개발 도구와 프레임워크를 함께 제공하며 자체 생태계를 구축하고 있다.

이로 인해 AI 클라우드는 2033년까지 연평균 34.1%라는 높은 성장

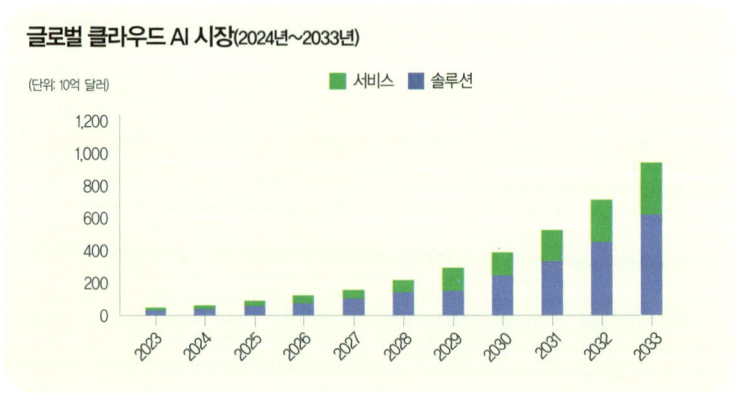

출처: https://market.us

을 지속하며 AI 시대의 가장 견고한 성장 산업 중 하나로 자리매김할 것으로 전망된다.

2033년까지 글로벌 AI 시장 규모는 1,171억 달러까지 성장할 것으로 기대된다. 주요 하이퍼스케일러로는 AWS를 보유한 아마존, 애저(Azure)를 보유한 마이크로소프트, GCP를 보유한 알파벳이 있다. 아마존과 알파벳은 이후 다른 분야에서 다루고 클라우드에서는 마이크로소프트와 최근 떠오르는 클라우드 업체인 오라클을 살펴본다.

마이크로소프트(티커: MSFT)

마이크로소프트는 한때 '모바일로의 전환'이라는 시대적 흐름을 놓쳐 '과거의 거인'으로 치부되기도 했지만, 사티아 나델라 CEO가 취임한 이후 '클라우드 우선, AI 우선(Cloud First, AI First)'이라는 기치 아래 부활에 성공했다. 오늘날 마이크로소프트는 단순한 소프트웨어 기업을 넘어 전 세계 기업의 디지털 전환을 이끄는 클라우드와 AI의 핵심 플레이어로 자리매김하고 있다.

마이크로소프트는 전 세계적으로 이미 널리 보급된 자사의 오피스 365 같은 업무용 소프트웨어를 자사의 클라우드 플랫폼인 애저와 손쉽게 통합할 수 있도록 지원했다. 이로 인해 기업들은 계정 관리와 보안 수준을 높이고 업무 효율성을 개선할 수 있었고, 그 결과 마이크로소프트는 시장 점유율을 빠르게 확대할 수 있었다. 현재 '애저'는 아마존의 AWS에 이어 전 세계 클라우드 시장 점유율 2위를 차지하며 마이크로소프트의 가장 중요한 성장 동력이 되었다.

애저의 경쟁력은 단순히 서버를 빌려주는 IaaS(인프라 서비스)를 넘어

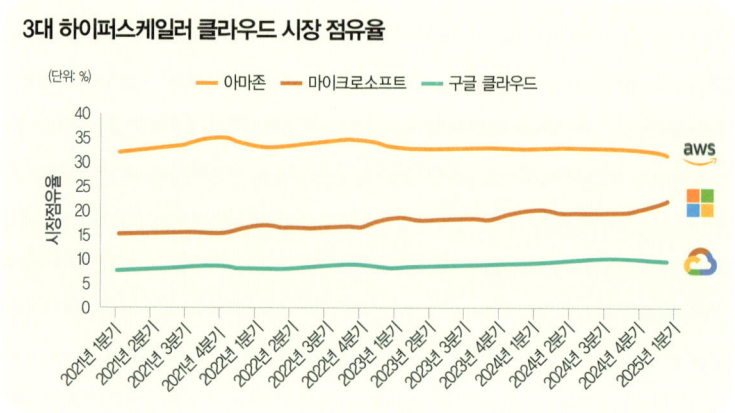

출처: https://canalys.com

개발자들이 인프라 걱정 없이 오직 혁신에만 집중하게 만드는 PaaS(플랫폼 서비스), 그리고 마이크로소프트의 Office 365나 Teams 같은 강력한 SaaS(소프트웨어 서비스) 제품군이 안정적으로 구동되도록 뒷받침하는 거대한 기반 플랫폼의 역할까지 아우르는 데 있다. 200개 이상의 방대한 서비스 포트폴리오는 기업의 디지털 전환에 필요한 거의 모든 것을 원스톱으로 제공한다.

거기에 더해 '하이브리드 클라우드'는 이미 전 세계 대부분 기업이 사용 중인 윈도우 서버, 오피스 등 기존 사내 인프라(On-premise)와 클라우드를 마치 하나처럼 유연하게 연결해 통합·관리하는 애저의 능력은 기업들이 기존 투자를 보호하면서 점진적으로 클라우드로 전환할 수 있게 만들어 애저를 선택하게 하는 주요 요인이다.

나아가 마이크로소프트는 OpenAI와의 독점적 파트너십을 통해 세계 최고 수준의 AI 모델을 자사 클라우드에서 바로 사용할 수 있는 'Azure OpenAI Service'가 애저를 AI 시대의 가장 중요한 인프라 플랫폼으로 만들었다. 또한 전 세계 70개 이상의 지역에서 400개 이상의 데이터 센터로 구성된 방대한 글로벌 인프라와 100개 이상의 산업별·국가별 규제 준수(Compliance) 인증은 금융, 의료, 공공 등 높은 수준의 신뢰와 보안이 요구되는 산업에서도 애저가 선택받는 이유다.

다만 2025년 초 베어드와 파이퍼 샌들러에서 마이크로소프트가 일부 데이터 센터 임대 계약을 취소하고 있다는 이야기가 흘러나와 클라우드 성장 둔화에 대한 시장의 우려가 있었다. 하지만 마이크로소프트는 2025년 1분기 실적에서 애저 매출이 전년 대비 33% 급증했다고 발표하며 이러한 우려를 불식시켰으며, 그다음 분기에는 39%의 매출성장률과 함께 3대 하이퍼스케일러 중 가장 빠른 성장률을 보였다(AWS 성장률: 17.5%, 구글 클라우드 성장률: 32%). 특히 이 성장률의 상당 부분이 AI 서비스 수요에서 비롯된 것은 애저가 AI 시대의 핵심 인프라로 확고히 자리매김했음을 보여준다.

이러한 마이크로소프트도 불확실성은 존재한다. 최근 OpenAI가 영리 법인 전환을 모색하면서 양측은 현재 파트너십 계약을 재협상 중이다. 이 협상에서 법인 전환 이후 지분, 수익 분배 비율, IP 권리 보존, AGI 선언 이후 기술접근권 박탈 조항 삭제 등 마이크로소프트의 향후 AI 전략을 좌우할 핵심 쟁점들이 다루어지고 있어 그 결과가 향후 마이크로소프트의 AI 전략에 중대한 영향을 미칠 수 있다.

이러한 불확실성에도 불구하고 마이크로소프트는 AI를 자사의 모든 제품에 이식하는 '코파일럿(Copilot)' 전략을 성공적으로 이끌고 있다. 워드, 엑셀, 팀즈 등 모든 오피스 365 제품에 코파일럿을 탑재해 문서 작업의 패러다임을 바꾸고 있으며, 윈도우와 깃허브(GitHub)에도 AI

를 심어 'AI 기반의 기업용 운영체제'를 완성해 가고 있다. 이는 단순히 AI 기술 개발을 넘어 전 세계 수억 명의 사무직 노동자로부터 새로운 AI 구독료를 창출하는 강력하고 구체적인 수익 모델이다.

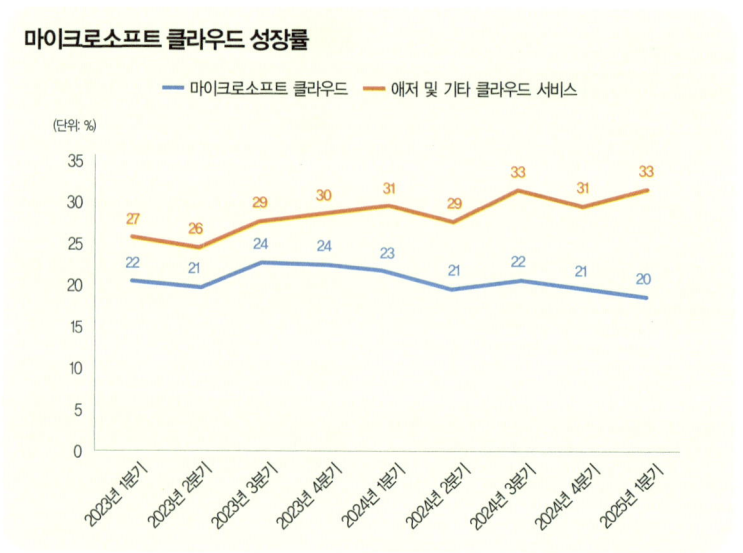

출처: https://sergeycyw.substack.com

마이크로소프트의 AI 전략은 여기서 그치지 않는다. 엑스박스(Xbox)와 액티비전 블리자드 인수를 통해 확보한 방대한 게이밍 사업은 미래의 메타버스와 인터랙티브 AI 콘텐츠 시장을 선점하기 위한 포석이다.

또한 전 세계 전문가들의 비즈니스 네트워크인 링크드인(LinkedIn)은 AI가 학습할 수 있는 독점적인 전문가와 고용 데이터를 제공하며 기업용 AI 서비스의 정교함을 더하는 역할을 한다. 클라우드와 AI로 전환하는 기업들에게 가장 중요한 보안(Security) 사업도 마이크로소프트의 또 다른 핵심 성장 동력이다.

이처럼 마이크로소프트는 애저와 코파일럿을 중심으로 게이밍, 전문 네트워크, 보안 등 모든 사업 부문이 유기적으로 연결된 전방위적 AI 생태계를 구축하고 있다.

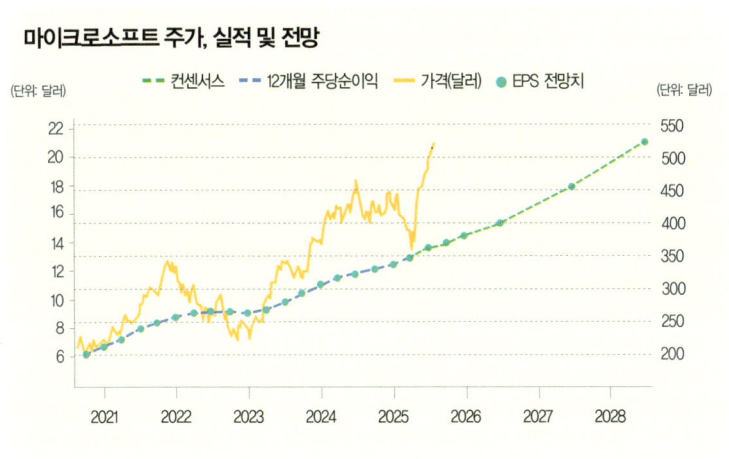

출처: https://www.zacks.com

오라클(티커: ORCL)

오라클은 수십 년 동안 전 세계 기업용 데이터베이스(DB) 시장의 독보적인 선두 주자로 자리매김해 온 기술 기업이다. JP모건, 도요타 등 글로벌 핵심기업들의 운영 시스템을 책임지며 높은 시장 점유율을 유지했지만, 클라우드 시대의 도래와 함께 기존 강자라는 인식 속에 성장이 정체될 것이라는 우려가 있었다. 그러나 오라클은 막강한 기존 데이터베이스 시장 지배력을 기반으로 클라우드와 AI라는 새로운 전쟁터에서 성공적으로 재기하며 시장의 예상을 뒤엎고 있다.

오라클은 기업의 기존 경쟁력 위에 클라우드를 입히며 폭발적인 성장세를 이어가고 있다. 오라클의 클라우드 사업인 'OCI(Oracle Cloud Infrastructure)'는 회사 전체의 연평균 성장률이 10%대에 머무는 동안 50%에 달하는 성장률을 기록하며 오라클의 재도약을 이끌고 있다.

아마존(AWS), 마이크로소프트(Azure) 등 주요 하이퍼스케일러들 틈바구니 속에서 OCI가 성공할 수 있었던 비결은 수십 년 동안 자사의 DB를 깊숙이 사용해 온 기존 고객들의 시스템이 너무 복잡하게 얽혀 있어 다른 클라우드로 이전하기 매우 어렵다는 불편함을 정확히 파고든 것이었다. 이미 오랫동안 오라클 제품을 사용하며 DB에 수많은 민감한 내부 데이터들이 있는데 이를 클라우드로 변환하는 과정에서 정보 유출이나 정보 손실 위험이 있었고 오라클은 이 점을 노렸다. 즉 위험을 감수하며 시스템을 들어내는 대신 "기존 오라클 시스템을 그대로 유지하면서 저희 OCI로 쉽고 안전하게 전환하세요."라고 제안하며 마찰을 최소화한 것이다.

나아가 오라클은 물리 인프라부터 데이터베이스, AI 모델, SaaS 애플리케이션까지 클라우드에 필요한 모든 것을 직접 제공하는 '풀스택(Full Stack)' 전략으로 경쟁력을 강화했다. 이는 고객이 별도의 연동작업 없이도 오라클의 최신 AI 기능을 데이터베이스와 애플리케이션에서 즉시 사용할 수 있도록 만들면서 AI 시대에 최적화된 성능과 보안을 제공하는 핵심 무기가 되었다.

이러한 경쟁력을 바탕으로 Open AI는 AI 모델 훈련을 위해 OCI를 선택했으며, 이후 3,000억 달러 규모의 클라우드 인프라 서비스 계약을 체결하며 제2의 전성기를 맞이하고 있다.

이러한 오라클에게 '스타게이트(Stargate) 프로젝트'는 또 하나의 거대

스타게이트 프로젝트의 중요성을 강조하는 트럼프

출처: https://indianexpress.com

한 기회가 될 전망이다. 트럼프 대통령은 스타게이트 프로젝트 발표 자리에서 AI의 발전이 미국 경제·안보의 핵심이라고 강조하며 인프라 규제 지원을 약속했다.

소프트뱅크 그룹과 OpenAI가 주도하고 트럼프 행정부의 기술 패권 강화 기조와 맞물려 국가적 중요성을 띠게 된 이 프로젝트는 2029년까지 5천억 달러를 투자해 대규모 AI 인프라를 구축해 미국 내 대형 데이터 센터와 슈퍼컴퓨터 자원을 구축한다.

오라클은 2026년 OCI 목표 성장률을 70%로 제시하며 스타게이트 프로젝트의 잠재력을 완전히 반영하지 않은 수치라고 밝혔다. 만약 프로젝트가 본격화되어 실제 숫자로 나타난다면 오라클은 다시 한 번 폭발적인 성장을 기대해 볼 수 있을 것이다.

최근 컨퍼런스에서 마진과 관련된 우려를 잠재웠지만, 주요 하이퍼스케일러 대비 높은 부채는 여전히 우려점으로 남아 있다. 하지만 오라클은 수십 년 동안 쌓아온 데이터베이스 해자를 발판으로 클라우드 전환에 성공했으며, 이제 AI 시대의 가장 거대한 프로젝트에 참여해 폭발적인 성장 기회를 맞이하고 있다. 클라우드 사업의 성공 스토리가 현실이 되어 갈수록 오라클의 숨겨진 가치가 시장에 드러날 것이다.

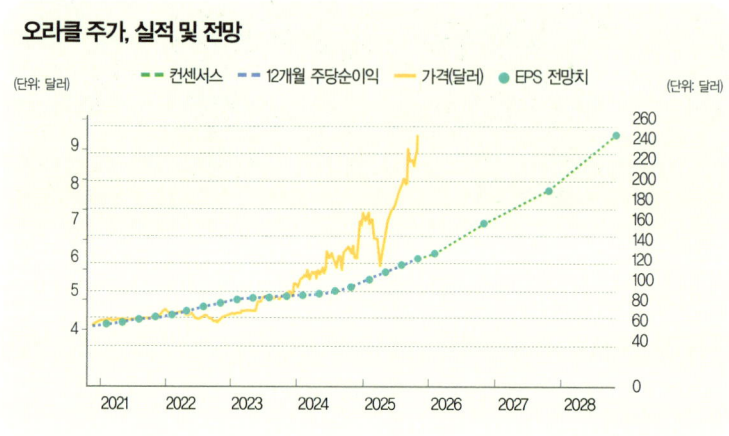

출처: https://www.zacks.com

AI 골드러시의 곡괭이와 삽, AI 전력 인프라 기업

AI 전력 사용량 증가

데이터 센터는 엄청난 전력을 필요로 한다. 특히 AI 데이터 센터의 경우 일반 데이터 센터보다 전력 사용량이 많다. 2022년까지만 해도 데이터 센터에 들어가는 엔비디아 랙은 평균 20~40kW의 전력을 사용했지만, 2027년부터 사용될 Kyber 시스템은 단일 랙에 576개 GPU를 탑재해 랙당 600kW, 최대 1MW까지 사용할 것으로 전망된다.

600kW는 미국의 500 가구가 사용할 수 있는 전력량이다. 데이터 센터에는 이런 랙이 수백 개, 많으면 천 개 이상 들어가는 경우도 있어 데이터 센터 하나가 거의 도시 하나가 사용하는 규모의 전력을 사용하게 된다.

다음 표는 2014년부터 2028년까지 미국 데이터 센터의 연간 에너지 사용 추정치를 테라와트시(TWh), 기가와트(GW) 단위로 보여준다. 이는 미국 전체 연간 전력 소비량에서 차지하는 비율도 함께 나타낸다.

미국 에너지부의 '2024년 미국 데이터 센터 에너지 사용량 보고서'

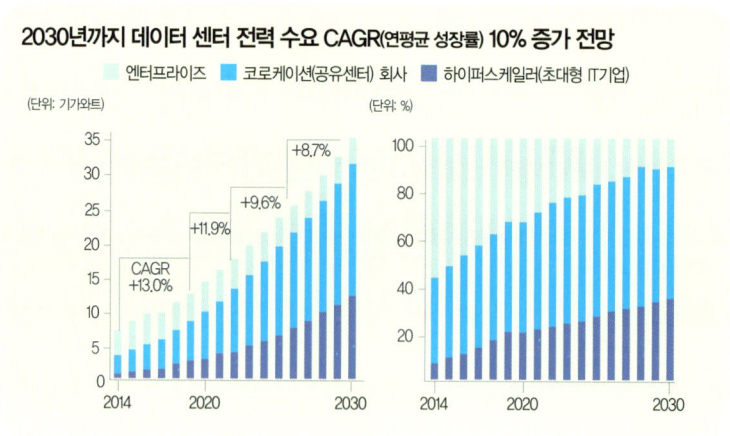

출처: https://www.ctol-kr.com

미국 에너지부가 추정한 데이터 센터 에너지 사용량

(2014년~2028년)

연도	데이터 센터 연간 에너지 사용량	미국 전체 연간 전력 소비 비율
2014	60TWh	1.5% 미만
2018	76TWh	1.9%
2023	176TWh	4.4%
2028	74~132GW	6.7~12%

에 따르면 2014년 데이터 센터의 연간 에너지 사용량은 미국 전체 에너지 소비의 1.5%에 불과했지만, 향후 매년 증가해 2028년까지 미국 전체 전기 사용량의 6.7~12%까지 증가할 것으로 전망했다. 그러다 보니 메타 CEO인 마크 저커버그는 지난 몇 년 동안 골칫거리였던 GPU 생산 문제로 인한 GPU 공급 제약은 상당 부분 해소되었지만 앞으로 에너지 병목 현상이 문제가 될 것이라고 밝혔다. 왜냐하면 데이터 센터가 단순히 막대한 에너지를 사용하기 때문이 아니라 규제 산업이어서

필요한 시점에 필요한 만큼 짓는 것이 어렵기 때문이다. 그래서 트럼프 행정부는 2025년 1월 '국가 에너지 비상사태'를 선포했고, AI로 인한 전력 부족 문제를 해결하기 위해 막대한 이니셔티브를 제공하고 있다.

다음으로 AI 산업의 성장에 필수적인 AI 전력으로 인해 주목할 만한 다양한 에너지 산업들과 관련 밸류체인 기업들을 살펴보자.

원자력 에너지

현재 시점에서 미국 전체 에너지 산업 중 가장 핫한 산업은 바로 원자력이라고 할 수 있다. 원자력은 과거 위험성 때문에 부정적인 평가를 받았지만 러시아-우크라이나 전쟁 이후 에너지 수급 문제와 함께 '핑크 수소'로 불리며 친환경 에너지로 환골탈태했다. 그 결과 현재 시점에서 AI 발 전력 부족 사태를 맞아 가장 현실적인 대안 중 하나로 평가받고 있다. 또한 2025년 5월 트럼프 대통령이 '원자력 산업 활성화' 행정 명령에 서명하면서 성장할 기회를 잡았다.

트럼프 대통령이 서명한 '원자력 산업 활성화' 행정 명령의 주요 내용은 신속한 행정 처리, 원자력 에너지 생산 목표 상향, 원자력 에너지 공급망 강화 등이다. 원자력은 환경영향평가(EA) 등 매우 강력한 규제를 받다 보니 신규 원전 승인부터 건설까지 10년 이상 걸리는 경우도 많았다.

하지만 앞으로 NRC는 최종 승인 결정을 18개월 안에 완료하도록 해 신청 후 1년 반이면 그 결과를 알 수 있게 했다. 또한 기존 원자로의 계속 운영 신청도 12개월 안에 결정하도록 규정해 행정 문제로 인한 지연 상황이 신속히 해소될 것으로 기대된다.

환경영향평가와 관련해서도 그동안 엄격했던 기준을 완화하는 조치가 포함되었는데 국방부(DOD)와 에너지부(DOE)가 연방 부지에서 일정 기준을 충족하는 첨단 원자로 프로젝트에 대해 환경영향평가나 환경영향보고서(EIS)를 생략할 수 있다.

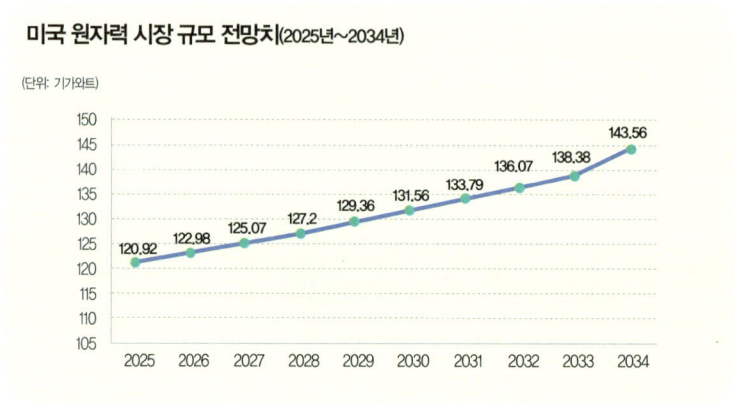

출처: https://www.precedenceresearch.com

위의 표를 보면 2034년까지 원자력 전력 시장은 20GW 이상 성장할 것으로 전망된다. 트럼프 대통령은 2050년까지 현재의 원자력 규모를 기존 100GW에서 400GW로 확대할 것이라고 발표했다. 이를 위해 고농축 우라늄(HALEU) 20톤 이상을 연료 은행에 비축해 신규 원자로에 즉시 공급할 수 있도록 돕는 것과 환경부와 에너지부 부지를 원자력 발전소 생산 부지로 제공할 수 있도록 하는 내용도 언급되었다.

원자력 에너지는 향후 AI 발 전력 수요 폭등에 대비할 수 있는 현실적인 방안이자 트럼프 대통령의 강한 의지가 들어 있어 향후 전력 투자에서 중요하게 살펴볼 분야 중 하나다.

카메코(티커: CCJ)

카메코는 상장된 세계 최대 우라늄 기업으로 우라늄 탐사, 개발, 채굴, 정제, 트레이딩에 이르기까지 우라늄 관련 핵심 밸류체인에 포함된 기업이다. 총 4억6,400만 파운드 이상의 우라늄이 북미, 아시아, 호주에 매장되어 있는데 카메코는 연간 3,000만 파운드 이상의 생산 능력을 보유하고 있다. 이는 2024년 기준 우라늄 전체 생산량의 17%로 러시아 가즈프롬을 제외하면 전 세계에서 가장 많은 우라늄을 생산한 기업이다.

카메코의 사업은 크게 우라늄, 연료 서비스, 기타 사업 부문으로 나뉜다. 2025년 1분기 기준으로 전체 매출에서 가장 큰 비중을 차지하는 것은 우라늄(약 78%)이고 그다음은 연료 서비스(17%)다. 지역별 발생률은 미주 60%, 아시아 20%, 유럽 20%다. 최근 우라늄 가격 상승이 둔화되었음에도 2025년 1분기에도 매출이 24%(전년 대비) 증가하는 모습을 보였다.

우라늄은 기본적으로 공급자가 제한적이고 채굴은 장기 계약에 의해 생산량을 보호받아 안정적이라는 특징이 있다. 2020년까지 전 세계의 탈원전 정책 기조로 장기 공급 계약이 감소했지만 현재는 상승 추세로 전환해 매년 지속적으로 상승하는 중이다.

우라늄은 개발부터 채굴까지 오랜 시간이 걸려 증산이 쉽지 않다. 장기 공급 계약의 증가에도 불구하고 전 세계적인 원전 이니셔티브에 의해 우라늄 수급이 지속적으로 불안정해지면서 장기 공급 계약으로 보

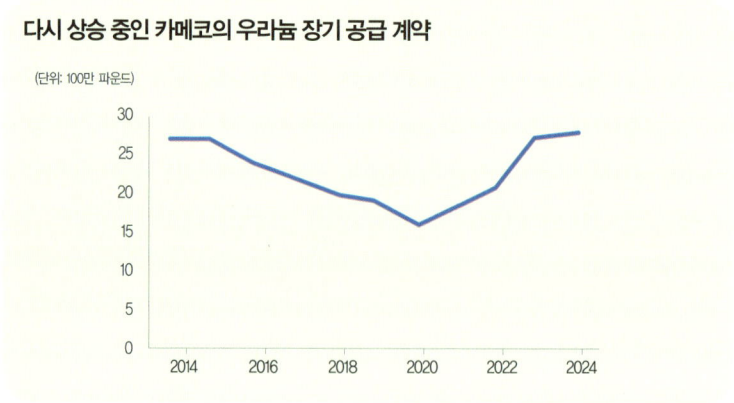

장받지 못하는 발전용 우라늄 규모가 계속 커지고 있다. 이에 따라 카메코를 비롯한 우라늄 기업들은 우라늄 가격을 더 높일 수 있는데, 카메코는 2030년 이후 우라늄 수요와 공급 차이가 더 커질 것으로 전망하는 만큼 향후 추가적인 수익성 증가를 기대할 수 있다.

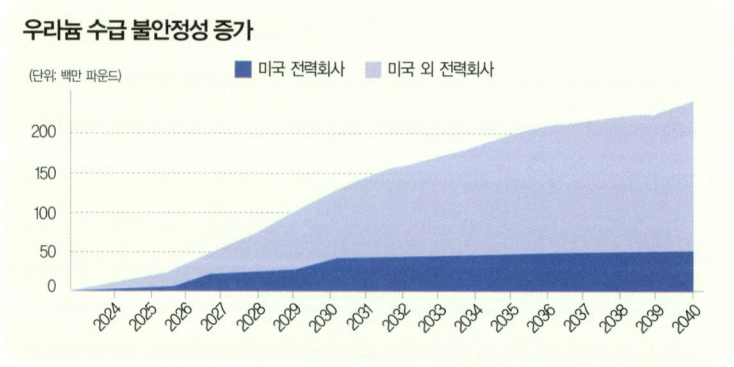

추가적인 성장축: 웨스팅하우스와 GLE

2023년 카메코는 웨스팅하우스 지분의 49%를 인수했다. 웨스팅하우스는 미국의 대표적인 원전 기업으로 AP1000이라는 3세대 가압 경수로(PWR)를 보유 중인데 미국뿐만 아니라 중국에서도 16기의 AP1000 기반 원전이 승인되었다. 그 외에도 폴란드, 우크라이나, 불가리아 등 전 세계 다수의 원전 기업이 사용 중이다.

최근 체코 두코바니 원자력 발전소에 처음으로 웨스팅하우스의 핵연료 조립품을 사용하기로 결정했으며, 미국 내 750억 달러(한화 약 100조 원) 규모의 원자력 발전소 10기 건설 프로젝트를 발표하는 등 빠르게 확장해 나가는 중이다. 이에 따라 원전 사업에서의 지배력 강화, 기술력 향상, Fuel Service 분야와의 시너지, 보유 지분 가치 상승 등 추가적인 성장축이 될 것으로 기대된다.

2021년 카메코는 Global Laser Enrichment(GLE)라는 기업의 지분 49%를 인수했다. 'GLE는 SILEX'라는 기존 원심 분리 방식보다 더 저렴한

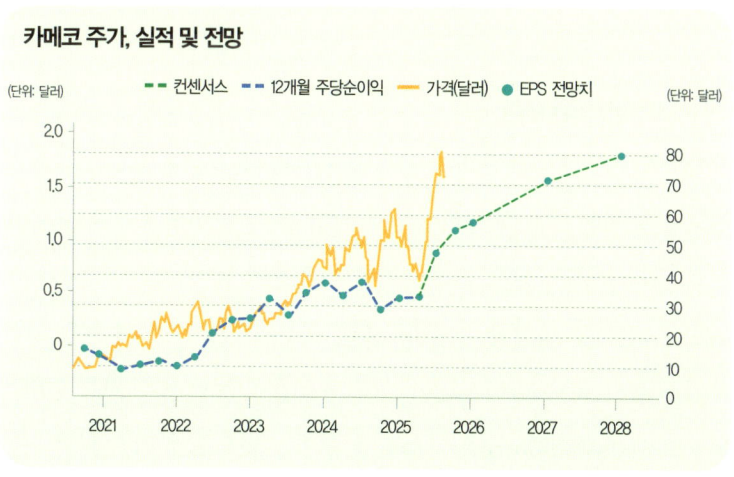

출처: https://www.zacks.com

비용으로 효율성 높은 우라늄을 만드는 레이저 우라늄 농축 기술의 독점 라이선스를 보유한 기업이다. 특히 SMR과 첨단 원전 시장이 확대되는 과정에서 우라늄 고농축 기술의 중요성이 커지고 있어 미국 정부의 승인이 필요하지만 최대 75%까지 지분 인수 옵션을 보유하면서 지속적인 성장성을 기대하게 만든다.

센트러스 에너지(티커: LEU)

센트러스 에너지는 우라늄 공급업체로 LEU, HALEU 생산 라이선스를 모두 보유한 미국 내 유일한 기업이다. 주요 사업부는 매출의 약 83%를 차지하는 LEU 사업 부문과 원심 분리기의 개발, 운영, 엔지니어링 등을 제공하는 기술 솔루션 부문으로 나뉜다.

센트러스 에너지는 개인 투자자에게 친숙한 기업은 아니지만 향후 원전 시장이 커지면서 우라늄 공급망에서 중요한 위치에 있는 기업으로 평가받고 있다. 특히 SMR과 차세대 원전에서 사용될 고농축 우라늄의 성장 기대감을 받고 있다.

HALEU 성장의 수혜주

일반적으로 고농축 우라늄으로 불리는 HALEU(High-Assay Low-Enriched Uranium)는 기존 저농축 우라늄(3~5%)보다 높은 5~20%로 농축된다. 고농축 우라늄은 저농축 우라늄보다 열효율이 높아 같은 원자로에서 더 많은 전력을 생산할 수 있다. 또한 핵분열 속도가 느려 연료 교체 주기가 길어 유지·보수 시간이 줄고 가동률이 높아진다. 보통 일반적인 LEU에 비해 50% 높은 가동률을 보이는 것으로 알려져 있어 최근

2035년까지 HALEU 수요 전망

(단위: 메트릭 톤)

연도	총 MT/년	누적 MT	연도	총 MT/년	누적 MT	연도	총 MT/년	누적 MT
2022	1.8	1.8	2027	78.7	204.1	2032	375.3	1,392.2
2023	7.7	9.5	2028	130.8	334.9	2033	454.2	1,783.4
2024	18.0	27.5	2029	151.7	486.6	2034	527.1	2,310.5
2025	25.8	53.3	2030	215.0	701.6	2035	613.8	2,924.3
2026	72.1	125.4	2031	252.3	954.0			

출처: https://www.energy.gov

SMR 기업들은 기존 LEU가 아닌 HALEU를 채택하기 시작했다. 대표적으로 샘 알트먼이 이사회 의장직에 있다가 이해 상충 문제로 물러났던 오클로, 빌 게이츠가 창업한 테라파워, 아마존이 투자한 X-에너지 등 많은 SMR 기업들이 HALEU를 사용 중이다.

미국 정부는 2035년이 되면 연간 613톤의 HALEU가 필요할 것으로 예상하는데 미국 정부 자신의 연구용 HALEU 생산을 위한 10톤 규모의 생산 이외에 센트러스 에너지로부터 공급받는 연간 0.9톤 규모의 HALEU가 전부인 상태다.

이 때문에 트럼프 행정부에서는 HALEU 관련 다양한 정책 이니셔티브를 내놓고 있다. 구체적으로 에너지부를 통해 HALEU 생산을 위해 최대 27억 달러 지원을 약속했고, 고농축 우라늄 생산에 대해 30% 세액 공제를 제공하며 HALEU의 운송용 컨테이너에 대해서는 까다로웠던 기존 승인을 간소화하기로 결정하는 등 수요에 맞춘 공급을 위해 다양한 지원을 하는 만큼 높은 성장이 기대된다.

센트러스 에너지는 테라파워, 오클로, X-에너지, 한국수력원자력(KHNP) 등에 납품하고 있으며, 지난 6월 미국 에너지부와 또다시

HALEU 생산 연장 계약을 체결한 만큼 일반 LEU와 HALEU 시장 모두에서 지속적인 성장이 기대된다.

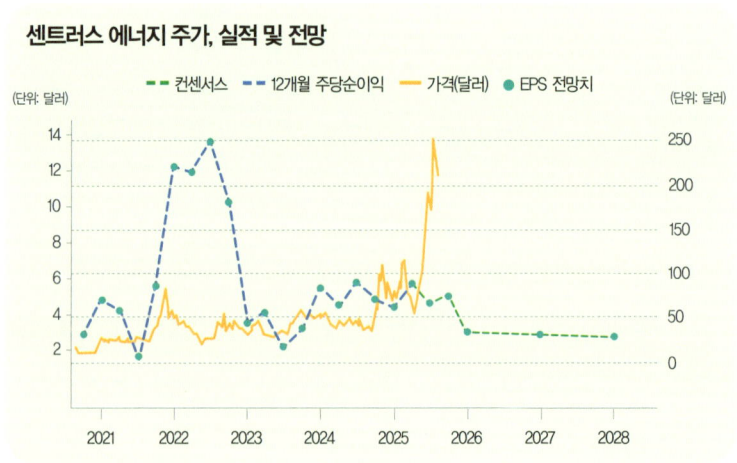

출처: https://www.zacks.com

SMR의 폭발적인 성장성

SMR(Small Modular Reactors)은 기존 원자로보다 작은 원자로로 공장에서 모듈 단위로 제작해 현장에서 조립한다. 공장에서 모듈식으로 생산할 수 있어 기존 대형 원전보다 건설 기간, 복잡성, 비용 등을 크게 줄여줘 필요한 전력 수준에 맞게 커스터마이징할 수 있다는 장점이 있다.

SMR의 규모는 일반 원전의 1/10에서 1/100 크기로 적은 부지만 필요하며 전력 생산 규모도 5~300MW까지 필요에 맞게 구축할 수 있다. 외부 전력이나 추가적인 냉각수 없이도 냉각이 가능한 피동형 안전 시스템, 크기가 작아 안정성이 더 높아 최근 많은 전력을 사용하는 AI 데이

출처: https://www.thebusinessresearchcompany.com

터 센터나 산업 단지에 전력을 공급하는 용도로 각광받고 있다.

뉴스케일 파워(티커: SMR)

현재 SMR 건설 시장에서 가장 빠르게 치고 나가는 세 기업이 있다. 뉴스케일 파워, 오클로, GE 버노바다. GE 버노바는 SMR도 함께하는 기업이지 SMR 전문 기업은 아니니 뉴스케일 파워와 오클로부터 먼저 살펴보자.

뉴스케일 파워는 티커 자체가 SMR인 것처럼 현재 SMR에서 가장 앞서가는 기업이다. 2023년 50Mwe 모듈에 대해 미국 최초로 NRC 승인을 받았다. 이후 77Mwe 모듈에 대해서도 2025년 5월 두 번째 표준설계승인(SDA)을 받았다. 현재까지 미국 내에서 유일하게 NRC 승인을 받은 SMR 기업이다.

뉴스케일 파워가 설계한 SMR은 수십 년 동안 검증된 경수로 기술을 기반으로 신기술에 대한 불확실성을 최소화했다. 이는 안정적인 운영과 공급망 구축에 유리하게 작용한다. 특히 두산에너빌리티, 삼성물산 등 제작 역량을 갖춘 국내 기업들과의 강력한 파트너십을 통해 SMR 주기기 제작을 위한 견고한 글로벌 공급망을 구축했고, 대량 생산을 통한 비용 절감 기반도 마련했다.

뉴스케일 파워의 핵심 모델인 VOYGR 발전소는 표준화된 77MWe 모듈을 레고 블록처럼 최대 12개까지 조합해 924MWe 대형 원전급까지 용량을 유연하게 조절할 수 있다는 장점이 있다. 이는 고객의 필요에 따라 맞춤형으로 전력 생산 규모를 설계할 수 있어 기존 대형 원전이 가지지 못했던 유연성을 제공한다.

또한 뉴스케일 파워는 루마니아, 폴란드 등 동유럽 국가들과의 SMR 건설 프로젝트를 구체화하며 해외 시장을 적극 공략 중이다. 규제 승인이라는 독보적 지위와 검증된 기술력을 바탕으로 AI 데이터 센터와 첨단 산업 단지 등에서 폭증하는 무탄소 전력 수요에 대응할 주요 대안으로 시장의 기대를 받고 있다.

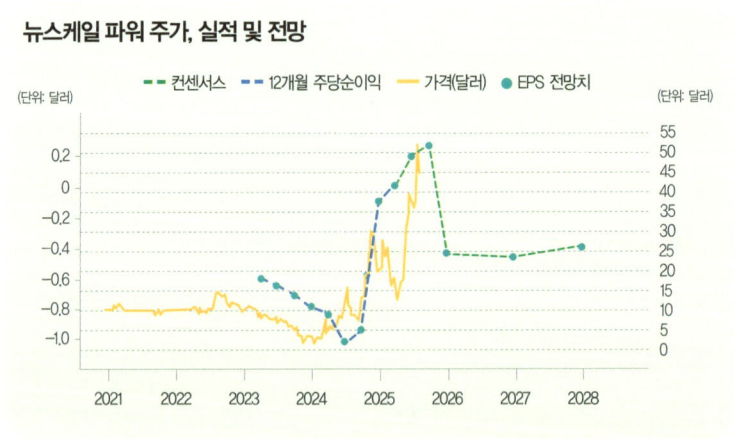

출처: https://www.zacks.com

오클로(티커: OKLO)

오클로는 15MWe급 액체 나트륨 냉각 고속로(Fast Reactor)를 초소형 모듈 형태로 개발·상용화하는 데 집중하는 차세대 원자력 기술 기업이다. 현재 데이터 센터, 군 기지, 원격 산업 단지 같은 소규모 특수 수요처에 맞춘 '마이크로그리드' 시장을 개척 중이다.

오클로의 핵심 제품은 'Aurora Powerhouse'라고 불리는 15MWe 출력의 초소형 모듈이다. 각 모듈은 레고 블록처럼 필요에 따라 병렬 설치가 가능하며 이론적으로는 수십 기를 이어 붙여도 시스템 운용이 가능하다. 기존 SMR과 달리 고속로 물리 특성(강력한 음성 반응도)과 히트파이프 기반 패시브 냉각을 결합해 전원·밸브·펌프 없이도 자동 정지·냉각을 보장하며 금속 HALEU 연료와 사용 후 핵연료 재활용을 통한 연료비 절감(최대 80% 예상) 로드맵을 갖추었다.

비즈니스 모델은 발전소를 지어주고 모듈을 판매하는 방식이 아니라 오클로가 '직접 Aurora 모듈을 건설·소유·운영하며 고객과 장기 전력구매계약(PPA)을 체결해 전력을 공급하는 형태'를 추구해 장기적이고 지속적인 매출 창출을 목표로 하고 있다. 이미 Switch 데이터 센터와 총 12GW 규모의 MPA를 맺었고, 알래스카 에일슨(Eielson) 미 공군기지 5-15MWe급 마이크로 리액터 구축을 위한 우선 협상 대상자로 선정되는 등 국방·클라우드 분야에서 확실한 수요처를 확보했다.

OpenAI CEO 샘 올트먼이 초기 투자자로 대규모 자금 유치(Series D 포함)를 주도했으며 2025년 4월 의장직은 내려놓았지만 이사회 고문과 주요 주주로 계속 참여해 전략적 지원을 유지하고 있다. 아직 NRC의 건설·운전 허가(COLA) 단계에 머물러 있지만 소규모 부지에서 무탄소 전력을 24시간 안정적으로 제공하는 혁신 솔루션으로서 역할이 기대된다.

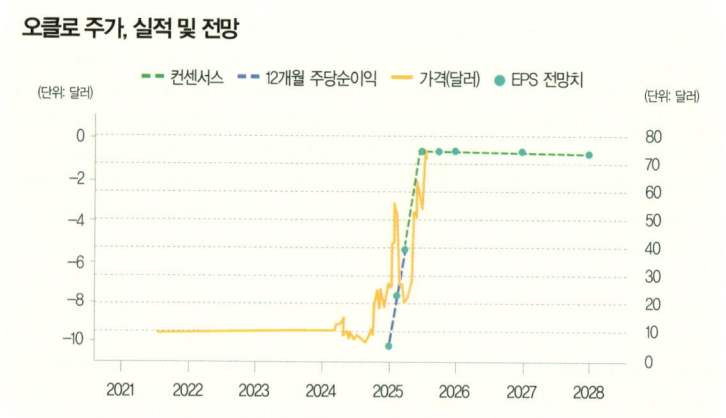

오클로 주가, 실적 및 전망

출처: https://www.zacks.com

뉴스케일 파워와 오클로 비교

항목	뉴스케일 파워	오클로
단일 모듈 출력	최대 77Mwe	15Mwe
모듈 확장성	12개 모듈(최대 924Mwe)	이론상 무제한(그리드, 규제 문제)
연료	LEU	HALEU
안전 시스템	비능동 수동 안전	자가 제어 방식
냉각 방식	액화 나트륨	경수
NRC 허가 여부	허가 승인	심사 진행 중
매출 발생 여부	발생	미발생
사업 모델	모듈 판매 및 서비스	모듈 소유, 전력 직접 판매(PPA)

GE 버노바(티커: GEV)

GE 버노바는 제너럴 일렉트릭(GE)의 전력 솔루션 사업부가 2024년 기업분할(spin off)하면서 탄생한 기업으로 크게 전력(Power), 풍력(Wind), 전기화(Electrification) 세 가지 사업부를 보유 중이다. 최근 AI 발 전력 부족

사태에 따른 대규모 인프라 개발 수혜주로 주목받으며 2024년 4월 상장한 이후 연말까지 130% 상승하며 대표적인 기업분할 성공 사례로 손꼽힌다.

GE 버노바의 핵심 사업부는 전력사업부다. 2025년 1분기 매출을 살펴보면 전력 부문은 매출 10%, 주문량 24% 증가와 함께 전체 매출의 55%를 담당하며 가장 큰 비중을 차지했고, 앞으로도 GE 버노바의 성장을 계속 이끌어 갈 사업부로 평가받고 있다. 전력사업부에서 가장 큰 매출을 차지하는 것은 천연가스 터빈이다. HA급 가스터빈은 지멘스와 함께 전 세계에서 가장 높은 효율성을 가진 가스터빈 중 하나로 시장에서 높은 경쟁력을 갖고 있다.

2014년 미국 에너지정보국(EIA)에 따르면, 29%에 불과했던 여름철 천연가스 발전 비중이 2024년에는 49%까지 증가했다. 이는 천연가스가 '블루 수소(Blue Hydrogen)'로 불리며 기존 화석 연료보다 친환경적이고 미국 셰일 가스로부터 대량 공급을 받을 수 있기 때문이다. 또한 트럼프 대통령의 '미국 내 원유 및 가스 생산 확대(Drill Baby Drill)' 기조에도 적합하고 원전이나 석탄 발전소보다 건설 기간이 짧다는 장점까지 갖췄다. 현재 미국 전역에서 200개 이상의 천연가스 발전소를 짓고 있어 천연가스 발전소의 가장 강력한 경쟁력을 갖춘 GE 버노바의 성장 모멘텀은 지속될 것이다.

GE 버노바는 자회사인 GE 버노바 히타치를 통해 최근 전력사업에서 가장 촉망받는 사업인 SMR 분야에서도 두각을 보이고 있다. 현재 서방 국가 최초의 SMR 프로젝트인 캐나다 온타리오주 달링턴 원자력 발전소 건설 승인을 받았는데, 이 프로젝트는 약 150억 달러 규모로

GE 버노바의 핵심 원전 모델인 BWRX-300 4기가 건설될 예정이다. 미국 테네시주가 미국 공공기관 최초로 SMR 허가 신청서를 제출했을 때도 선택한 것이 바로 GE 버노바의 SMR이었다.

GE 버노바가 SMR 시장에서도 강점이 있는 이유는 기존에 사용하던 비등수형 원자로(Boiling Water Reactor, BWR) 기술 기반이어서 기술 노하우와 전 세계 수십 기의 운전 경험을 그대로 활용해 새로운 SMR임에도 불구하고 설계·규제 승인 절차가 빠르고 운영·정비 매뉴얼도 확립되어 있어 SMR 도입 희망자들에게 높은 신뢰성을 준다는 데 있다. 이러한 강점은 앞에서 살펴본 캐나다 SMR 수주에 영향을 미쳤고, 2030년 첫 번째 SMR 가동을 시작으로 2035년까지 모든 원자로가 가동될 전망이다. 실제 첫 가동이 이루어지면 GE 버노바의 SMR에 대한 시장의 신뢰성은 더 증가할 것이다.

매출의 23%를 차지하는 전기화 부문도 긍정적이다. 발전소가 많이 만들어지는 만큼 생산된 전기를 최소한의 전력 손실로 송전해주는 HVDC 시스템 수요도 함께 증가할 뿐만 아니라 만들어진 발전소와 송·배전망 전력 시스템의 디지털 전환을 지원해 실시간 모니터링, 통합 제어 최적화 등 다양한 Grid OS를 제공하면서 전기화 사업부는 전년 동기 대비 수주 잔고가 40% 넘는 성장을 보였다.

HVDC 시장은 2029년 192억 달러 규모로 성장이 예상된다. 다만 GE 버노바의 약점으로 평가받는 부문이 있다. 매출의 22%를 차지하는 풍력 에너지인데 2024년 해상 풍력 발전기의 블레이드 폭발 사고가 다수 발생하면서 2025년 1분기 주문량은 6억 달러로 전년 동기보다 5억 달러 감소하는 모습을 보였다.

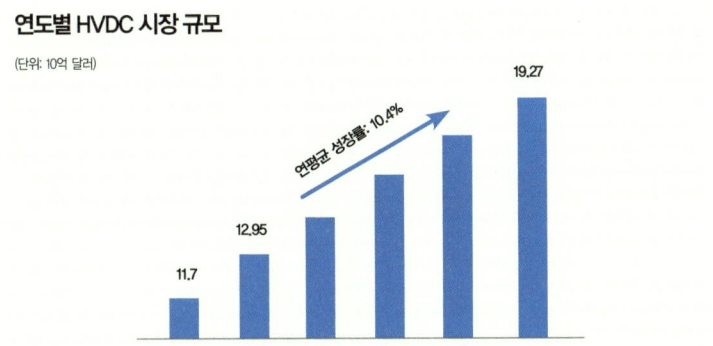

출처: https://www.thebusinessresearchcompany.com

정치적 환경도 풍력 에너지에 불리하다. 트럼프 대통령이 재생에너지에 부정적인데 그중에서도 특히 풍력 에너지를 부정적으로 보며 취임 직후 행정 명령을 통해 신규 해상·육상 풍력 프로젝트 승인을 즉각 중단했다. 다행히 미국 내 50억 달러 규모의 해상 풍력 에너지인 '엠파이어 윈드'는 중단 명령이 철회되었지만 풍력 부문은 여전히 GE 버노바가 해결해야 할 과제다.

이러한 과제에도 불구하고 GE 버노바는 발전소를 짓고 전기를 보내는 모든 과정을 한 번에 할 수 있는 통합 솔루션을 보유한 거의 유일한 기업으로 AI로 인해 증가할 폭발적인 전력 증가의 수혜를 받을 대표적인 AI 인프라 기업이다.

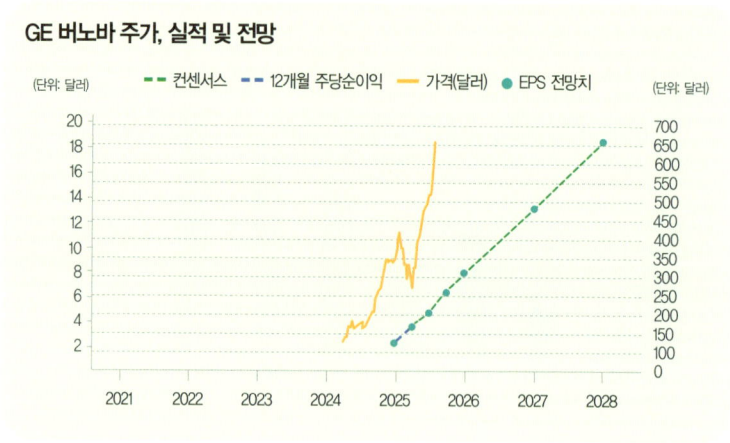

출처: https://www.troweprice.com

독립 에너지 생산자(IPP)

독립 에너지 생산자(Independent Power Producer, IPP)는 전력회사의 자회사나 공공(정부) 유틸리티에 속하지 않고 민간 자본으로 발전소를 건설·운영해 전력을 생산·판매하는 기업을 말한다. 일반적으로 자체 송·배전망을 소유하지 않고 전력시장에서 전력을 도매로 판매하거나 기업·공장·정부기관과 전력구매계약(Power Purchase Agreement, PPA)을 직접 맺는 형식으로 비즈니스를 운영한다.

IPP들은 일반 유틸리티 기업과 달리 정부 규제에 묶인 가격으로 전력을 판매하지 않고 전력 가격(Spot Price)의 변동성을 활용해 초과 수익을 얻을 수 있다. 따라서 최근 주요 AI 기업들과 장기적인 고정가격 계약을 맺어 안정적인 수익을 확보함과 동시에 높은 이익이라는 두 마리 토끼를 모두 잡을 수 있어 투자처로 각광받고 있다.

콘스텔레이션 에너지(티커: CEG)

콘스텔레이션 에너지는 2022년 엑셀론(Exelon)으로부터 분사한 미국 최대 원전 기업이다. 콘스텔레이션 에너지는 총 22.1GW의 원자력 발전 용량을 보유 중이며, 전체 사업 포트폴리오는 원자력 67%(약 22.1GW), 천연가스·석유 25%(약 8.5GW), 재생에너지 8%(약 2.5GW)로 이루어져 있다.

콘스텔레이션 에너지는 다수의 AI 기업들과 전력 공급 계약을 체결하는 중이다. 최근에는 메타와 2027년 6월부터 1.1GW의 전력을 제공하는 20년간 전력 공급 계약을 체결했는데 이는 약 100만 가구가 동시에 사용할 수 있는 전력량이다. 또한 마이크로소프트와도 20년간 전력 공급 계약을 체결했는데 과거 원전 사고로 폐쇄했던 스리마일섬 원전을 재가동해 전력을 공급할 계획이다. 스리마일섬 원전은 2028년 중반 전면 가동될 예정이다.

전력 수요 증가에 따라 콘스텔레이션 에너지는 발전 용량을 늘리기 위해 다양한 노력을 기울이고 있다. 그중 하나가 기존 장비 개선 등으로 발전 용량을 늘리는 업레이팅(Uprating)이다. 이를 통해 발전 용량을 최대 20% 증가시킬 수 있으며 신규 원전보다 건설 비용이 적고 건설 기간이 짧아 용량을 신속히 확대할 수 있다. 2024년 5월부터 일리노이주 원전 두 곳에서 업레이팅 프로젝트를 진행했고, 향후 14개 발전소에도 확대·적용해 1GW 발전 용량을 추가로 확보할 계획이라고 밝혔다.

추가적으로 2025년 1월 266억 달러에 미국 최대 천연가스 발전기업인 칼파인(Calpine)을 인수해 천연가스 포트폴리오를 강화했다. 칼파인은 전체 27.7GW 발전 용량 중 26GW가 천연가스로 미국 내 가장 많은 천연가스 발전 용량을 보유했을 뿐만 아니라 주요 발전소도 캘리포니아, 텍사스, 미국 동북부 등 미국의 데이터 센터 에너지 수요가 많은 곳에 밀집되어 있다. 이번 인수 이후 콘스텔레이션 에너지는 미국 내에서 가장 빠른 성장이 예상되는 원자력과 천연가스 모두에서 발전 용량 1위를 차지할 기업으로 떠오르며 전력 수요 증가의 수혜가 기대된다.

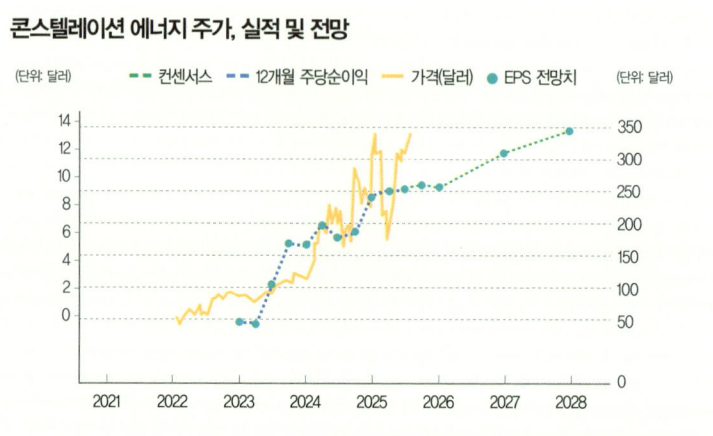

출처: https://www.zacks.com

비스트라 에너지(티커: VST)

비스트라 에너지는 2024년 257.9% 상승하며 S&P 500 종목 중 팔란티어에 이어 두 번째로 많이 상승한 기업으로 천연가스, 석탄, 석유, 원자력, 태양광 등을 발전원으로 둔 독립 발전 사업자(IPP)다. 현재 전력원별 발전 용량 비중은 천연가스(59%), 석탄(21%), 원자력(16%), 재생에너지(1%) 순이며 원자력 발전 용량 기준으로 미국 2위다.

2024년 3월 에너지 하버(Energy Harbor) 인수를 시작으로 원자력 발전

포트폴리오를 강화해가며 트럼프 시대의 원자력 르네상스에 대비하는 중이고 보유 중인 기존 석탄 화력 발전소는 2027년까지 단계적 폐쇄를 선언하며 저탄소 정책 흐름에 맞게 회사 전략을 수정 중이다. 대표적으로 마이크로소프트와 전력 구매 계약을 체결하면서 텍사스와 일리노이주에 새로운 태양광 시설을 건설해 에너지를 제공하기로 했다.

2024년 비스트라 에너지가 각광받은 가장 큰 이유 중 하나는 주요 자산이 캘리포니아, 텍사스, 미국 북동부에 몰려 있기 때문이었다. 그 지역은 주요 데이터 센터가 지어지는 곳으로 특히 텍사스는 최근 데이터 센터 건설지로 각광받으며 2024년 상반기에만 데이터 센터 건설 활동이 전년 대비 4배 증가했고, 2025년 트럼프 대통령의 5,000억 달러 규모의 AI 인프라 건설 프로젝트인 스타게이트도 텍사스에 건설된다.

텍사스는 법인세가 없고 신규 건설 사업이나 개발사업 때 세금을 감면해주는 등 기업친화적 제도를 갖고 있다는 점과 상대적으로 싼 부동산 가격과 풍부한 토지 보유로 대규모 시설 건설에 유리해 데이터 센터의 새로운 메카로 부상 중이다. 이러한 경쟁력이 유지되는 한 앞으로도 텍사스에서 데이터 센터 건설 수요는 증가할 것이 예상되고, 텍사스에 주요 발전소를 보유하고 있는 비스트라 에너지는 계속 주목받을 것이다.

콘스텔레이션 에너지가 칼파인을 인수한 것처럼 비스트라 에너지도 천연가스 발전소 포트폴리오를 확장해 나가고 있다. 2025년 5월 로터스 인프라 파트너스로부터 7개 최신 천연가스 발전 시설을 인수하며 약 2,557MW의 발전 용량을 추가로 확보했다.

비스트라 에너지 CEO 짐 버크(Jim Burke)는 이 인수에 대해 "천연가스 화력 발전이 향후 수년 동안 미국 전력망의 신뢰성, 경제성, 유연성에서 계속 중요한 역할을 할 것이고 이번 인수가 증가하는 전력 수요를 충족시키는 동시에 10% 중반의 레버리지 수익률 목표를 초과 달성할 수 있게 되었다."라고 평가했다. 또한 인수 자산의 70%가 PJM 지역에 위치한 것으로 나타났다. 그 외에도 뉴잉글랜드, 뉴욕, 캘리포니아 등 전력 수요가 높은 지역에 집중되어 있어 추가적으로 전력 요금 인상의 수혜를 받을 것으로 예상된다.

미국의 에너지 수요는 매번 조사 결과가 새로 나올 때마다 큰 폭으로 경신되고 있지만 전력 수급 환경은 단기간에 해결되기 어렵다. AI의 발전, 발전소 위치, 미국 내 2위 원자력 생산 사업자라는 투자 포인트는 향후에도 긍정적인 모멘텀으로 작용할 것으로 보인다.

비스트라 에너지가 로터스 인프라 파트너스로부터 인수한 천연가스 포트폴리오

자산명	주	규모(메가와트)	기술 방식
페어리스	펜실베이니아	1,320	복합화력 가스터빈
맨체스터	로드아일랜드	510	복합화력 가스터빈
개리슨	델라웨어	309	복합화력 가스터빈
해즐턴	펜실베이니아	158	가스터빈
비버 폴스	뉴욕	108	복합화력 가스터빈
시러큐스	뉴욕	103	복합화력 가스터빈
그린리프	캘리포니아	49	가스터빈
합계		2,557	

출처: https://investor.vistracorp.com

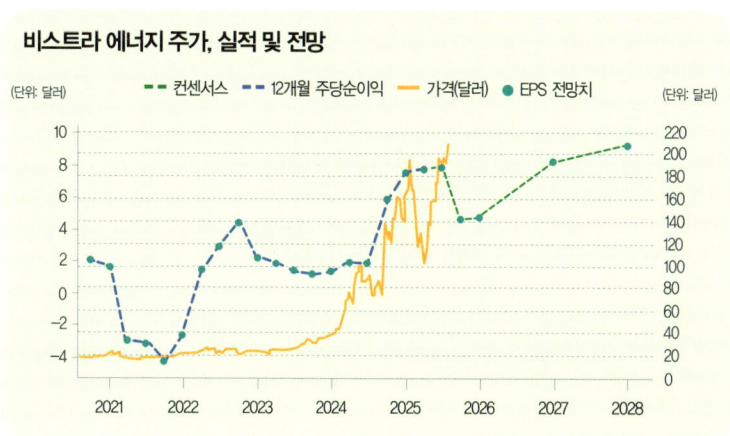

출처: https://www.zacks.com

사이버 보안,
AI 시대의 방패

세계 경제 포럼에 따르면 응답자의 66%는 향후 1년 동안 AI가 사이버 보안에 가장 큰 영향을 미칠 것으로 예상했지만 실제로 AI 도구를 배포하기 전에 보안을 평가하는 프로세스가 마련되어 있다고 보고한 비율은 37%에 불과했다. 이는 여전히 많은 기업이 AI 기반 사이버 보안에 대한 준비가 미흡하다는 것을 보여준다.

데이터의 중요성이 과거보다 커지고 있고 재택근무, 하이브리드 근무 증가 등을 이유로 많은 기업이 기존 데이터의 클라우드 전환을 가속화하고 있다. 그로 인해 보호해야 할 엔드포인트가 급증하고 있다. 세계 경제 포럼에서는 글로벌 보안 범위 내 데이터 양이 연간 40% 이상 증가하고 있다고 밝히는 등 사이버 보안 수요가 점점 증가하고 있다.

최근 AI의 발전과 사이버 보안 시장은 새로운 변혁을 맞고 있다. 대규모 언어 모델(LLM)과 AI 서비스의 등장으로 데이터 프롬프트 탈취라는 새로운 영역이 등장했고, AI를 사용해 더 정교한 딥페이크 피싱 공격을 하거나 멀웨어 형태를 스스로 만들어내는 등 공격 방식이 다채로

출처: https://www.precedenceresearch.com

워지고 있다. 또한 현재 IT 업계에서는 보안 전문가가 부족해 인력난을 겪고 있고, 이러한 점들을 이유로 AI 기반 사이버 보안의 중요성과 도입 속도가 점점 빨라지고 있다.

사이버 보안 시장은 향후 소수 기업들이 시장을 과점할 가능성이 큰 시장 중 하나다. 그 이유는 많은 기업이 하나의 플랫폼에서 통합적으로 보안을 관리하려는 니즈가 점점 강해지고 있기 때문이다. 이는 단순히 번들로 구매해 가격을 낮추려는 의도만 있는 것이 아니라 하나의 플랫폼에서 관리했을 때 컴플라이언스의 일관성을 가져다주고, 데이터를 한 곳에 수집해 워크플로우 자동화를 가능케 한다는 장점 때문에 이러한 현상은 앞으로도 가속화될 것이다. 이에 따라 어떤 기업이 승자가 될지 그 후보들을 살펴보자.

팔로알토 네트웍스(티커: PANW)

팔로알토 네트웍스는 2007년 주니퍼 네트웍스 출신인 니어 죽(Nir

Zuk)이 설립한 사이버 보안 기업으로 현재 보안 업계에서 시가총액이 가장 큰 기업이다. 설립 당시 차세대 방화벽(Next Generation Firewall)을 외치며 네트워크 방화벽 시장을 빠르게 장악했다. 하지만 기존 방화벽 중심 보안 기업이라는 이미지가 강해 AI 보안이 시장에서 각광받던 초기 레거시 기업으로 분류되며 시장에서 잠시 외면받기도 했지만 이후 제로 트러스트(Zero Trust) AI 기반 보안 등 혁신 전략으로 이미지 변신에 성공했다.

팔로알토 네트웍스의 비즈니스 모델은 광범위한 보안 서비스를 세 개의 통합된 AI 기반 플랫폼, Strata(네트워크 보안), Prisma(클라우드 및 SASE), Cortex(보안 운영)로 통합하는 데 중점을 두고 있다. Strata는 과거와 현재의 캐시카우이며, Prisma는 애플리케이션 개발부터 배포까지 클라우드 전반의 코드 보안을 제공해 현재와 가까운 미래의 성장 엔진을 담당한다. 또한 Cortex XDR/XSIAM 등의 AI 기반 보안 운영 플랫폼은 로그 분석, 위협 탐지·대응을 자동화하고 장기적인 미래를 위한 파괴

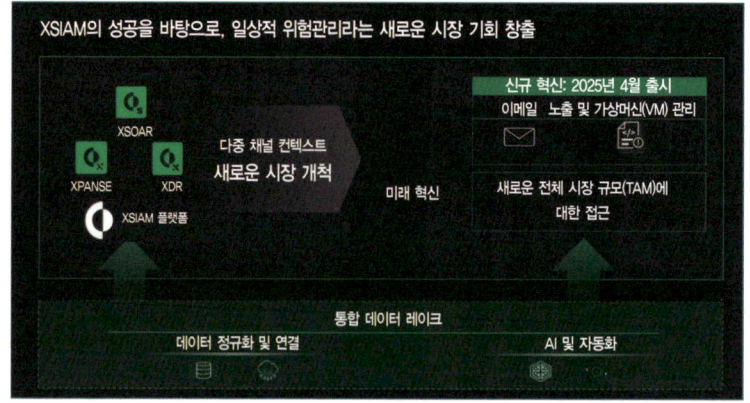

출처: https://investors.paloaltonetworks.com

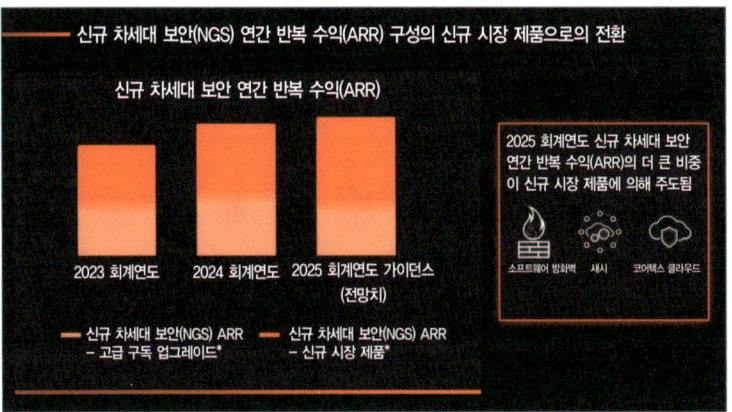

출처: https://investors.paloaltonetworks.com

적 혁신을 담당하고 있다.

팔로알토의 XSIAM이 통합 데이터 레이크(데이터 표준화·결합+AI·자동화)를 기반으로 XSOAR·Xpanse·XDR을 아우르는 플랫폼으로 진화하며 이를 바탕으로 'XSIAM for Peacetime' 전략과 신규 TAM(총 도달 가능 시장) 진입의 토대를 마련했다.

이러한 노력을 통해 회사는 두 자릿수 성장을 꾸준히 유지하는 중이고, 기업 체질도 제품 판매 기업에서 구독 기반 소프트웨어 기업으로 전환하며 수익 구조 전환에 성공했다. 전체 매출의 약 80%가 구독·지원 등 반복 매출로 구성되어 있으며, 최근 팔로알토의 신규 차세대 보안 ARR은 50억 달러가 넘고 전년 동기 대비 34% 성장해 안정성과 성장성을 동시에 다지고 있다.

최근 팔로알토 네트웍스 CEO는 사이버 보안 업계의 통합자가 되겠다고 공언하며 SIEM 사업 강화를 위해 IBM의 QRadar SaaS 부문을 인수하면서 단일 플랫폼에서 다양한 보안 기능을 제공하기 위해 포트폴리오 강화에 나서고 있다. 체질 개선에 성공하며 사이버 보안 시장의 대장 자리를 계속 지켜나갈 수 있을지 향후 행보가 기대된다.

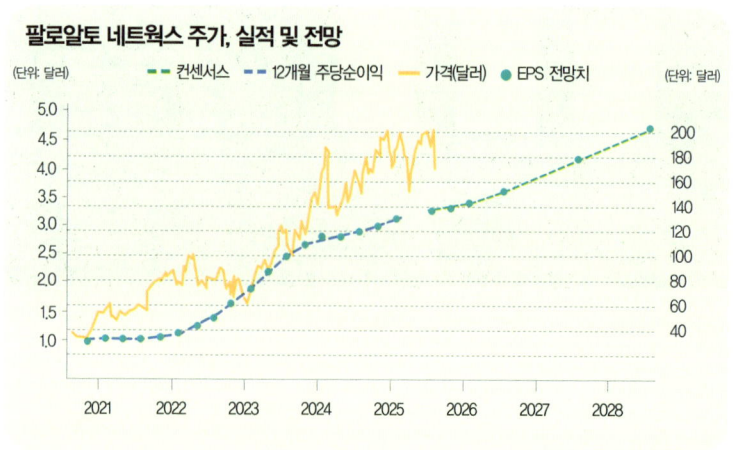

출처: https://www.zacks.com

크라우드스트라이크(티커: CRWD)

크라우드스트라이크는 2011년 전 임원인 조지 커츠와 대니얼 도리 등 보안 전문가들이 설립한 클라우드 네이티브 보안 기업으로 엔드포인트 위협 탐지·차단(EDR) 솔루션인 Falcon으로 시장을 개척하며 전통적인 백신 기업들을 빠르게 대체하며 성장했다.

크라우드스트라이크의 비즈니스 모델은 단일 경량 에이전트 하나로 제공되는 Falcon 플랫폼을 중심으로 이를 EDR(엔드포인트 보호), CWP(클라우드 워크로드 보호), Identity Protection(아이덴티티 보안), LogScale(차세대 SIEM) 등 모듈형 클라우드 서비스로 통합하는 데 중점을 두고 있다.

2024년 7월 크라우드스트라이크 역사상 최대 위기가 찾아왔다. 마이크로소프트 윈도우상에서 실행되는 크라우드스트라이크의 EDR 보안 소프트웨어인 '팰컨 센서'의 오류로 전 세계적인 전산망 마비와 서비스 장애가 발생했다. 이 때문에 전 세계 공항에서 전산망 오류가 발생해 항공편이 결항·지연되는 사태가 속출했고, 영국 런던증권거래소를 비롯한 몇몇 증권거래소에서 서비스 장애를 겪는 등 다양한 피해가 발생했다. 이로 인해 델타항공은 5억 달러의 손해 배상 소송을 했고 크라우드스트라이크의 신뢰성은 큰 타격을 입었다.

크라우드스트라이크는 즉각적인 공지와 업데이트, CEO 직접 소통 등을 통해 문제를 최대한 봉합하며 그에 대한 보상으로 고객들에게 CCP를 지급하며 이탈 고객 수를 줄였다. 나아가 팰콘 Flex라는 팰콘

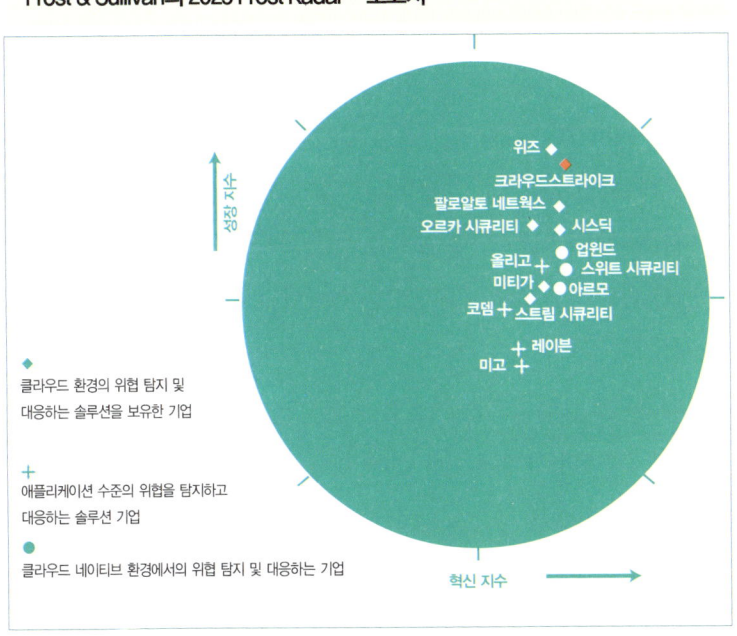

출처: https://ir.crowdstrike.com

의 소프트웨어를 하나의 플랫폼에서 사용할 수 있는 제품을 내놓으며 출시 2년 만에 820개 고객사를 확보했다. 이는 시장에서 긍정적인 평가를 받으며 2025년 1분기 Falcon Flex로 체결된 신규 계약의 연간 반복 수익 가치(ARR)는 전년 동기 대비 124% 증가한 7억7,400만 달러를 기록했으며, 전체 매출은 전년 동기 대비 19.8% 증가하는 등 지속적인 성장세를 이어 나가고 있다.

위의 표를 분석하면 크라우드스트라이크는 가장 높은 혁신 점수를 받았고 성장성에서도 최고 수준의 평가를 받았다. 다만 그럼에도 불구하고 여전히 우려가 남아 있다. 기존 고객 이탈은 막았지만 매출 성장성이 점점 줄고 있다. 다른 사이버 보안 업체들의 어닝 콜을 살펴보면 블루스크린 사태 이후 크라우드스트라이크가 아닌 다른 기업들을 보안 파트너로 고려하는 경우가 많이 발생하기 때문에 이 기업이 신규 고객을 많이 끌어오며 더 높은 성장성을 보일 수 있을지는 과제로 남아 있다.

월가의 Cannacord나 에버코어 ISI는 긍정적인 실적 발표에도 불구하고 투자 의견을 하향했는데 실적은 긍정적이지만 하반기 실적 가속화에 대한 신뢰가 필요하고 추가 상승 여력이 부족하다는 것이 그 이유였다.

크라우드스트라이크는 여전히 혁신적인 사이버 보안 기업이지만 2024년 치명적인 사태와 이후 기존 대형 기업의 성공적인 사업 전환, 후발 기업들의 빠른 성장 등의 위험이 남아 있으므로 이 기업이 레거시 기업으로 도태될지 아니면 위기를 다시 한 번 극복하고 성장성 있는 기업으로 나아갈지 지속적으로 살펴볼 필요가 있다.

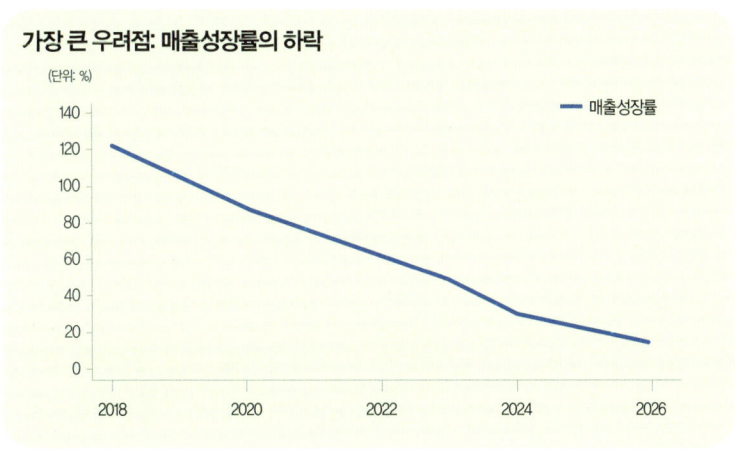

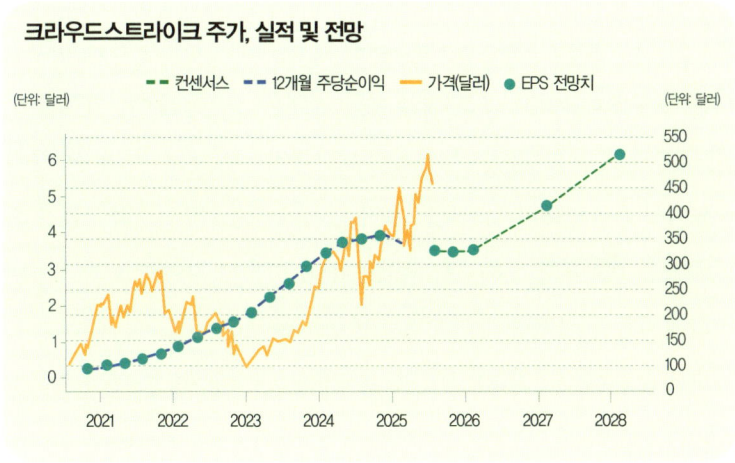

지스케일러(티커: ZS)

지스케일러(Zscaler)는 2007년 '클라우드가 데이터 센터를 대체하고 인터넷이 새로운 기업 네트워크가 될 것'이라는 비전 아래 설립되었다.

지스케일러의 사이버 보안 철학은 '제로 트러스트(Zero Trust)'로 네트워크 안팎을 막론하고 기본적으로 아무도 신뢰하지 않으며 모든 기기를 잠재적 위협으로 간주해 모든 접속 요청을 실시간으로 지능적으로 검증해야 한다는 것을 말한다.

원격 근무와 클라우드 서비스가 보편화되면서 기존 '성벽과 해자(Castle and Moat)' 방식이 아닌 인증된 사용자에게 특정 애플리케이션에만 접속할 수 있게 하고, 그 과정에서 계속 감시하는 보안 방식이 각광받게 되었으며, 지스케일러는 게이트키퍼 역할을 하며 구조적 성장을 지속하고 있다.

지스케일러가 보유한 최대 규모의 보안 클라우드 플랫폼인 '제로 트러스트 익스체인지(Zero Trust Exchange)'는 전 세계 150개 이상의 데이터 센터를 통해 모든 기업의 트래픽을 위한 거대한 '보안 교환소' 역할을 한다. 고객의 모든 트래픽은 목적지에 도달하기 전에 지스케일러의 클라우드에서 인라인으로 검사되고 보안 정책이 적용된다. 이 플랫폼을 도입해 모든 트래픽을 우회시킨 후에는 전환 비용이 높아져 고객 이탈이 거의 불가능한 강력한 락인효과를 만들어낸다.

핵심 솔루션으로 SASE 플랫폼(여러 네트워크 및 보안 기능을 단일 클라우드 플랫폼에서 통합 제공)을 구성하는 'ZIA'와 'ZPA'가 있다. ZIA(Zscaler Internet Access)는 사용자가 인터넷과 SaaS 애플리케이션으로 나가는 '아웃바운드' 트래픽을 보호하며 기존 웹 게이트웨이, 방화벽 등을 대체한다.

ZPA(Zscaler Private Access)는 사용자가 데이터 센터나 클라우드의 내부 앱에 접근하는 '인바운드' 트래픽을 보호하며 기존 VPN을 대체한다. 이 두 가지 솔루션은 동전의 양면처럼 작동하며 기업이 물리적 네트

지스케일러의 제로 트러스트 익스체인지

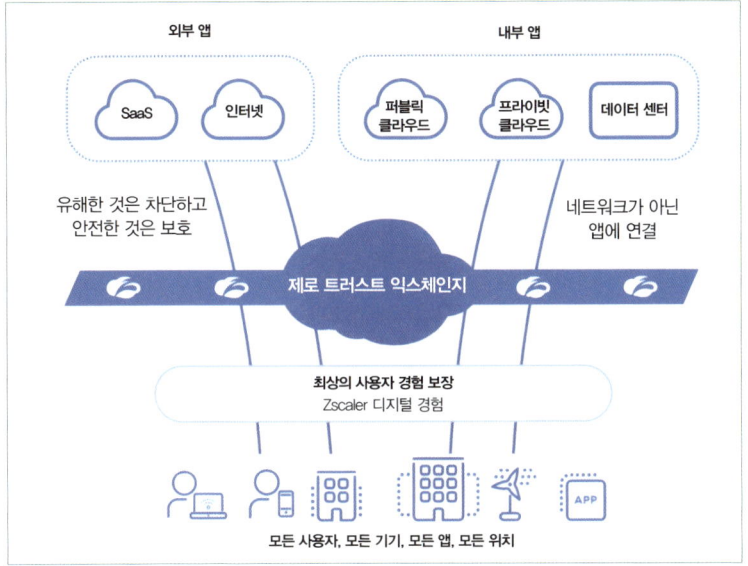

출처: https://ir.zscaler.com/

워크 경계에 더 이상 의존할 필요가 없게 만들었다. 다만 지스케일러의 모든 트래픽을 인라인으로 검사해야 한다는 점은 뛰어난 보안 성능 제공과는 별개로 네트워크 경로를 전부 클라우드로 우회하도록 구성해야 하기 때문에 기존 방화벽·라우터·VPN 환경과의 통합에서 초기 설정 난이도가 높고 일부 지연이 발생할 수 있어 사용자 경험에 부정적인 영향을 미칠 수도 있다는 양면성이 있다.

2024년 지스케일러는 블루스크린 사태의 수혜를 입은 대표적인 기업으로 CEO 제이 차우드리는 블루스크린 사태 이후 기업들의 보안 서비스 전환 문의가 증가했다고 밝혔다. 이는 실제 고객 수 증가로 나타났으며 특히 대형 고객 수가 크게 증가했다. 보안 서비스 계약이 기

대표 솔루션 ZIA와 ZPA

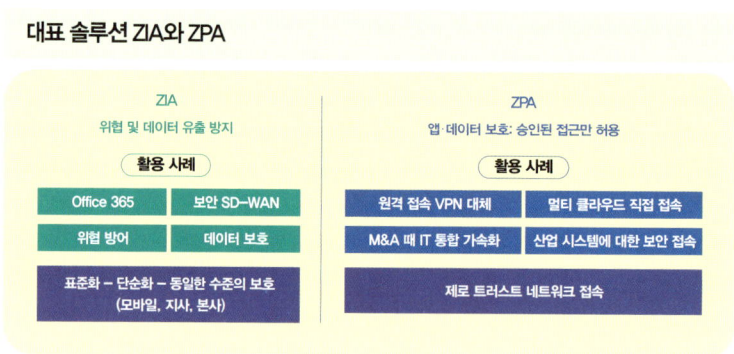

출처: 미래에셋 대우 리서치센터

본적으로 장기 계약인 점을 고려하면 향후 보안 계약 전환 시기에 추가적인 성장이 기대된다. 또한 최근 DOGE로 인해 많은 정부 기관에서 예산을 줄이고 있지만 구형 방화벽 VPN 교체 수요 증가로 지스케일러에게는 오히려 호재로 작용했다.

지스케일러는 ARR 10만 달러 고객 성장률보다 100만 달러 이상 고객 성장률이 높은 모습을 보이고 있다. 지스케일러는 이제 방대한 트래픽 데이터를 기반으로 AI 위협 탐지 역량을 강화하고 IoT/OT 기기 보안 같은 새로운 영역으로 제로 트러스트 모델을 확장하며 미래를 준비 중이다. 경계 없는 클라우드 시대에 모든 연결의 시작점에 서 있는 지스케일러의 성장이 기대된다.

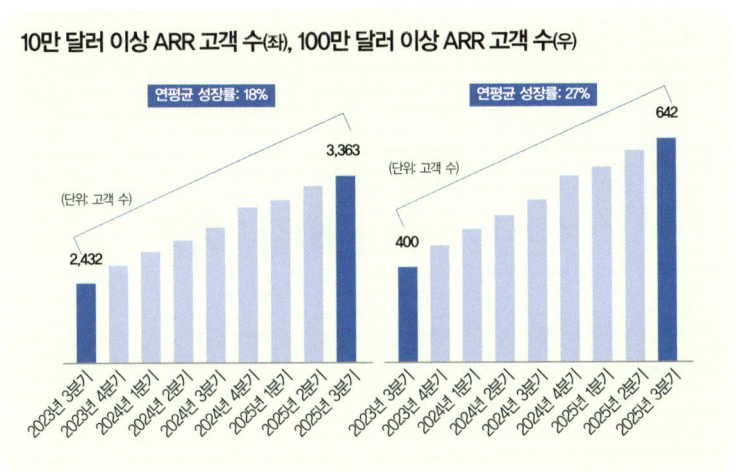

출처: https://ir.zscaler.com

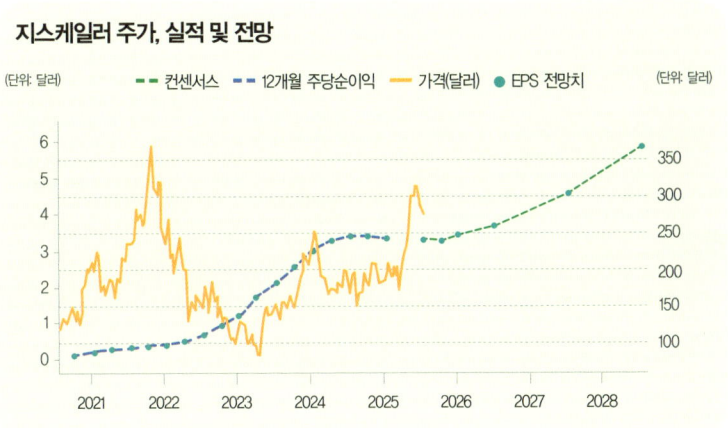

출처: https://www.zacks.com

에이전틱 AI,
소프트웨어의 새로운 혁명

AI 소프트웨어는 머신러닝·딥러닝 모델과 데이터를 결합해 인식 → 판단 → 행동까지 디지털 방식으로 자동화하는 모든 애플리케이션과 플랫폼을 통칭한다. 음성·영상 인식, 자연어 처리(NLP), 예측 분석, 추천 시스템은 물론 업무 자동화와 의사결정을 지원하는 엔터프라이즈 솔루션까지 포괄한다. 최근 주목받는 에이전틱(Agentic) AI도 사용자의 '목표'를 이해하고 스스로 계획을 세워 일을 수행하는 AI 소프트웨어의 하위 분야다.

현재 시점에서 AI 소프트웨어 분야는 AI 산업에서 가장 많이 각광받는 분야다. 골드만삭스는 AI 소프트웨어·IT 서비스가 현재 투자하기에 가장 매력적인 구간이라고 평가했는데 AI 소프트웨어가 관심을 받는 이유는 다음과 같다.

우선 거의 모든 산업에 적용되어 생산성을 혁신할 잠재력이 있다. 실제로 맥킨지는 생성형 AI만으로 연간 최대 4조4천억 달러의 경제적 가치가 창출될 수 있다고 분석했다.

둘째, 소프트웨어의 '무형자산' 특성상 관세·공급망 충격에 강하다.

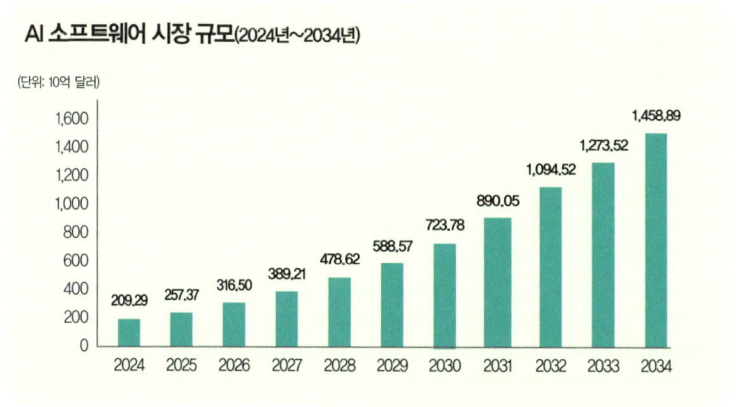

출처: https://www.precedenceresearch.com

2025년 상반기 관세 이슈에 대해 "즉각적인 공급망 영향이 없다."라고 밝힌 기업들이 다수였으며 AI 기반 IT 서비스 기업의 실적은 오히려 상향 조정되는 사례가 나타났다.

셋째, 구독형 또는 사용량 기반 모델의 확산으로 매출 예측 가능성이 증가한다. 그리고 이러한 예측 가능성은 기업의 안정성을 높이는 동시에 더 높은 밸류에이션을 줄 수 있는 여지를 만든다.

넷째, AI 소프트웨어 기업은 모델 학습·배포에 초기 비용이 들지만 이후 사용자 수가 늘수록 단위당 비용은 급감한다. 이는 규모의 경제를 만들어 소프트웨어 기업의 마진 확대를 가능케 한다.

이러한 장점들로 인해 AI 소프트웨어 시장은 2034년까지 연평균 21.43% 상승하며 1조4천억 달러가 넘는 규모로 성장할 것으로 기대된다.

나아가 소프트웨어 기업들은 에이전틱 AI로 발전을 이루어가고 있다. 에이전틱 AI는 사용자가 최종 목표만 제시하면 스스로 계획을 세우고 필요한 도구를 활용하고 여러 단계를 거쳐 과업을 자율적으로 수행하는 AI를 말한다. 예를 들어 "파리로 여름 휴가를 가고 싶어."라고 말하면 기존 AI는 관련 정보를 나열만 하지만 에이전트 AI는 스스로 항공권을 검색한 뒤 예약을 하고 평점이 좋은 호텔을 찾아 결제하며 주요 관광지를 중심으로 최적의 여행 계획까지 세워준다. 이러한 에이전틱 AI는 단순히 일상 업무를 자동화하는 것을 넘어 코딩까지 자동화해주는 등 그 활용도와 성장성은 폭발적이다. AI 에이전트 시장은 2028년 처음으로 SaaS 시장의 규모를 뛰어넘고, 2030년 SaaS 시장의 1.6배 규모까지 성장할 것으로 기대된다.

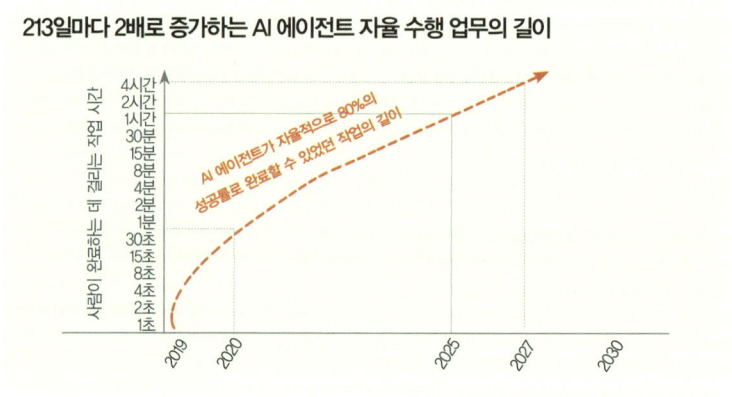

출처:https://cobusgreyling.substack.com

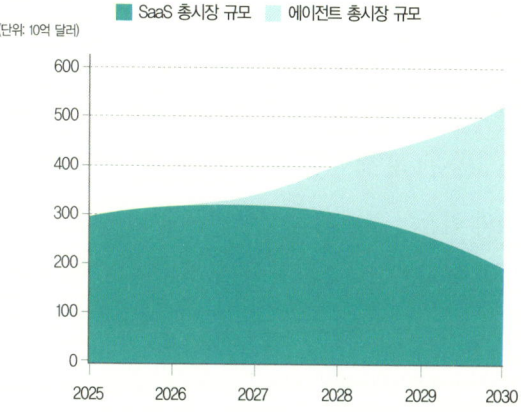

출처: https://www.goldmansachs.com

팔란티어(티커: PLTR)

팔란티어는 현재 AI 소프트웨어 기업 중에서 가장 큰 관심을 받고 있는 기업 중 하나다. 2024년 S&P 500 편입 성공과 함께 그해 S&P 500 기업 중 가장 많이 상승했으며 CEO인 알렉스 카프는 2024년 「이코노미스트」의 '올해의 CEO'로 선정되며 최고의 한 해를 보냈다. 서학 개미들이 가장 많이 보유한 미국주식 3위에 랭크된 기업의 기술력의 정확한 실체와 폭발적인 성장에도 불구하고 높은 밸류에이션 등 많은 투자자에게 여전히 신비로움의 대상이자 논쟁의 대상이다.

팔란티어는 단순한 데이터 분석 회사를 넘어 전 세계 정부와 기업의 의사결정 방식을 근본적으로 바꾸는 '운영체제(OS)'를 제공하는 독보적인 AI 경쟁력을 갖고 있다.

팔란티어의 핵심 경쟁력이자 기술의 근간은 바로 '온톨로지(Ontology)'

로 이는 조직의 모든 데이터(Data), 업무 규칙(Logic), 실행 가능한 조치(Action)를 하나의 살아있는 디지털 모델인 '디지털 트윈'으로 구현하는 '결정 중심(Decision-centric)' 아키텍처다. 이는 단순히 새 시스템을 도입하는 것을 넘어 조직 전체의 의사결정 방식을 근본적으로 바꾸는 데 기여한다. ERP, MES, IoT 센서 등 파편화된 모든 데이터에 의미와 관계를 부여해 AI와 인간이 하나의 뇌처럼 상황을 이해하고 최적의 결정을 내린 후 실제 운영 시스템에 즉시 반영할 수 있도록 돕는다.

온톨로지라는 이 뇌 위에서 자율적으로 움직이는 것이 바로 AI 에이전트다. 팔란티어의 AI 에이전트는 단순한 챗봇을 넘어 조직 운영을 스스로 이해하고 계획을 세우고 실제 행동까지 수행한다.

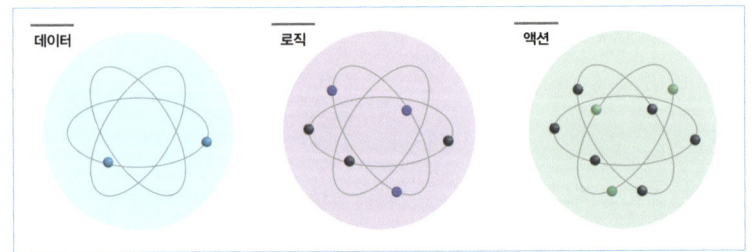

온톨로지의 3가지 구성 요소: 데이터, 로직, 액션

출처: https://blog.palantir.com

예를 들어 "재고가 부족한 B 부품을 주문해줘."라고 지시하면 에이전트가 직접 ERP 시스템에 접속해 주문을 실행하는 '액션'을 수행한다. 여기에 더해 팔란티어는 '사람 참여(Human in the Loop)'를 통해 AI 에이전트가 내리는 중요한 결정은 인간 관리자의 최종 승인을 받도록 설계되어 이를 통해 AI만으로 대응하기 어려운 상황에 직면했을 때 생길 수 있는 리스크를 줄이는 동시에 신뢰성과 효율성을 높였다.

이러한 온톨로지와 AI 에이전트의 결합이 실제 비즈니스 현장에서 어떤 가치를 창출하는지는 최근 'AIP Con 7'에서 공개된 사례들을 통해 명확히 드러난다. 렌터카 기업인 허츠(Hertz)는 'Hertz Connected Fleet OS'를 구축해 차량 반납부터 정비, 세차, 대여까지 전 과정을 실시간으로 통합·관리해 차량 회전율과 고객 만족도를 극적으로 높였다. 템파 제너럴 병원은 환자 이동, 병상 운용을 최적화해 의료진이 진료와 치료라는 본질에 집중하게 했으며 보험사인 AIG는 AI가 언더라이팅 프로세스의 90%를 자동 처리하고 인간은 최종 검토만 수행하게 함으로써 수주나 걸리던 업무를 24시간 이내로 단축하는 성과를 거두었다. 최근에는 The Nuclear Company라는 원자력 기업의 효율성을 높이기 위한 파트너십을 체결하며 분야를 가리지 않고 기업의 높은 효용성을 계속 증명해 나가고 있다.

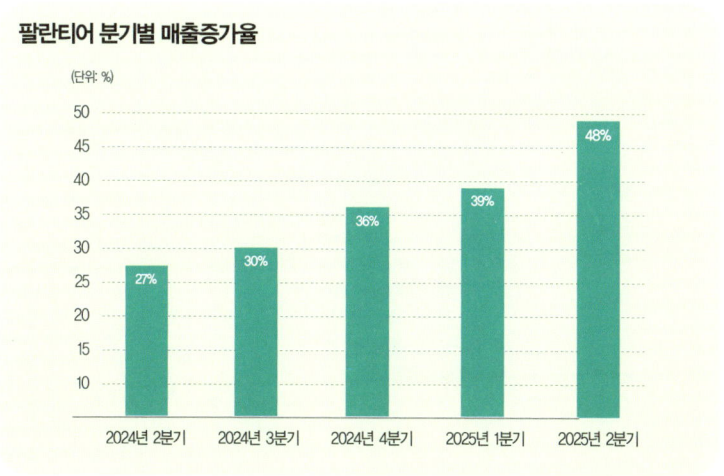

출처: https://www.palantir.com

이러한 압도적인 가치 창출 능력은 트럼프 행정부의 고강도 예산 절감 프로젝트에서도 증명되었다. 정부효율화부서(DOGE)가 수많은 '실효성 없는 가짜 프로젝트' 예산을 삭감하는 과정에서도 팔란티어의 핵심 계약들은 취소되지 않았는데 팔란티어의 솔루션이 단순한 비용이 아니라 위기 상황에서 필수적인 핵심 인프라로 인정받고 있음을 보여준다. 나아가 '애국주의'를 내세우는 흐름 속에서 팔란티어는 미군의 AI 기반 통합 방공 시스템인 '골든 돔(Golden Dome)', 차세대 지상 시스템인 '타이탄(TITAN)' 등 국방 프로젝트를 주도하고 있으며 나토(NATO) 동맹국들의 방위비 증액에 힘입어 글로벌 방위사업도 빠르게 확장하고 있다.

팔란티어의 매출증가율은 매 분기 늘어나며 성장 가속화는 여전히 진행 중이다. 과거 팔란티어는 영업 사원 대신 최고 엔지니어를 고객사에 직접 보내 신뢰를 쌓는 고비용 전술을 구사했지만 이제는 근본적인 사업 모델 혁신에 성공했다. 기업들은 'AIP 부트캠프'라는 단기 워크숍

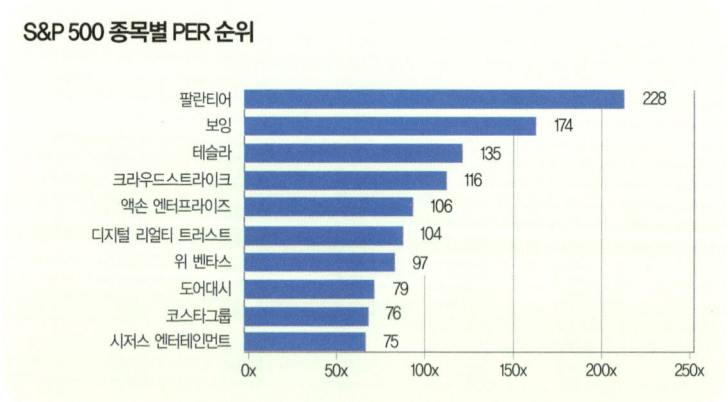

출처: https://sherwood.news

만으로도 솔루션을 신속히 도입해 즉각적인 투자 대비 효과(ROI)를 경험할 수 있게 되었다.

또한 최근 'AI FDE(AI Field Deployed Engineer)'를 공개하며 더 빠른 개발·배포가 가능할 것으로 보인다. 이는 팔란티어가 고비용 '컨설팅 회사'에서 확장 가능한 진정한 '소프트웨어 기업'으로 전환하고 있음을 증명하며 최근 폭발적인 민간 부문 성장의 핵심 동력이 되고 있다.

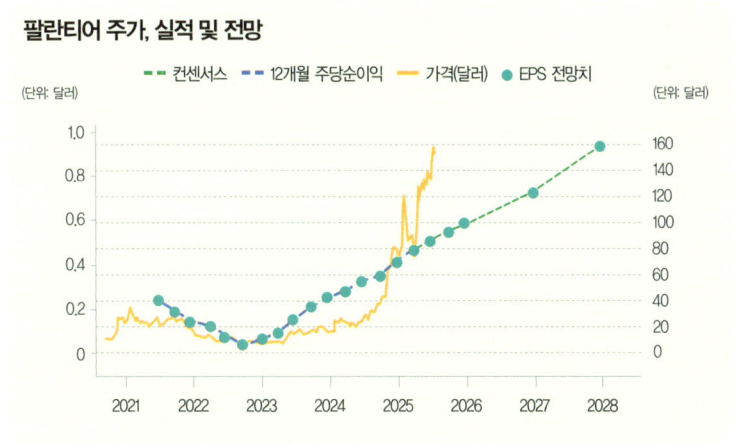

출처: https://www.zacks.com

메타 플랫폼스(티커: META)

2021년 세계 최대 SNS 기업인 페이스북은 사명을 메타로 바꾸고 티커도 FB에서 META로 바꾼다고 발표했다. 코로나 때문에 오프라인 모임과 이벤트를 할 수 없게 되자 가상 공간에서 사람들을 만나고 소비·여가·교육 활동을 대체하려는 시도가 급증하면서 메타버스가 떠올랐기 때문이다. 당시 페이스북은 메타버스가 곧 미래의 인터넷이라며 회사의 장기적인 성장축을 '소셜 플랫폼'에서 가상·증강현실 기술을 활용한 메타버스 생태계 구축으로 완전히 옮기고 메타버스 사업에 100억 달러 이상을 투자하며 사업 대전환을 알렸다.

하지만 코로나가 끝나자 메타버스에 대한 대중의 관심은 사그라들었고 러시아-우크라이나 전쟁과 고물가, 고금리 위기와 함께 2022년 메타버스 사업을 담당하는 리얼티 랩스 부문이 약 137억 달러의 적자를 냈다. 메타의 주가는 2021년 최고였던 382달러(주식 분할 이후 가격)에서 87달러(주식 분할 이후 가격)까지 하락하며 위기를 맞았다.

'효율성의 해' 그리고 AI

이후 저커버그는 2023년을 '효율성의 해'로 명명하며 대규모 감원과 비용 절감을 시작했다. 비용을 줄이며 메타의 성장을 다시 가속화한 것이 바로 광고다. 메타는 하루 평균 활성 사용자 수가 34억 명이 넘는 세계 최대 SNS 기업이고 수많은 기업이 이곳에 광고하고 싶어 한다. 메타는 AI 기반 자동화 광고 상품인 'Meta Advantage+', 'Meta Lattice' 같은 AI 모델을 도입해 광고 타겟팅 능력을 높였고 이를 수치로 확인한 광고주들은 더 많은 광고를 메타에 배정했다. 또한 Reels·쇼핑 기능 등 신규 수익 채널에서 AI 추천 콘텐츠와 광고를 접목해 추가 매출원을 확보하며 성장을 가속화했다.

메타 자체 조사에 따르면 메타의 새로운 AI 광고 도구를 사용한 광고주는 광고 투자 1달러당 4달러 52센트의 평균 수익(ROAS)을 달성해 기존 도구(3달러 71센트) 대비 약 22%의 성과 개선을 경험했다고 전했다. 이러한 성과로 인해 현재 메타의 광고주 대부분은 최소 하나 이상의

Meta Advantage+ 상품을 사용하고 있으며 이는 결국 광고 단가 상승으로 이어졌다.

메타는 AI에 대규모 투자를 계속 단행하고 있다. 오픈소스 기반 대규모 언어 모델인 라마를 출시했고 막대한 CAPEX 투자를 지속하며 AI 경쟁을 지속하고 있다. 2025년 최대 100조 원에 육박하는 자본 지출을 발표했고 2026년에는 최초의 멀티 기가와트 데이터 센터인 프로메테우스가 가동될 예정이라고 밝혔으며, 나아가 대규모 AI 데이터 센터를 짓는 데 수천억 달러를 투자하겠다고 발표하는 등 메타의 AI 투자는 가속화되고 있다.

저커버그가 생각하는 AI의 미래: 개인화

2025년 1분기 어닝콜에서 저커버그는 향후 AI의 미래를 묻는 질문을 받았다. 그리고 그가 내놓은 대답은 AI는 검색 시장처럼 극단적인 승자 독식은 없을 것이며 개인화, 멀티 모달(음성 이미지 비디오), 엔터테인먼트 특화 등 각기 다른 포지션으로 세분될 것이라는 전망이었다. 또한 그는 모든 메타 사용자들이 개인화된 AI 비서를 가질 것으로 전망했다. 메타 제품군 중 이렇게 개인화된 비서 역할을 하는 메타 AI는 어느새 월간 활성자 수 10억 명을 확보하며 계속 성장해 나가고 있다.

리얼리티 랩스

메타의 사명 변경을 이끌었지만 유일한 적자 사업부로 남은 리얼리티 랩스(Reality Labs)는 2025년 1월 4억 달러의 매출에 42억 달러의 막대한 적자를 기록하는 등 재정적으로 여전히 힘든 시기를 보내고 있다.

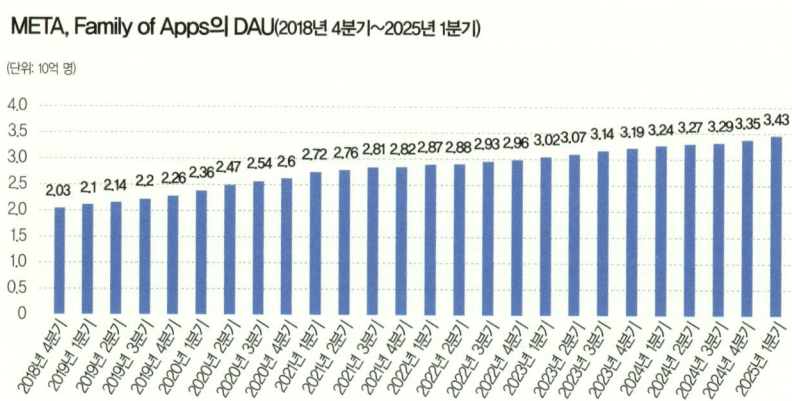

출처 : https://www.statista.com

하지만 메타는 막대한 손실 속에서도 사업 방향을 명확히 재정립했다. 과거 '호라이즌 월드' 같은 완전한 가상세계 구축에서 벗어나 이제는 스마트 글라스와 MR(혼합 현실) 헤드셋이라는 실용적 하드웨어에 집중하고 있다.

특히 메타는 스마트 글라스를 AI 시대의 핵심 기기로 보고 레이벤과 협력해 '메타 레이벤 스마트 글라스'를 출시했으며 차세대 AR 글라스인 '오라이언(Orion)' 개발도 병행 중이다. 이러한 전략을 뒷받침하기 위해 2025년 7월 레이벤 제조사인 에실로 룩소티카의 지분 3%를 35억 달러에 인수하며 파트너십을 공고히 다졌고 최근에는 인도 시장에까지 진출하며 성장세를 키워 나가고 있다. 이러한 움직임은 리얼리티 랩스가 더 이상 추상적인 메타버스가 아닌 AI와 결합된 실용적인 기기를 통해 새로운 시장을 개척하려는 구체적인 청사진을 실행에 옮기고 있음을 보여준다.

슈퍼 인텔리전스 랩

최근 메타는 라마4가 생각보다 안 좋은 결과를 보이자 슈퍼 인텔리전스 랩을 설립하고 파격적인 투자를 통해 대규모 우수 인재를 모으고 있다. 알렉산더 왕을 슈퍼 인텔리전스 랩 책임자로 영입하기 위해 스케일 AI의 지분 49%를 143억 달러에 인수하는 결정을 내렸으며 음성 AI 스타트업인 플레이 AI를 인수해 그들을 전원 합류시켰다. 그 외에도 깃허브의 전 CEO 냇 프리드먼, 애플 AI의 수석 엔지니어 루오밍 팡, 오픈 AI 핵심 연구원 등을 영입했다. 4년 계약에 최대 3억 달러라는 파격적인 보상과 자유로운 연구 환경, 확고한 미션 등을 제시하며 총보상을 높인 것으로 알려졌는데 이러한 행보를 통해 최근 라마4의 아쉬움을 뒤로하고 AI 역량을 계속 키워 나갈 수 있을지 기대된다.

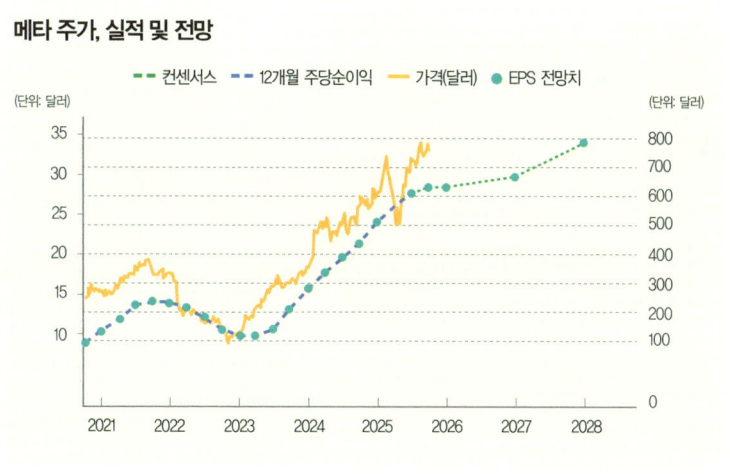

출처: https://www.zacks.com

알파벳(티커: GOOGL)

구글(알파벳)은 전 세계 수십억 명의 사용자를 기반으로 검색, 안드로이드, 크롬, 유튜브 등 주요 핵심 플랫폼을 보유하며 웹 시대부터 모바일 시대까지 디지털 생태계 전반을 장악했다. 독점적인 이 지위를 바탕으로 구축한 디지털 광고 사업은 세계에서 가장 강력하고 안정적인 수익 모델 중 하나로 자리매김했다.

하지만 2022년 챗GPT의 등장은 구글의 독점적 지위와 광고 수익에 위협으로 다가왔다. 사용자가 질문에 대한 직접적인 답을 얻을 수 있는 대화형 AI의 등장은 전통적인 '검색'을 더 이상 할 필요가 없게 만들 수 있다는 우려와 함께 '구글이 AI에 투자할수록 기존 검색 기반 광고 수익이 줄어드는 것 아닌가?'라는 불안감을 키웠다. 거기에 더해 구글이 급히 내놓은 '바드'는 출시 행사 때부터 잘못된 정보를 전달하며 AI 경쟁력 자체에 대한 우려를 키웠다.

이러한 우려 속에서 열린 2025년 구글 I/O 행사는 구글이 여전히 AI

구글이 제시한 LLM 순위

순위 (UB)	순위 (StyleCt.)	모델	아레나 점수	신뢰 구간 95%	투표 수	개발사·기관	라이선스
1	1	제미나이 2.5 Pro	1,446	+8/-7	5,696	구글	독점
2	2	제미나이 2.5 플래시	1,424	+12/-11	2,404	구글	독점
2	1	o3	1,409	+5/-8	7,621	OpenAI	독점
3	3	챗GPT 4.0	1,405	+6/-6	10,284	OpenAI	독점
3	6	그록 3 프리뷰	1,399	+4/-5	14,845	xAI	독점
5	3	GPT 4.5 프리뷰	1,395	+3/-5	15,275	OpenAI	독점
5	6	제미나이 2.5 플래시	1,389	+8/-6	6,622	구글	독점
8	6	딥시크 V3	1,369	+5/-6	9,404	딥시크	오픈소스 라이선스

출처: https://www.reddit.com

시대의 핵심 플레이어임을 증명하는 장이 되었다. 구글은 자체 개발한 AI 모델 '제미나이(Gemini) 2.5 Pro'가 모든 주요 벤치마크에서 1위를 차지했으며 경량 모델인 '2.5 플래시'마저 경쟁사 주력 모델보다 뛰어난 성능을 기록했다고 발표하며 AI 경쟁력을 입증했다. 더 나아가 검색에 AI를 통합한 'AI 오버뷰(AI Overviews)'를 전면 도입해 위기를 기회로 바꾸었다. AI 오버뷰는 테스트 단계에서 사용자 쿼리를 10% 증가시켰으며 특히 구매나 광고 전환과 직결되는 상업적 쿼리에도 긍정적인 영향을 미친 것으로 확인되었다. 이는 AI가 검색 광고 생태계를 잠식하는 것이 아니라 오히려 더 풍부한 검색 경험을 제공하며 시장을 확장시키는 성장 동력이 될 수 있음을 입증한 것이다.

구글의 진정한 경쟁력은 AI 모델 자체를 넘어 이를 활용하는 압도적인 생태계에 있다. 이미 4억 명 이상이 사용 중인 제미나이는 이메일(Gmail), 문서(Docs), 운영체제(Android), 지도(Maps) 등 수십억 명의 사용자(User)가 매일 사용하는 서비스에 깊숙이 통합되고 있다. 이를 통해 사

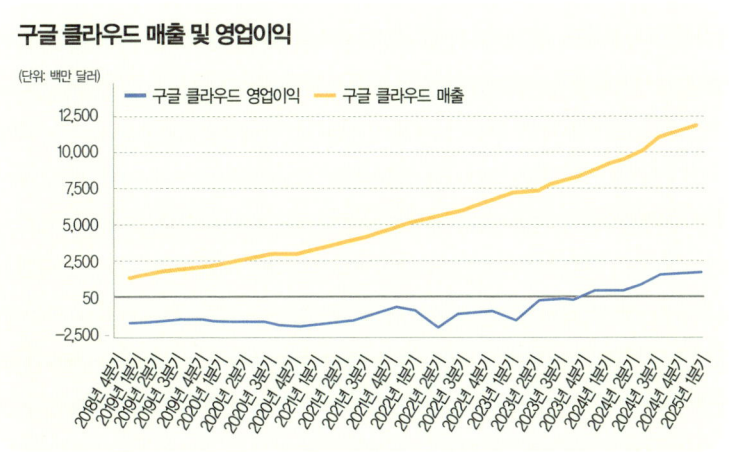

출처: https://www.nextplatform.com

용자의 상황과 성향에 맞는 맞춤형 서비스 제공이 가능할 것으로 기대되며, 이러한 사용자에 대한 막대한 데이터는 경쟁사가 절대로 모방할 수 없는 강력한 해자인 동시에 사용자 이탈을 막고 AI 기술의 빠른 확산을 가능케 한다.

또한 AI 모델 학습·배포의 핵심 인프라인 구글 클라우드(GCP)는 전년 대비 32% 매출 성장을 이루었으며 자체 개발한 TPU(Tensor Processing Unit)의 압도적인 비용 효율성을 바탕으로 OpenAI, 앤트로픽 같은 AI 선두 주자들마저 고객으로 유치하며 AI 시대의 핵심 인프라 파트너로 자리매김하고 있다.

구글의 미래 성장 동력은 검색과 클라우드를 넘어 다각화되고 있다. 자율주행 자회사인 웨이모(Waymo)는 주간 25만 건 이상의 유료 서비스를 제공하며 본격적인 상용화와 확장 단계에 진입했으며, 우버(Uber)와 협력해 시장 점유율을 빠르게 늘리고 있다. 유튜브는 월간 활성 사용자 25억 명을 돌파하며 꾸준히 성장 중이고 AI 시대에 오히려 가장 큰 트래픽 수혜 플랫폼으로 떠오르며 광고·구독 매출이 가파르게 상승하고 있다. 이렇게 강력한 사업 포트폴리오를 바탕으로 구글은 2025년 애플을 넘어 순이익 1위 기업에 등극할 것으로 전망된다. 약 950억 달러에 달하는 막대한 순현금과 안정적인 현금 흐름은 AI 시대의 장기적인 R&D 투자와 주주 환원을 위한 든든한 버팀목이 되어 주고 있다.

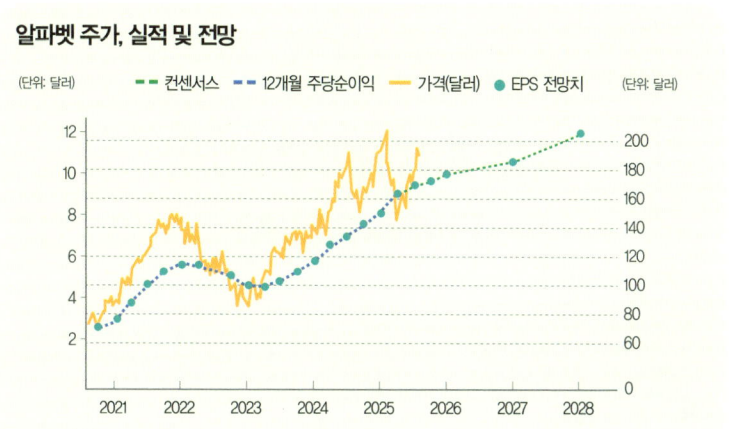

출처: https://www.zacks.com

PART 04 시장을 이기려면 집중해야 할 차세대 성장 섹터

AI를 실제 세계로 이끄는
Embodied AI

Embodied AI(구현된 AI)는 AI가 로봇이나 차량, 장치 같은 물리적 시스템에 AI를 통합해 지능적이고 적응적인 방식으로 현실 세계를 인식하고 상호작용하며 행동할 수 있게 하는 AI를 말한다.

출처: https://www.morganstanley.com

현재 시가총액이 4조 달러인 기업들이 10조 달러 목표를 향해 가려면 500억 달러인 기존 소프트웨어 시장은 작다. 하지만 소프트웨어 이외의 현실 세계로 뛰어든다면 이들이 공략할 수 있는 전체 기회 시장 규모는 50조 달러에 달해 10조 달러 기업이라는 목표에 충분히 도달할 수 있다.

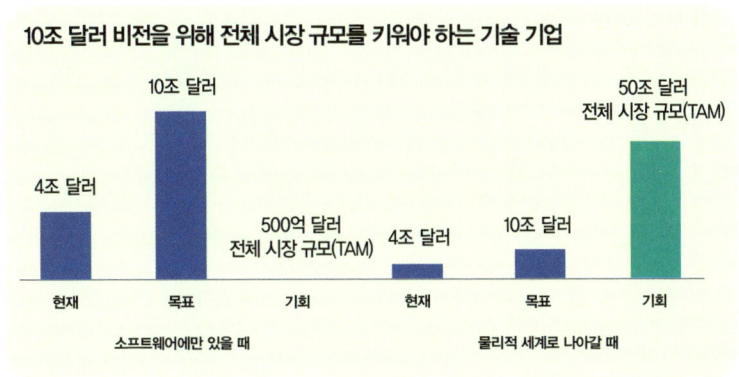

출처: https://www.morganstanley.com

산업재 기업들은 전통적으로 첨단 기술 분야에서는 약점을 안고 있지만 운송·제조·헬스케어 등 물리적 실물 시장(Physical Addressable Market, PAM)이 워낙 방대해 그만큼의 총도달가능시장(Total Addressable Market, TAM)을 확보하고 있다. 반면 순수 테크 기업은 현재 보유한 시장 규모가 수백억 달러에 불과해 기업 가치가 4조 달러에서 10조 달러로 도약하기가 쉽지 않은 실정이다. 하지만 Embodied AI는 테크 기업들을 거대 시장으로 진입할 수 있게 해준다. 예를 들어 운송·물류·물류창고·헬스케어 로봇 등으로 확장하면 TAM 규모는 5,000억 달러에 달해 테크 기업도 새로운 성장 동력을 확보할 수 있다.

가장 먼저 물류와 제조 분야가 Embodied AI의 수혜를 받을 것으로 기대된다. 모건스탠리 애널리스트 애덤 조나스는 2050년까지 휴머노이드 로봇 시장 규모가 5조 달러, 보급 대수는 10억 대에 달할 것으로 전망한다. 그중 중국이 3억2,230만 대로 선두를 차지하고 미국이 7,770만 대로 뒤를 이을 것으로 예상한다.

휴머노이드 로봇 확산을 위해서는 가격 경쟁력도 필수다. 2024년 약 20만 달러인 대당 단가는 기술 진보와 생산 확대를 거치며 2028년에는 15만 달러, 2050년에는 5만 달러 수준으로 내려올 것으로 보인다. 특히 중국의 저비용 공급망을 활용할 경우 2050년 단가가 1만5,000달러까지 떨어질 수 있다는 전망도 있어 Embodied AI 시장의 성장 잠재력은 더 커질 전망이다. 글로벌 Embodied AI 시장은 2034년 약 107억 달러 규모가 예상된다.

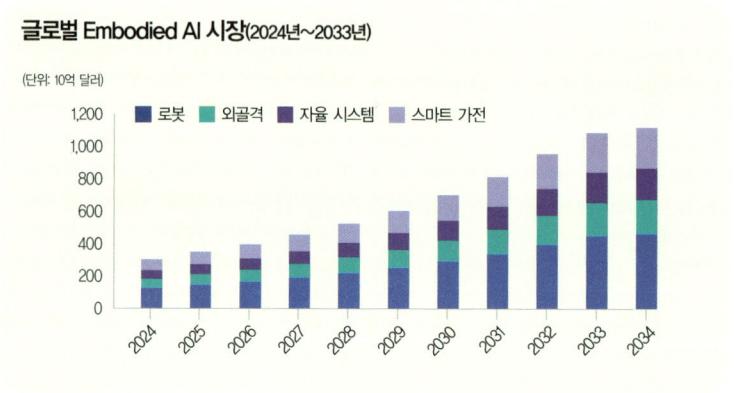

출처: https://market.us

아마존(티커: AMZN)

아마존은 '아마존 효과'라는 신조어를 만들 만큼 전 세계 소매 시장에 파괴적 변화를 일으키며 리테일·물류·클라우드 컴퓨팅을 장악한 거대 기술 기업이다. 이제는 단순한 '유통 공룡'을 넘어 AI와 로보틱스를 통해 물리적 세계의 운영 방식을 근본적으로 혁신하려고 하고 있다. 아마존은 전 세계 스타트업부터 거대 기업에 이르기까지 수많은 비

아마존의 딥플릿을 통한 효율화

출처: https://www.aboutamazon.com

즈니스의 디지털 백본(digital backbone)을 제공하는 압도적인 1위 클라우드 플랫폼인 AWS와 2억2천만 명이 넘는 회원을 보유한 아마존 프라임이라는 캐시카우를 통해 이커머스 사업의 낮은 마진을 보완하고 로보틱스 같은 미래 기술에 과감한 투자를 하고 있다. 특히 AWS는 아마존 내부의 수많은 로보틱스와 Embodied AI를 구동·학습시키는 핵심 인프라 역할을 수행하면서 그 중요성이 더 커지고 있다.

아마존의 진정한 미래는 디지털 세계를 넘어 'Embodied AI(구현된 AI)', 즉 물리적 세계에서 실제로 움직이고 상호작용하는 AI와 로보틱스에 있다. 아마존은 이미 100만 대 이상의 모바일 로봇을 운영 중이며 머지않아 기업 내에 사람보다 로보틱스가 더 많아질 것으로 예상된다.

최근에는 물류창고 내 로봇들의 움직임을 최적화하는 생성형 AI 기반 관제 시스템인 '딥플릿(DeepFleet)'을 도입해 로봇 이동 시간을 10% 단

로봇 도입과 자동화율이 2030년 아마존 EBIT에 미치는 영향

(단위: 100만 달러)

단위당 물류 비용 개선율	최신 로봇 도입 물류센터 비율			
	10%	20%	30%	40%
20%	1,580	3,161	4,741	6,322
25%	1,976	3,951	5,927	7,902
30%	2,371	4,741	7,112	9,482
35%	2,766	5,531	8,297	11,063
40%	3,161	6,322	9,482	12,643

출처: https://www.morganstanley.com

축하며 더 빠르고 저렴한 배송을 실현했다. 이는 창고 내 상품 이동이라는 방대한 물리적 데이터를 AI 학습에 활용하고 그 AI가 물리적 운영을 다시 효율화하는 아마존 특유의 선순환 구조를 보여준다.

아마존의 Embodied AI 비전은 창고를 넘어 휴머노이드 로봇을 이용한 '라스트 마일' 배송까지 이어진다. 2020년 자율주행 기업인 죽스(Zoox)를 인수해 자율주행 배송 준비를 본격화했고, 최근에는 휴머노이드 로봇(어질리티 로보틱스의 Digit)이 전기밴(van)을 타고 내려 고객의 문 앞까지 상품을 배송해주는 것을 실현하기 위해 '휴머노이드 파크'라는 테스트 시설과 '에이전틱 AI' 전담팀까지 구축하며 창고 출고에서부터 최종 배송까지 전 과정을 자동화하는 물류망을 완성하려는 비전을 향해 나아가고 있다.

이는 아마존에게 막대한 비용효율성과 이익을 가져다줄 것이며 모건스탠리는 40% 비용개선과 40% 풀필먼트 자동화를 도입했을 때 최대 126억 달러의 EBIT 이익 개선을 전망했다. 아마존의 자동화 전략은 미래 기술에 대한 과감한 투자를 막대한 수익성으로 직접 연결해

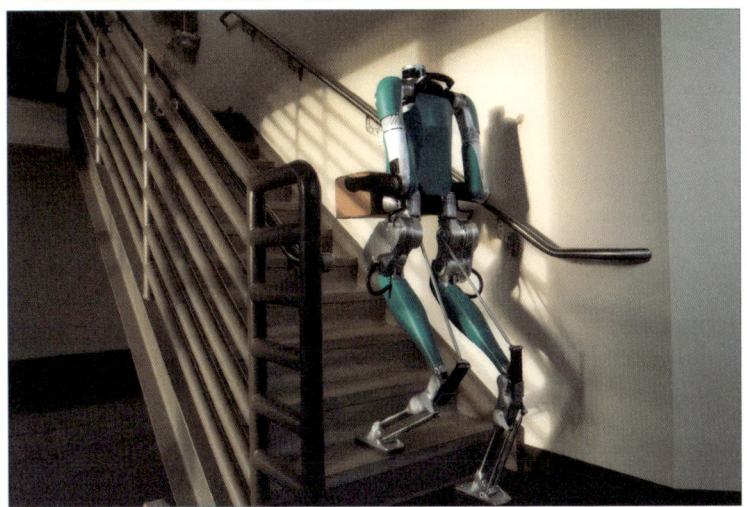

아마존의 파트너인 어질리티 로보틱스

출처: https://www.theverge.com

기업의 다음 성장을 이끌어갈 가장 강력한 재무적 성장 동력이 될 것이다.

결론적으로 아마존은 AWS를 통해 디지털 세계의 엔진 역할을 하는 동시에 로보틱스와 Embodied AI를 통해 물리적 세계의 지배자가 되려고 하고 있다. 아마존의 거대한 물리적 운영은 AI 모델을 학습시킬 최고의 데이터를 제공하고 그렇게 탄생한 AI는 다시 물리적 효율을 극대화한다. 이 강력한 '디지털-물리 선순환'은 경쟁사가 쉽게 모방하기 어려운 아마존만 가진 해자다. 아마존은 단순히 상품만 판매하는 기업이 아니라 AI와 로봇을 통해 세상의 모든 물리적 노동과 물류를 재정의하는 '운영체제' 기업으로 진화를 꾀하고 있고 그 과정은 서서히 그러나 분명히 다가오고 있다.

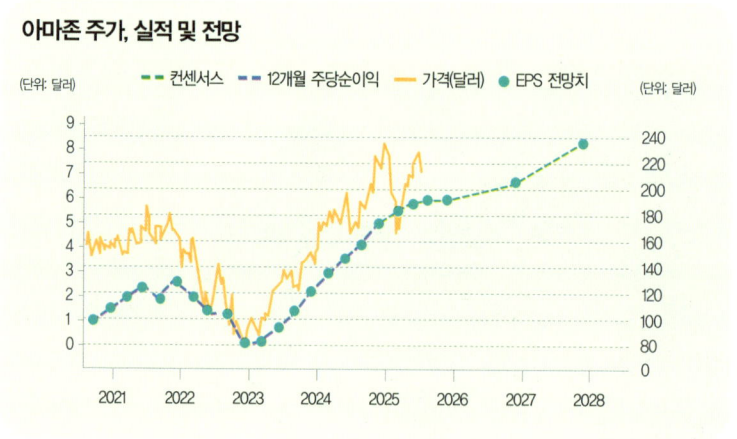

출처: https://www.zacks.com

테슬라(티커: TSLA)

테슬라는 "지속 가능한 에너지로의 세계적 전환을 가속화한다."라는 사명 아래 매력적인 전기차 라인업과 독점적인 슈퍼 차저 충전 네트워크를 통해 시장을 개척했고, 이제는 단순한 '전기차 선두 주자'를 넘어 자율주행·로보틱스·에너지 사업을 아우르며 인류의 생활 방식을 근본적으로 바꾸려고 하고 있다. 하지만 최근 테슬라는 여러 도전에 직면했다. 글로벌 전기차 시장의 성장세가 둔화되고 경쟁이 심해지면서 판매량 감소에 직면한 것이다. 실제로 테슬라는 1분기 독일 -62.2%, 스웨덴 -55.3% 등 유럽 주요국에서 판매량 감소를 겪었다. 2분기는 전분기 대비 판매량이 증가했지만 전년 대비 하락세를 면치 못하고 있다.

이에 더해 CEO 일론 머스크의 예측 불가능한 정치적 발언과 트럼프 대통령과의 관계가 브랜드 이미지에 대한 논란을 낳으며 유럽 소비자층의 이탈을 야기하는 등 새로운 리스크를 만들어냈다.

이러한 요인들 때문에 월가와 미디어는 테슬라 위기설을 연일 퍼뜨렸다. 2024년 말 트럼프 당선 이후 높은 기대감으로 장중 488달러까지 상승했던 주가는 2025년 4월 최저인 214달러까지 하락했다.

하지만 테슬라를 전기차 판매량만으로 평가한다면 테슬라의 핵심 성장 동력과 잠재력을 놓칠 가능성이 크다. 테슬라는 이미 두 개의 거대한 새로운 성장축을 중심으로 미래를 재편하는 중인데 첫 번째 축은 완전자율주행(FSD) 기술 기반의 '로보택시(Robotaxi)' 사업이다. 로보택시에서 테슬라의 최대 경쟁력은 차량을 직접 소유하는 '자산집약적 모델'이 아니라 전 세계 770만 대 이상의 기존 테슬라 차량을 활용하는 '자산 경량화 모델'로 전개될 가능성이 크다. 이로 인해 주요 경쟁사인 웨이모보다 높은 가격 경쟁력을 가질 수 있다. 거기에 뛰어난 차량 대량 생산 능력은 시장이 필요로 하는 수요를 충족시킬 것이며 전 세계 테슬라 차량을 통해 수집한 압도적인 데이터의 양과 질은 로보택시에서의 경쟁력을 강화해줄 것이다.

두 번째 성장축은 인공지능의 최종 진화 형태인 Embodied AI, 즉 휴머노이드 로봇인 '옵티머스(Optimus)'다. 옵티머스는 단순히 공장의 반복 작업 대체를 넘어 가사 노동, 간병, 나아가 위험한 환경에서의 탐사 임무까지 수행할 수 있는 범용 로봇을 목표로 하고 있다. 일론 머스크가 "테슬라 가치의 80%를 차지할 것이다."라고 발언할 정도로 옵티머스는 자동차 시장을 아득히 뛰어넘는 잠재력을 갖고 있다. 테슬라는 2029년까지 연간 100만 대의 옵티머스 생산을 통해 물리적 노동의 패러다임을 바꾸려고 하고 있다.

다른 휴머노이드 로봇들과 비교해 옵티머스의 가장 큰 경쟁력은

화성 기지 생산에 옵티머스 참여 계획을 밝힌 일론 머스크

출처: https://x.com/SpaceX

FSD의 리얼 월드 데이터를 통한 학습이다. 경쟁사들이 제한된 환경에서 AI를 훈련시키는 반면 테슬라는 전 세계 수백만 대의 차량이 매일 수집하는 실제 도로 데이터를 옵티머스의 시각 인지·판단 능력 훈련에 활용한다.

또한 옵티머스는 현존하는 휴머노이드 로봇 중 인간과 가장 유사하고 정교한 손을 가지고 있으며 기가팩토리를 통해 입증된 압도적인 대량 생산 능력은 옵티머스의 가격을 자동차보다 저렴한 2만 달러 이하로 낮출 수 있는 기반이 된다. 모터·배터리 등 핵심 부품을 직접 설계하는 수직 계열화와 자체 공장을 테스트 베드로 활용하며 개선 속도를 높이는 전략으로 최근 테슬라는 도조(DOJO) 슈퍼컴퓨터를 중단하고 AI칩을 통해 학습과 추론을 통합해 범용성과 효율성 둘 다 잡으려고 하고 있다.

거대한 기회만큼 물론 불확실성도 크다. 최근 오스틴에서 시범 운영한 로보택시는 정지된 경찰차 앞에서 급제동하거나 차선을 오인하는 등 초기 안정성 문제를 드러내며 미국 도로교통안전국(NHTSA)의 조사를 받고 있고 옵티머스는 수석 부사장의 사임과 설계 변경으로 생산 계획이 지연되었다. 하지만 초기 모델의 결함을 데이터로 해결하고 기가팩토리라는 거대한 하드웨어 문제를 돌파해 온 테슬라가 늘 그래왔듯이 이러한 기술적·지정학적 문제들도 특유의 방식으로 해결해 나갈 것으로 시장은 기대하고 있다.

스페이스X(SpaceX)와의 시너지도 테슬라의 높은 성장성을 기대하게 만든다. 2025년 일론 머스크는 '다행성 종족(multi planetary)으로 가는 길' 행사에서 테슬라의 옵티머스를 화성에 가는 로켓에 태울 예정이라고 밝혔다. 화성에서의 지속 가능한 에너지 그리드 구축을 위해 테슬라의 에너지 저장 장치(ESS) 사용도 기대할 수 있다.

2026년 말 일론 머스크가 옵티머스 탐사 로봇을 실은 스타십을 화성으로 보내겠다고 공언한 만큼 테슬라는 이제 자동차 회사를 넘어

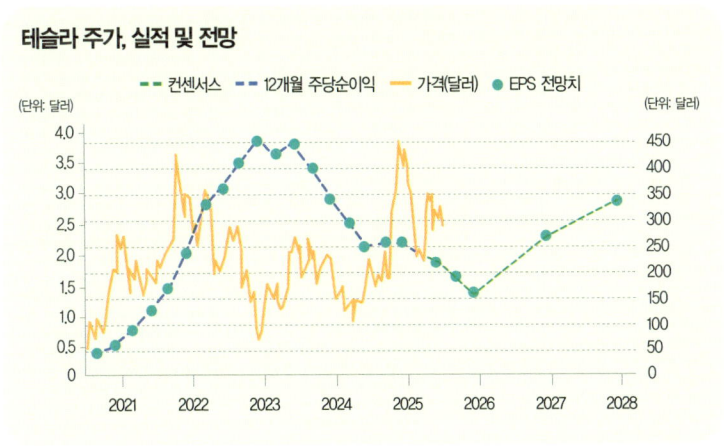

출처: https://www.zacks.com

지구의 운송과 노동을 자동화하고 인류의 다행성 종족화를 실현하는 AI 로보틱스 기업으로 진화하고 있다. 테슬라의 최대 위험인 동시에 최대 자산인 일론 머스크가 이끄는 거대한 여정의 잠재력은 이제 막 베일을 벗기 시작했다.

지구를 바라보는 위성 AI, 새로운 성장의 눈

최근 지정학적 갈등 심화, 예측 불가능한 기후변화, 글로벌 공급망 불안정성은 전 세계 정부와 기업에게 새로운 과제를 안겨주고 있다. 러시아-우크라이나 전쟁 같은 분쟁 속에서 각국 정부는 안보·정찰을 위해 실시간으로 자국의 영공을 관측해야 할 필요성이 폭발적으로 증가했다. 또한 공급망의 중요성이 커지면서 실시간으로 공급망 상황을 알려는 기업들, 기후변화가 심해지면서 가뭄·홍수 등 기후 이변에 직면한 농업 회사와 보험사 같은 금융 기업들의 위성 데이터 수요도 증가하고 있다.

이로 인해 지구 관측 기업들은 구독 형태로 고해상도 위성 이미지를 제공하는 서비스와 고객이 직접 위성 촬영을 요청할 경우 그 지역을 촬영해 맞춤형 데이터를 제공하는 '태스킹(Tasking)' 서비스를 함께 운영하고 있다.

하지만 지구 관측 기업은 단순히 이미지 제공을 넘어 더 거대한 시장으로 나아가고 있다. 바로 위성 데이터를 AI와 결합해 전략적 인사이트를 판매하는 데이터 분석 기업으로 진화하는 것이다. 상업용 위

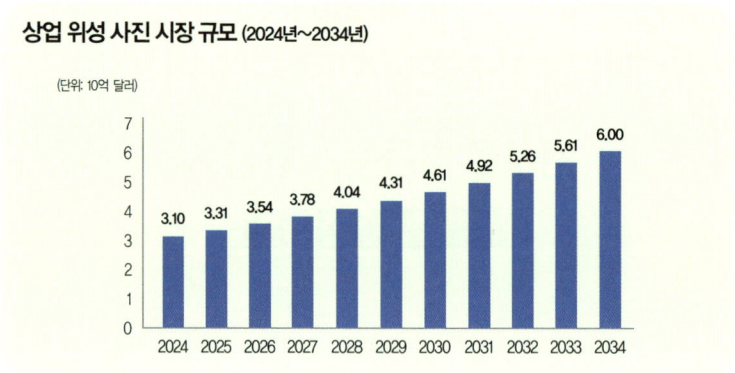

출처: https://www.precedenceresearch.com

성 이미지 시장은 연평균 6%의 성장과 2034년 60억 달러의 규모로 크지는 않지만 위성 데이터 분석서비스 시장은 2025년에만 141억 달러로 2034년의 위성 데이터 시장보다 2배 이상 크고 연평균 16%라는 높은 성장성이 기대된다.

이와 관련해 우주 관측 및 데이터 분석 사업을 하는 플래닛 랩스, 블랙스카이 테크놀로지, 새틀로직을 살펴보자.

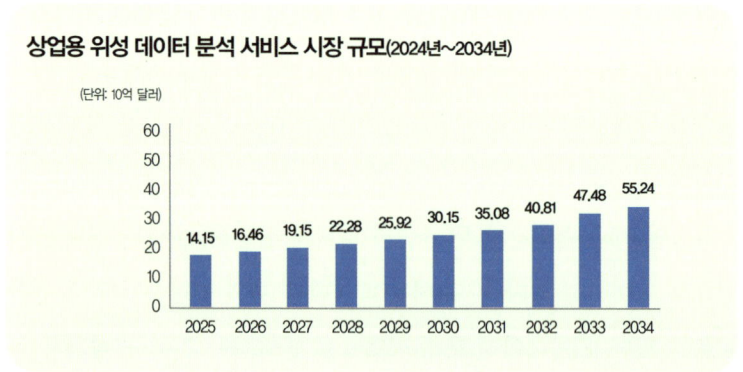

출처: https://timestech.in

플래닛 랩스(티커: PL)

플래닛 랩스는 "지구 전체 육지를 매일 스캔해 변화를 포착하고 이를 통해 모두 더 나은 결정을 내리게 한다."라는 미션을 갖고 2010년 NASA 출신 과학자들이 설립한 지구 관측 기업이다. 약 200여 기의 대규모 소형 위성단을 운영하며 지구의 건강, 안보, 경제 활동 등 거의 모든 측면에서 일어나는 변화를 매일 기록·분석할 수 있는 독보적인 데이터 플랫폼을 구축했으며, 2017년 구글의 위성 운용 업체인 테라 벨라를 인수해 고해상 서비스를 강화했다.

플래닛 랩스의 핵심 비즈니스 모델은 위성 데이터를 구독 기반(DaaS: Data as a Service)으로 제공하는 것으로 가장 큰 특징이자 주요 경쟁력은 약 200기 이상의 위성을 운영하며 경쟁사 대비(블랙스카이 약 16기, 새틀로직 약 50기) 가장 많은 위성 수를 보유하고 있다는 점이다. 단순히 많은 위성 수를 넘어 플래닛스코프(PlanetScope)라는 중해상도 위성군을 통해 지구 전체 육지를 하루에 한 번씩 촬영하며 '스카이샛(SkySat)'이라는 고해

플래닛 랩스의 차세대 고해상도 위성 펠리칸-2

출처: https://www.planet.com

상도 위성군을 통해 고객의 요청에 따라 특정 지역을 고해상도로 촬영하는 '태스킹(Tasking)' 서비스도 제공하며 넓은 범위의 관측과 상세 분석 수요를 모두 충족하고 있다.

또한 최근 엔비디아의 Jetson AI 플랫폼을 탑재해 위성 자체에서 데이터를 처리하는 차세대 위성인 펠리칸-2를 출시해 더 빠른 데이터 처리가 가능해졌다. 나아가 AI를 통한 분석서비스를 통해 지역의 위험성, 작물 상태 등을 분석해 주는 서비스도 제공 중이며 앤트로픽과 파트너십을 체결해 AI 역량을 강화하고 있다.

과거 플래닛 랩스는 기존에 강점을 보였던 농업, 임업, 환경 등의 상업 시장을 넘어 국방·안보 분야의 핵심 파트너로 빠르게 성장하고 있다. 최근 독일 정부와 2억4천만 유로 규모의 다년 계약을 체결해 유럽의 안보·평화 유지를 위한 위성 이미지와 AI 기반 분석 솔루션을 제공하기로 했으며 NATO와도 수백만 달러 규모의 계약을 맺고 동맹국 전반의 감시·조기 경보 체계를 강화하고 있다. 그 외에도 미국 국방부

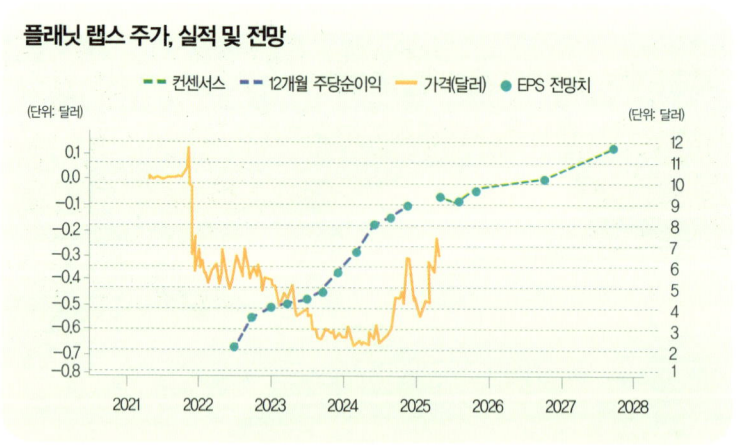

출처: https://www.zacks.com

(DoD), 미국 국방혁신단(DIU)과의 계약을 통해 인도-태평양 지역의 위협 탐지 및 해상 감시 능력을 지원하는 등 지정학적 위기·안보와 관련해 추가 수요가 계속 창출되고 있는 만큼 지정학적·환경적 불확실성이 커지는 시대에 그 성장이 더 기대된다.

블랙스카이 테크놀로지(티커: BKSY)

블랙스카이 테크놀로지는 단순히 위성 이미지를 제공하는 것을 넘어 AI 기반 분석을 통해 실시간 정보 제공에 특화된 기업이다. 이들의 목표는 세계에서 가장 중요한 전략적 위치와 경제 자산, 긴급 이벤트 등을 가장 신속히 포착·분석해 고객이 경쟁자보다 먼저 보고 먼저 이해하고 먼저 행동하도록 지원하는 것이다.

블랙스카이 테크놀로지의 핵심 경쟁력은 자체 개발한 '스펙트라 AI(Spectra AI)' 플랫폼과 이를 뒷받침하는 고성능 위성군의 시너지에 있다. 2021년 팔란티어는 블랙스카이에 대한 투자를 단행했고 이후 파트너십을 통해 '스펙트라 AI'를 팔란티어의 파운드리 플랫폼에 통합했다. 이를 통해 AI 성능 향상과 팔란티어를 사용하는 정부·국방 고객들은 기존 워크플로우 내에서 블랙스카이 위성을 직접 제어하고 실시간 위성 데이터와 분석 결과를 즉시 활용할 수 있게 되었다.

블랙스카이 테크놀로지의 차세대 위성인 'Gen-3'는 35㎝급 초고해상도 이미지를 제공한다. 이는 지상의 작은 물체까지 식별하는 수준으로 경쟁사 대비 가장 높은 해상도를 갖고 있다. 또한 관심 지역을 하루 최대 15회까지 재촬영할 수 있는 압도적 속도와 재방문율을 자랑한다.

이러한 역량을 바탕으로 2024년 10월 블랙스카이 테크놀로지는 미

2027년부터 투입될 차세대 광역 위성군 AROS

출처: https://aviationweek.com

국 지리정보국(NGA)과 2억9천만 달러 계약을 체결했고 이를 바탕으로 2025년 6월 추가 모니터링 계약을 체결하며 정부로부터 신뢰받는 파트너로 자리매김했다.

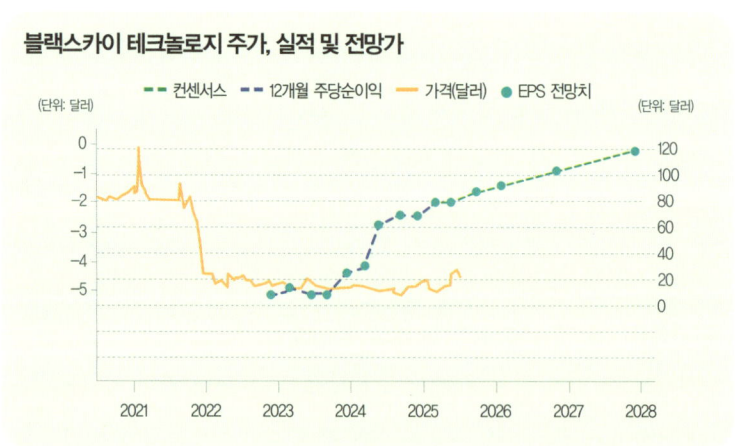

블랙스카이 테크놀로지 주가, 실적 및 전망가

출처: https://www.zacks.com

새틀로직(티커: SATL)

새틀로직은 소형 저궤도 위성을 자체 설계, 제작, 발사, 운영해 고해상도 지구 관측 데이터를 제공하는 수직 통합(Vertically integrated)에 강점을 가진 기업으로 이를 통해 기존 경쟁사 대비 90% 이상 저렴한 비용으로 70㎝급 고해상도 위성을 제작할 수 있다.

이를 바탕으로 새틀로직은 DaaS 및 요청에 따른 특정 지역에 우선적 촬영 권한을 주는 사업 이외에도 자체 개발한 고성능 소형 위성을 고객에게 직접 판매하는 위성 판매 사업도 영위하는 중이다.

현재 새틀로직의 위성은 53대이지만 위성을 200대까지 늘려 지구 표면을 하루에도 여러 번 촬영하는 것을 목표로 하고 있다.

새틀로직의 가장 큰 경쟁력은 'AI 온보드 처리 기술'이다. 특초기부터 AI 기술을 위성에 직접 탑재하는 혁신적 접근을 채택해 경쟁사들이 위성에서 촬영한 방대한 원본 데이터를 지상으로 모두 전송해 분석할 때 새틀로직은 GPU를 위성에 직접 탑재해 AI가 우주에서 실시간으로 이미지를 분석해 의미 있는 변화만 추출해 지상에 보내는 온보드

새틀로직의 위성 Mark V

출처: https://satellogic.com

AI 역량을 강화했다. 이는 데이터 전송의 병목 현상을 해결하고 고객이 거의 실시간에 가까운 속도로 의사결정을 내리도록 도와준다.

하지만 새틀로직의 미래가 밝은 것만은 아니다. 회사는 지속적인 매출 성장에도 불구하고 현금 흐름이 악화해 계속기업으로서의 존속 능력에 '중대한 의구심'이 있다고 스스로 밝힐 만큼 재무적 어려움에 처해 있다. 또한 새틀로직의 매출이 단 두 곳의 고객에게 66%나 집중된 것도 심각한 리스크다. 따라서 새틀로직이 가진 혁신적 기술력과 비용 경쟁력으로 이러한 재무적·경쟁적 위기를 극복하고 시장에서 살아남을 수 있을지가 향후 성장의 가장 중요한 관건이 될 것이다.

출처: //https://www.zacks.com

세 위성 기업 비교

항목	플래닛 랩스(PL)	블랙스카이 테크놀로지 (BKSY)	새틀로직(SATL)
핵심 전략	광범위한 데이터 수집 및 변화 탐지(지구 전체 육지를 매일 촬영)	실시간 지능 정보 제공 (빠른 재방문율과 AI 분석)	수직 통합을 통한 비용 효율성 및 맞춤화(저비용 위성 제작·판매)
운용 위성 수	약 200기 이상 도브/슈퍼도브 (중해상도)·스카이샛(고해상도)·Pelican(차세대 고해상도)	21기+ (Gen-2/3) (지속적으로 추가 발사 목표)	53기+ (200기까지 확장 목표)
최고 해상도	펠리컨: 30-40cm 스카이샛: 5cm 플래닛스코프: 3-5m	Gen-3: 35cm Gen-2: 80-90cm	수퍼 리솔루션: 50cm 네이티브(기본): 70cm
커버리지	전 지구 육지 일일 촬영 (350M km²/day)	특정 관심 지역(AOI) 집중 관측 (국방 정보 수요에 최적화)	전 지구 저궤도 리마핑(위성 수 증가에 따라 커버리지 확대)
재방문 빈도 (동일 지점)	최대 12~30회/일(스카이샛 +펠리컨 위성군 조합시)	최대 15회/일(시간당 재방문, 새벽/황혼 촬영 지원)	최대 8~12회/일(위성 50기 이상 기준)
데이터 전달 속도 (촬영 후 분석까지)	펠리컨: 최단 5분 목표	스펙트라 플랫폼: 90분 이내	라피드 리스폰스: 6시간 이내
분광 능력	8-밴드 다중분광 (슈퍼도브)	다중 분광+SWIR(단파 적외선)	4-밴드 다중 분광+29-밴드 하이퍼스펙트럴
핵심 기술	방대한 시계열 데이터 펠리컨 온보드 AI	스펙트라 AI 분석 플랫폼 고빈도/실시간 태스킹	위성 수직 통합 (저비용 제작) 온보드 AI 처리
위성 판매 사업	제한적(최근 펠리컨 기반 맞춤형 계약)	미판매	가능(핵심 사업)

AI발 생산성 향상 기대기업

골드만삭스는 AI 4단계 중 마지막 단계를 AI를 통한 생산성 향상 기업이라고 규정하였다. 이렇듯 AI를 통한 생산성 향상은 기업들이 AI를 도입하려는 강력한 동기이자 경쟁 우위를 확보하는 근간이 된다.

넷플릭스(티커: NFLX)

넷플릭스는 전 세계 190여 개국에 진출해 3억 명이 넘는 가입자를 보유한 세계 최대 OTT 플랫폼이다. 30개 언어로 제작된 다양한 콘텐츠를 제공 중이며 세계 최초로 구독형 영상 스트리밍 서비스를 제공하기 시작한 이후로 판권 구입, 자체 제작 기술 혁신 등을 통해 사용자의 시청자 경험을 개선하며 시장을 선도하고 있다. 또한 2025년에는 전년 대비 10억 달러 증가한 180억 달러를 콘텐츠에 투자하겠다고 밝히며 자체 오리지널 시리즈·영화 제작에 연간 170억 달러 이상을 투자하며 안주하지 않고 적극적인 투자를 이어나가고 있다.

최근 넷플릭스는 기존 영화나 드라마 이외에도 라이브 이벤트에 적극적으로 투자하고 있다. 라이브 이벤트는 콘텐츠 다양성을 확보하고 더 넓은 시청자층을 확보하는 데 중요한 역할을 하며 지속적으로 작품을 만들어야 하는 드라마 시리즈와 달리 자금을 한 번만 투입하면 된다는 측면에서 비용 대비 화제성이 높고 자연스러운 스토리텔링까지 가능하다는 장점이 있다.

특히 스포츠의 경우 젊고 글로벌한 시청자층을 확보하는 데 도움이 되는데 2024년에 개최했던 마이클 타이슨 대 제이크 폴의 복싱 경기는 최고 동시 시청자 수 6,500만 명을 기록하며 넷플릭스 구독자 증가에 크게 기여했다. 넷플릭스는 앞으로도 스포츠 라이브 이벤트를 적극적으로 개최하겠다고 발표했으며 NFL 크리스마스 게임데이, FIFA 여자 월드컵 2027년 중계권 등을 확보한 만큼 앞으로도 라이브 이벤트는 넷플릭스의 주요 성장 동력 중 하나가 될 것으로 보인다.

넷플릭스는 단순한 시청 콘텐츠뿐만 아니라 게임도 서비스하고 있다. 물론 이는 추가 요금 없이 사용할 수 있다. 모바일 게임 라인업 120종을 제공하는데 여기에는 '오징어 게임'처럼 자체 IP를 활용한 게임뿐만 아니라 'GTA: Unleashed' 같은 대형 IP도 제공하고 있다. 최근에는 Roblox와 IP 라이선스 제휴를 통해 메타버스형 콘텐츠도 모색하는 등 게임에도 적극적으로 투자하고 있다. 넷플릭스가 게임으로 돈을 벌지 못하더라도 적극적으로 투자하는 두 가지 이유가 있다.

첫째, 다양한 콘텐츠 제공을 통해 넷플릭스 사용 가치를 증가시켜 유지율을 높일 수 있다. 둘째, 어린이들이 좋아할 만한 게임들을 제공하며 4명이 함께 사용하는 가장 비싼 요금제로 유도하는 것이다.

넷플릭스의 또 다른 성장 동력은 광고다. 2022년부터 기존 요금제보다 저렴한 광고 요금제를 도입한 이후 매년 빠르게 성장하며 광고 요금제 MAU 9,400만 명을 달성했다. 과거 넷플릭스는 광고 비즈니스를 시작하며 광고 적합도를 높이기 위해 3단계를 제시했는데 자체 광고 전환 단계(1단계), 데이터 기반 글로벌 타겟팅(2단계), 머신러닝 기반 최적화(3단계)가 그것이다. 2025년 2분기 실적 발표에서 넷플릭스는 자체 개발한 광고 플랫폼인 Netflix Ad Suite의 배포를 끝냈다고 밝히며 지난 1분기 1단계 달성에 이어 한 분기 만에 2단계 달성에 성공했다.

이를 통해 광고 타겟팅 기술과 성과 지표의 정확도가 대폭 개선되었다. 광고주들은 적극적으로 프로그래매틱 바잉(자동화된 알고리즘과 실시간 경매)을 하고 있으며 2025년 초 미국의 주요 광고 대행사들과 계약 체결을 완료했다. 대부분의 광고 단가와 물량이 목표치 이상 나오며 경영진은 올해 목표로 정했던 광고 매출 2배 성장을 초과 달성할 것으로 전망했다.

넷플릭스는 AI도 적극적으로 활용하고 있다. 과거에는 개인 맞춤형 추천 위주로 사용했다면 이제는 작품 제작에도 활용하고 있다. 아르헨티나의 오리지널 공상과학 시리즈 「엘 에테르나우타(El Eternauta)」에서 처음으로 생성형 AI를 활용해 건물이 무너지는 장면의 시각적 특수효과(VFX)를 제작했다. 이를 통해 기존 방식보다 10배 빨리 작업을 완료했으며 AI 도구 덕분에 일반적인 대작 제작비보다 훨씬 적은 비용으로 프로그램을 제작할 수 있었다. 경영진은 AI 없이는 그 예산으로는 특수효과 제작이 아예 불가능했을 것이고 AI를 활용하면 품질도 10% 증가한다고 밝혔다. 또한 광고와 마케팅 분야에서도 AI 활용이 늘어나며 광고 단가를 높이는 등 이제 넷플릭스에게 AI는 단순히 소비자에게 편리함을 제공하는 것을 넘어 넷플릭스의 재무적 성장에 도움을 주는 핵심 동력이 되어 가고 있다.

출처: https://www.zacks.com

우버(티커: UBER)

우버(Uber)는 전 세계 70여 개국에 진출해 월간 활성 사용자 수(MAU) 1억8천만 명을 보유한 글로벌 1위 모빌리티 플랫폼 기업이다. 스마트폰 앱을 통해 사용자와 드라이버를 연결하는 차량 호출 서비스를 시작으로 이제는 음식 배달, 화물 운송, 장보기 대행까지 제공하며 소비자의 일상 속으로 파고드는 데 성공했다.

최근 우버는 '모든 것을 배달하는(Get Anything)' 플랫폼으로의 진화를 새로운 핵심 성장 동력으로 삼고 있다. 이는 단순히 사람을 이동시키는 것을 넘어 우버이츠(Uber Eats)를 중심으로 음식, 식료품, 주류, 약국 용품 등 모든 일상용품을 문 앞까지 배달해주는 서비스로 확장했고 화물 운송 플랫폼인 우버 프레이트를 출시해 물류 사업에도 진출했으며 자율주행 기술을 도입해 물류 산업에 혁신을 불러오고 있다. 특히

우버의 3가지 주요 사업인 모빌리티, 화물운송, 배달 사업

출처: https://www.locate2u.com

코로나 팬데믹을 거치며 폭발적으로 성장한 배달 수요를 흡수하여 이제 우버이츠는 차량 호출 사업과 맞먹는 규모로 성장했다. 이는 변동성이 큰 모빌리티 사업의 리스크를 분산시키는 동시에 사용자의 일상 속으로 더 깊이 파고들어 우버를 단순한 이동 앱에서 '일상생활 운영체제(OS for everyday life)'로 격상시키는 역할을 하고 있다.

모델을 유지하기 위한 법적·정치적 노력을 기울이는 한편 드라이버에게 새로운 혜택(건강보험 보조 등)을 제공하는 타협안을 제시하며 갈등을 관리하고 있다. 또한 고마진 사업인 우버이츠 내 광고 사업을 적극적으로 키우고 운영 효율성을 극대화해 지속적인 수익성 창출에 성공하며 규제 리스크에도 불구하고 성장 모멘텀을 유지할 수 있는 재무적 체력을 증명하고 있다.

우버의 핵심 경쟁력은 데이터와 AI 기반의 최적화 기술이다. 우버의 플랫폼은 수십억 건의 이동 데이터를 실시간으로 분석해 수요와 공급을 예측하고 가장 효율적인 경로를 계산하며 동적 가격(Surge Pricing)을 책정한다. 정교한 이 매칭 알고리즘은 드라이버의 대기 시간을 줄여 운행 효율을 높이고 사용자의 대기 시간을 최소화해 만족도를 극대화한다.

우버의 또 다른 성장 전략은 플랫폼 통합과 구독 모델로의 확장이다. 초기에는 개별 서비스로 운영되던 차량 호출과 음식 배달을 하나의 앱으로 통합하고 '우버 원(Uber One)'이라는 구독 멤버십을 통해 고객의 생애 가치(LTV)를 극대화하고 있다. 우버 원 가입자는 배달비 무료, 차량 호출 할인 등 통합된 혜택을 누리며 다양한 서비스를 넘나들게 된다. 이제 우버는 모든 이동과 배달 니즈를 하나의 앱에서 해결하는 '모빌리티 슈퍼 앱'으로 자리매김하며 경쟁사가 넘볼 수 없는 플랫폼 파워를 구축하고 있다.

자율주행 차량 시대에서 우버의 핵심 전략은 파트너십이다. 우버는 웨이모와 파트너십을 맺고 오스틴과 애틀랜타에 자율주행 서비스 진출에 성공했다. 또한 최근 뉴로, 루시드와 파트너십을 맺고 우버 전용 자율주행 차량을 개발 중이다. 우버는 뉴로의 레벨 4 자율주행 시스템(Nuro Driver)을 장착한 루시드 차량 2만 대를 도입할 계획이다. 그 외에도 중국 자율주행 기업 위라이드, 모멘타 등과 파트너십을 맺고 UAE, 두바이 등에서 로보택시 서비스를 제공 중이며 유럽 진출 계획도 발표했다. 또한 영국의 자율주행 스타트업 웨이브(Wayve)와 2026년 봄 영국에서 처음으로 자율주행 서비스를 시작할 전망이다. 이외에도 수많은 기업과 파트너십을 맺으며 자율주행 시대를 준비하고 있다.

이렇게 수많은 기업이 우버와 파트너십을 맺는 이유는 강력한 고객

망과 그로 인한 빠른 도입 속도다. 웨이모가 샌프란시스코에서 로보택시에 진출했을 때보다 우버와 손잡고 오스틴에 진출했을 때 도입 속도가 80% 빨랐다. 전 세계 로보택시 기업 중 마케팅 역량과 네트워킹 역량이 가장 뛰어난 기업 중 하나인 웨이모조차 우버를 사용하는 것이 더 빠른 도입을 가능하게 한 것이다. 심지어 그 지역에는 자사의 본사가 있고 자율주행에 가장 많이 열린 지역 중 하나인 샌프란시스코였다. 첫 27일간 오스틴에서의 도입 속도는 샌프란시스코보다 80% 빨랐다.

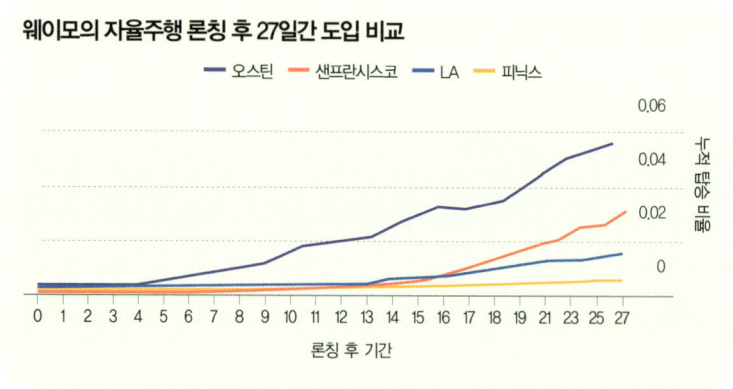

이로 인해 자율주행 시대에서 우버는 사라질 기업이 아니라 수혜를 볼 기업으로 분류된다. 자율주행 시대 초기에는 마케팅의 어려움으로 우버를 사용할 수밖에 없다. 그 과정에서 파트너십 기반 모델 때문에 R&D 부담과 자율주행 규제 위험은 오히려 자율주행 회사가 부담하게 된다. 로보택시 서비스가 보편화되거나 우버 원 같은 로열티 프로그램 때문에 향후 자율주행이 성숙해지더라도 많은 고객은 우버에 잔존

해 계속 사용할 것이며 우버는 드라이버 비용을 더 이상 지불할 필요가 없어 로보택시의 저렴한 비용 덕분에 TAM(총도달 가능 시장)이 커질 것으로 기대할 수 있다. 강력한 네트워크와 파트너십으로 자율주행 시대 우버의 미래가 기대된다.

출처: //https://www.zacks.com

웨이스트 커넥션스(티커: WCN)

미국은 전 세계 인구의 5% 미만이면서도 전 세계 도시 고형 폐기물(MSW)의 약 12%를 배출해 1인당 폐기물 발생량이 가장 많은 국가로 2023년 약 984억8천만 달러에서 2030년 1,578억 달러 규모로 성장이 예상된다. 막대한 폐기물 발생량은 곧 효율성 개선을 통한 거대한 사업 기회를 뜻한다. 이러한 배경은 AI 같은 혁신 기술이 도입되었을 때 그 효과가 극대화될 최적의 환경을 제공한다.

웨이스트 커넥션스(WCN)는 북미 3위의 폐기물 관리 기업이다. 이 회

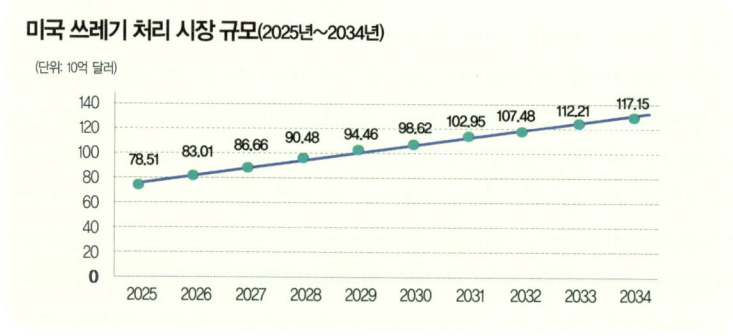

출처: https://www.troweprice.com

사는 거대 기업들이 격전을 벌이는 주요 대도시보다 경쟁이 덜한 '독점 및 2차 시장'에 집중하는 차별화 전략을 구사한다. 이를 통해 업계 최고 수준의 수익성을 자랑하며 적극적인 인수·합병으로 성장하는 민첩하고 효율적인 기업으로 평가받는다.

웨이스트 커넥션스는 AI를 활용한 생산성 향상에 가장 선도적인 모습을 보이고 있다. 2020년부터 AMP 로보틱스와 파트너십을 맺고 수작업 분류 제로(Zero Manual Sort)를 목표로 다수의 AI 로봇 시스템을 미국 내 여러 재활용 시설에 도입하기 시작했다. AI 시스템은 컴퓨터 비전, 고해상도 카메라, 초분광 이미징, 머신러닝 알고리즘을 활용해 컨베이어 벨트 위를 지나가는 폐기물을 식별하고 로봇 팔로 정확히 분류하고 분당 최대 1,000개 품목을 분류할 수 있어 같은 시간에 35~80개를 분류하는 인간보다 훨씬 높은 효율성을 보인다. 정확도도 최대 98%로 매우 뛰어나며 이는 오염률을 줄여 재활용 사업 수익성을 높일 수 있다.

웨이스트 커넥션스는 50개 이상의 AI 분류 시스템을 도입하면서 업계 최대 규모의 AI 로봇 운영사가 되었다. 또한 2026년 가동 예정인 콜

웨이스트 커넥션스의 폐기물 재활용 시설

출처: https://www.waste360.com

로라도 Commerce City 시설은 완전 통합 AI 분류 시스템(AMP ONE)을 적용해 연간 6만2,000톤 규모의 재활용 처리 능력을 확보할 예정이다. 특히 AMP 로보틱스가 처리량에 따라 비용을 받는 방식으로 계약을 체결함에 따라 로봇 도입에 따른 막대한 초기 비용을 투자하지 않으면서도 기술·운영 위험을 AMP 로보틱스가 지는 영리한 전략을 택했다.

2025년 2분기 실적 발표에서도 웨이스트 커넥션스는 "수익성 확대와 운영 효율성 개선을 위해 여러 플랫폼에 걸쳐 AI 기반 애플리케이션을 구현하고 있다."라고 직접 언급하며 쓰레기 수거 트럭용 실시간 경로 시스템, 유지·보수 프로그램 디지털화 도입 등 AI 기술을 통한 생산성 향상에 강한 의지를 보인 만큼 향후 AI 기반 생산성 향상이 기대된다.

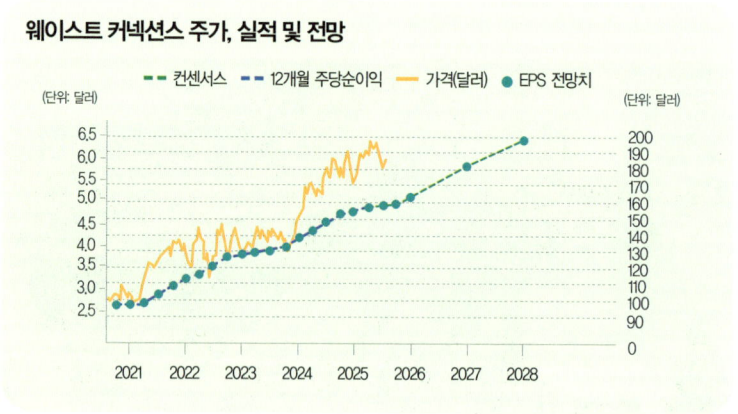

출처: https://www.zacks.com

월마트(티커: WMT)

월마트는 전 세계 1만여 개 매장과 200만 명 이상의 직원을 보유한 명실상부 세계 최대 소매 유통 기업이다. 이들은 '매일 낮은 가격(Everyday Low Price)'이라는 핵심 가치를 기반으로 오프라인 매장의 압도적 규모와 빠르게 성장하는 온라인 마켓플레이스를 결합한 옴니채널 전략을 구사한다. 이처럼 거대한 유통 제국을 운영하는 월마트에게 AI를 통한 생산성 향상은 선택이 아닌 생존과 성장을 위한 필수 전략으로 자리매김하고 있다.

AI 기술은 월마트 같은 대규모 유통업의 모든 영역에서 생산성을 극대화할 잠재력을 지니고 있다. 고객에게는 초개인화된 상품 추천과 지능형 쇼핑 도우미를 제공해 구매 전환율을 높일 수 있다. 내부적으로는 수요 예측, 재고 관리, 공급망 최적화를 자동화해 막대한 비용을 절감하고 수많은 직원에게는 반복 업무를 줄여주며 실시간 정보를 제공

월마트의 AI 에이전트 스파키(Sparky)

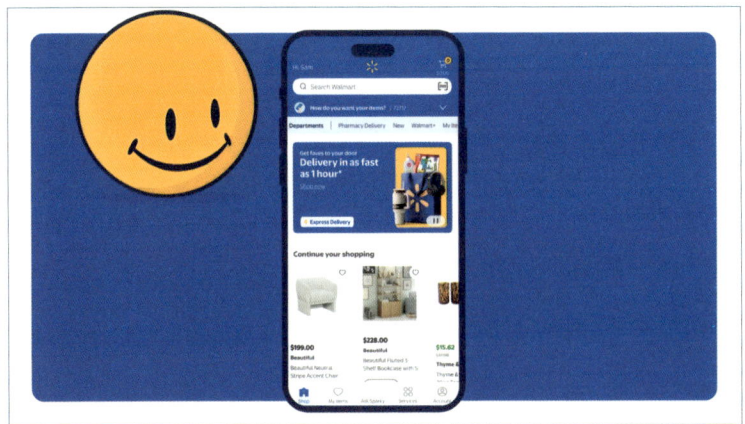

출처: https://www.walmart.com

해 업무 효율과 고객 서비스의 질을 동시에 올릴 수 있다.

월마트는 AI를 통한 생산성 향상에 적극적이면서도 체계적으로 투자하고 있다. 최근 월마트는 우후죽순으로 생겨 사용자에게 혼란을 주던 수십 개의 AI 에이전트를 '슈퍼 에이전트(Super Agent)'라는 네 개 핵심 플랫폼으로 통합하는 대대적인 전략 개편을 발표했다. 이는 고객, 직원, 엔지니어, 판매자·공급업체를 위한 각각의 단일화된 AI 인터페이스를 제공하는 것으로 고객용 에이전트 '스파키(Sparky)'와 공급업체용 '마티(Marty)' 등의 개발이 이미 진행 중이다. 또한 인스타카트 출신의 임원을 글로벌 AI 총괄로 영입하는 등 최고 경영진의 강력한 의지 아래 추진되고 있다.

이러한 AI 도입은 여러 가지 구체적인 성과를 내고 있다. 먼저 AI 기반 업무 관리 도구를 도입해 매장 관리자가 90분이나 걸리던 재고 보충 계획을 단 30분 만에 끝낼 수 있게 되었고 44개 언어를 실시간으로 번역해 직원과 고객 간 언어 장벽을 허물고 있다.

그 외에도 증강현실(AR) 도구인 'VizPick'과 RFID 기술을 결합해 직원이 선반을 스캔만 하면 매장에 진열해야 할 의류를 시각적으로 안내해 주는 등 수작업을 획기적으로 줄였다.

또한 백엔드 및 이커머스 혁신에도 AI를 적극적으로 활용하는 중이다. 생성형 AI를 이용해 수억 개에 달하는 온라인 상품의 설명과 정보를 자동으로 생성·개선했는데 CEO 더그 맥밀런은 "이 작업을 수동으로 했다면 현재 인력의 100배가 필요했을 것이다."라며 AI의 압도적인 생산성을 강조했다. 이는 실제로 월마트의 글로벌 이커머스 비즈니스가 22%나 성장하는 데 크게 기여했다.

이처럼 월마트는 단편적인 기술 도입을 넘어 전사적 AI 전환을 가속화하고 있다. 최고 경영진은 "AI는 우리가 일하는 방식을 이미 바꾸고 있다."라고 선언하며 고객 경험 향상을 통한 매출 증대와 운영 효율화를 통한 비용 절감이라는 두 마리 토끼를 잡겠다는 강한 의지를 보인

출처: //www.zacks.com

만큼 AI 기술을 통해 리테일의 미래를 재정의하려고 하고 있다. 최근 챗GPT 대화창에서 곧바로 월마트 상품을 구매할 수 있도록 한 Open AI와의 파트너십은 월마트의 행보에 기대감을 더욱 높이고 있다.

AI가 이끌 헬스케어 혁신

헬스케어 산업은 사람의 생명과 건강을 직접 다루는 만큼 보수적이다. 여러 단계의 임상과 안정성 테스트는 신제품을 만드는 데 오랜 기간을 요구했고, 직접 대면이 필요한 환자들에게는 오랜 기다림을 요구했다. 그러나 AI는 이러한 현실을 빠르게 변화시키고 있다.

힘스앤허스(티커: HIMS)

힘스앤허스는 미국 전역에 230만 명이 넘는 구독자를 보유한 미국의 원격 의료 플랫폼 기업이다. 온라인을 통해 의료 상담, 진단, 처방, 의약품 배송까지 원스톱으로 제공하며 기존 의료 시스템의 장벽을 낮추고 접근성을 혁신하고 있다. 구독 기반의 합리적인 가격 모델을 통해 탈모, 성 건강, 마약 중독 등 과거에는 말하기 어려웠던 분야의 시장까지 개척했으며 이제는 정신 건강, 피부과, 체중 관리 등 포괄적인 헬스케어 영역으로 서비스를 확장하며 시장을 선도하고 있다.

최근 힘스앤허스는 체중 관리 프로그램을 새로운 핵심 성장 동력으로 삼고 적극적으로 시장을 공략 중이다. 이는 단순한 다이어트 보조

출처: https://www.threads.com

제 판매를 넘어 전문 의료진 상담을 통해 개인 맞춤형 처방을 제공하는 방식이다. 특히 폭발적인 수요를 보이는 GLP-1 계열 약물(오젬픽, 위고비 등)의 복제약(Compounded GLP-1s)을 저렴한 월 구독료(199달러부터)로 제공하기 시작하면서 폭발적인 관심을 끌고 있다. 이는 높은 화제성을 바탕으로 신규 고객을 대거 유치하는 강력한 동력이 되고 있고 힘스앤허스를 단순 원격 의료 플랫폼에서 종합 헬스케어 솔루션 기업으로 한 단계 도약시키는 역할을 하고 있다.

한편 최근 미국 법원이 GLP-1 기반 컴파운딩 약물의 제조·판매를 금지하고 노보 노디스크와의 위고비 제휴가 돌연 종료되는 위기가 발생했지만 힘스앤허스는 '환자 맞춤형' 컴파운딩 예외 조항을 바탕으로 개인화 포맷을 유지하는 한편 특허 만료를 앞둔 캐나다 오젬픽의 제네릭 약물, Hers 등 신사업 확장으로 대처하고 있어 단기적 규제·제휴 리스크를 충분히 흡수하며 성장 모멘텀을 지켜낼 수 있을 것으로 보인다. 또한 다양한 제약사들의 비만 치료제 약물이 계속 나오면서 다수 고객을 보유한 힘스앤허스의 D2C 모델의 경쟁력이 유지될 가능성이 크다.

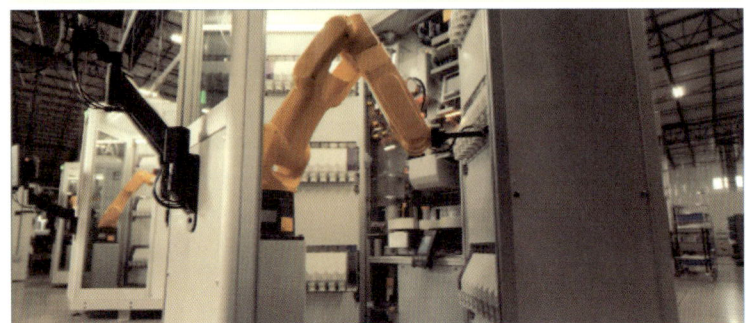

오하이오 주에 있는 힘스앤허스 컴파운딩 약물 제조 시설

출처: https://www.bloomberg.co

힘스앤허스는 단순한 의료 중개를 넘어 AI 기반 개인화 기술에 적극적으로 투자 중이다. 자체 개발한 AI 플랫폼 '메드매치(MedMatch)'는 수십만 건의 비식별 의료 데이터를 분석해 특정 환자에게 효과적일 가능성이 가장 큰 치료법과 의약품을 의료진에게 추천한다. 특히 다양한 약물 옵션이 존재하는 정신 건강(불안, 우울증) 분야에서 이 기술을 선도적으로 활용 중이다. 이는 환자의 만족도를 높여 이탈률을 낮추는 동시에 의료진의 진료 효율성을 극대화하는 역할을 한다. 또한 최근 Trybe Labs라는 가정용 진단 검사 서비스업체를 인수해 맞춤형 서비스 강화도 꾀하고 있다. 이번 인수를 통해 고객이 집에서 직접 채혈하면 그 키트를 힘스앤허스가 회수·분석해 메드매치에 연동시켜 AI 기반 치료 추천과 환자 모니터링 정밀도를 강화할 것이다. 이제 힘스앤허스에게 AI는 단순한 편의 기능을 넘어 의료 서비스의 질을 높이고 장

기적인 고객 관계를 구축하는 핵심 기술이 되어 가고 있다.

힘스앤허스의 또 다른 성장 전략은 만성 질환 관리로의 확대다. 초기의 단기적인 고민 해결을 넘어 꾸준한 관리가 필요한 만성 질환 영역으로 서비스를 확대하며 고객의 생애 가치(LTV)를 극대화하고 있다. 고혈압, 당뇨병 전 단계 등 지속적인 관리가 필요한 분야의 구독 모델을 강화하고 있으며 Trybe Labs가 제공하는 전신 건강 바이오마커 검사도 여기에 활용되어 만성 질환 사전 리스크 스크리닝이나 예방 의학 등에 사용될 것이다. 이는 일회성 이용자를 장기 충성 고객으로 바꾸는 핵심 전략이다. 힘스앤허스는 다양한 질환을 하나의 플랫폼에서 관리하게 함으로써 '의료 슈퍼 앱'으로 자리매김하고 있으며 이는 넷플릭스가 게임을 통해 플랫폼 체류 시간을 늘리는 것처럼 힘스앤허스 생태계의 '록인(Lock in) 효과'를 강화하고 있다.

최근 트럼프 대통령의 '하나의 크고 아름다운 법안(OBBA)'이 텔레헬스에도 건강 저축 계좌 HSA(Health Saving Account)를 영구적으로 허용하고 기존에 HSA 계좌를 가질 수 없었던 사람에게도 HSA 계좌를 가질 수 있도록 규제를 완화해주며 텔레헬스에 접근할 수 있는 시장이 확대되고 있어 힘스앤허스에게 새로운 성장 기회가 열렸다.

힘스앤허스 주가, 실적 및 전망

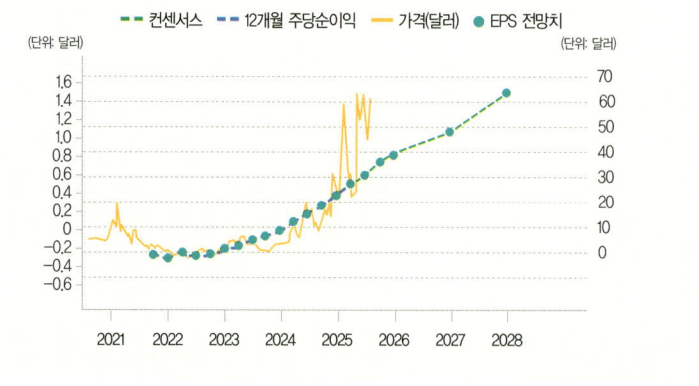

출처: https://www.zacks.com

템퍼스 AI (티커: TEM)

"앞으로 수년 안에 AI는 놀라운 속도로 발전해 의료 산업을 혁신할 겁니다."

- 젠슨 황 (엔비디아 최고경영자)

템퍼스 AI는 유전체학(Genomics), 데이터(Data), 인공지능(AI)의 교차점에서 암을 포함한 질병 치료의 패러다임을 바꾸고 있는 기업으로 창업자인 에릭 레프코프스키(Eric Lefkofsky)의 아내가 유방암 진단을 받은 후 치료에 기술이 제대로 활용되지 않는 데 좌절하며 설립했다.

템퍼스 AI는 단순한 유전자 검사 제공을 넘어 방대한 임상·분자 데이터를 수집하고 구조화해 환자 개개인에게 최적화된 치료법을 제시하는 '정밀 의료용 운영체제(OS)'를 구축하고 있다.

최근 국내 투자자들 사이에서 템퍼스 AI가 주목받는 데는 유력 인

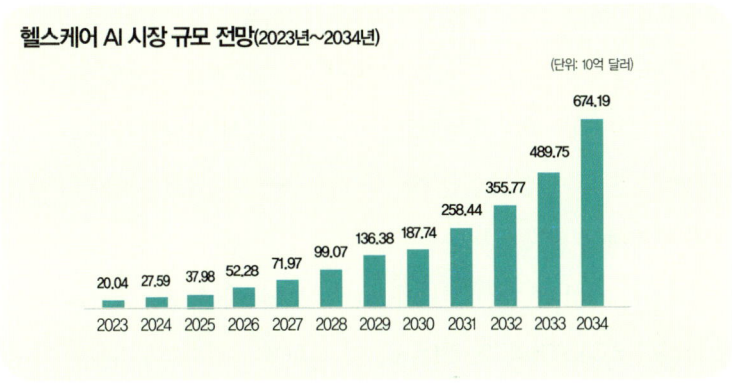

출처: https://www.towardshealthcare.com

사들의 투자 소식이 큰 영향을 미쳤다. 전 하원의장 낸시 펠로시의 남편인 폴 펠로시의 투자 포트폴리오에 포함된 것으로 알려졌으며 '파괴적 혁신'의 아이콘인 캐시 우드의 ARK 인베스트가 템퍼스를 핵심 보유 종목으로 편입했다. 그 외 주요 기술 리더들의 발언도 관심을 증폭시켰다. "앞으로 수년 안에 AI는 놀라운 속도로 발전해 의료 산업을 혁신할 겁니다."라는 엔비디아 CEO 젠슨 황의 발언과 "의료용 챗GPT 개발을 검토하겠습니다."라는 OpenAI CEO 샘 알트먼의 발언이 투자자들의 기대감을 높였고 이러한 기대에 부응하듯 헬스케어 산업에서 AI는 2034년까지 연평균 37.6%라는 높은 성장률을 기록하며 6,700억 달러 규모의 시장으로 성장할 것이 예상된다.

템퍼스 AI의 핵심 경쟁력은 강력한 '데이터 선순환 구조(Data Fly Wheel)'에서 나온다. 템퍼스의 사업은 맞물려 돌아가는 세 개 톱니바퀴와 같다. 첫 번째 '유전체학(Genomics)' 사업을 통해 암 환자의 유전자 염기 서열을 분석하고 그 대가로 보험사나 환자로부터 수익을 얻는다. 이

것이 시작점이다. 진단 과정은 그 자체로 보험사 등으로부터 수익을 창출하지만 그보다 훨씬 더 중요한 전략적 가치는 바로 경쟁사가 접근할 수 없는 데이터를 얻는다는 데 있고 그 과정에서 생성된 방대한 유전체 데이터는 두 번째 사업인 데이터 사업을 위한 '독보적 데이터 생태계'를 구축하는 원료가 된다.

텝퍼스의 가장 큰 자산은 세계 최대 규모의 '다중 모달(Multi modal) 의료 데이터 라이브러리'다. 경쟁사들이 유전체나 전자의무기록(EHR) 중 하나에 집중하는 반면 텝퍼스는 한 환자에 대한 유전체 데이터, 임상 데이터, 병리 이미지, 방사선 이미지 등 모든 종류의 데이터를 통합·수집한다. 현재까지 약 4천만 건의 연구 기록과 250페타바이트(Petabytes)가 넘는 데이터를 축적했으며 이는 AI 모델 훈련에서 질적·양적으로 압도적 우위를 제공한다. 텝퍼스 AI는 독점적인 이 데이터를 비식별화해 아스트라제네카, GSK 등 상위 20개 제약사의 95%에 연구용·신약 개발용으로 라이선싱하며 추가 수익을 창출한다.

마지막으로 이렇게 축적된 세계 최대 규모의 다중 모달 데이터는 AI 모델을 훈련시키는 데 사용되어 의사들이 환자에게 가장 적합한 치료법이나 임상시험을 찾는 것을 도와주는 '애플리케이션'을 구동한다. 이 애플리케이션의 유용성이 입증될수록 더 많은 의사(현재 미국 종양학자의 50% 이상)가 텝퍼스의 유전자 검사를 사용하고 이는 더 많은 데이터를 축적시켜 AI 모델을 더 정교하게 만든다. 강력한 이 선순환 구조는 후발 주자가 쉽게 따라올 수 없는 독보적 해자를 구축한다.

텝퍼스 AI는 이제 암 정복을 넘어 자사의 강력한 데이터 플랫폼을 심장학, 정신 건강 등 다른 질병 영역으로까지 확대를 꾀하고 있다. 전

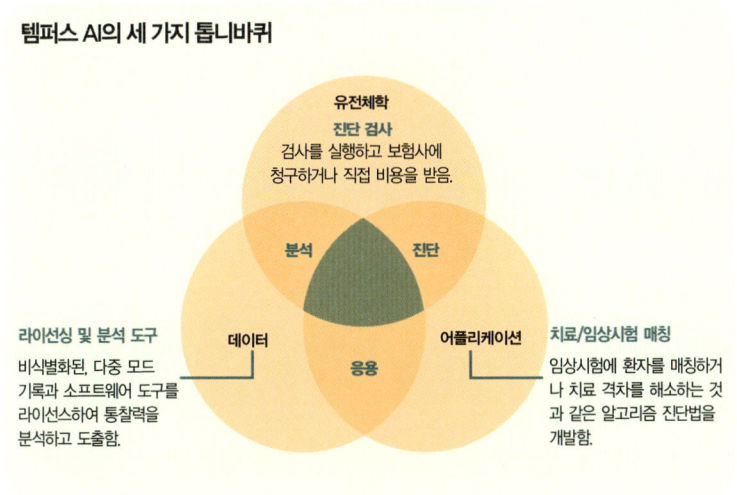

출처: https://www.towardshealthcare.com

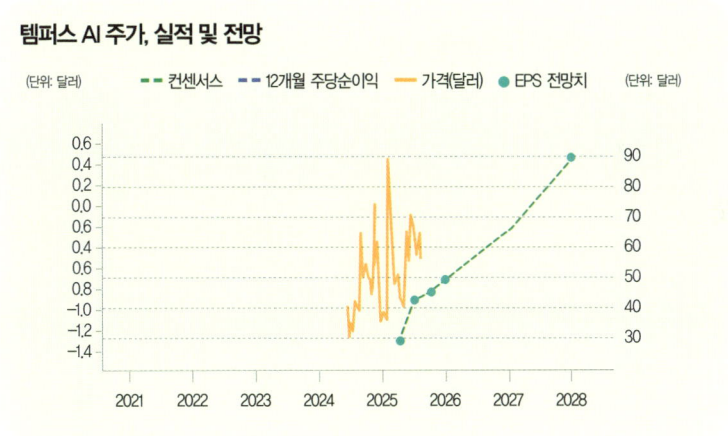

출처: https://www.zacks.com

통적인 진단 기업이 검사비라는 단일 수익 모델에 의존하는 반면 템퍼스는 하나의 데이터를 생성해 검사 수익과 데이터 라이선싱 수익을 동시에 창출하는 혁신적 비즈니스 모델을 완성했다. AI를 통해 데이터 가치를 극대화하고 그 데이터를 기반으로 다시 의료 현장의 의사결정을 돕는 템퍼스의 통합 플랫폼은 정밀 의료 시대의 표준이 될 충분한 잠재력을 보여준다.

깅코 바이오웍스(티커: DNA)

깅코 바이오웍스는 '세포를 프로그래밍하는 회사'라고 스스로 정의하는 합성 생물학 분야의 플랫폼 기업이다. 미생물, DNA 등 생명체의 가장 기본적인 설계도를 직접 디자인하고 엔지니어링해 제약, 농업, 산업재 등 물리적 세계의 모든 문제를 해결하는 것을 목표로 한다. 깅코는 AI를 이용해 신약을 '예측'하는 수많은 기업과 달리 AI의 예측을 현실 세계에서 '검증'하고 그 결과를 AI에게 다시 학습시키는 독특한 사업 모델로 AI 신약 개발 시대의 핵심 플레이어로 주목받고 있다.

AI 신약 개발은 인류의 질병 정복을 앞당길 혁명으로 기대받고 있다. 전통적인 방식으로는 수십 년이 걸리던 신약 후보 물질 발굴, 설계,

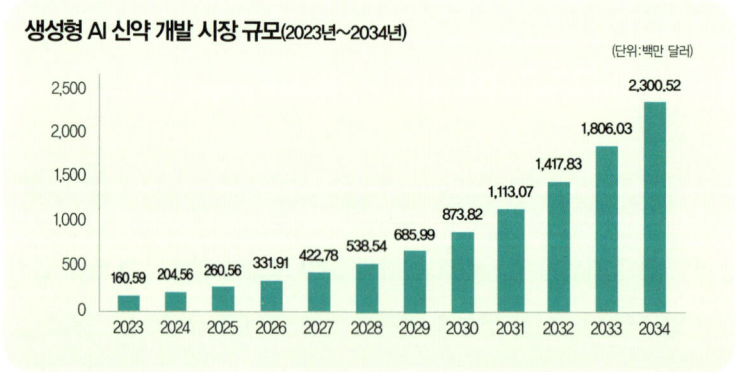

출처: https://www.precedenceresearch.com

임상시험 최적화 과정을 AI가 수개월 단위로 단축할 수 있기 때문이다. '생성형 AI 기반 신약 개발 시장'은 2034년까지 연평균 30%에 가까운 폭발적인 성장이 예상되지만 '데이터 부족'이라는 장애물이 발목을 잡고 있다. AI를 훈련시키기 위해서는 방대하고 구조화된 양질의 실험 데이터가 필수적이지만 신약 개발 데이터는 매우 부족하고 생성 비용도 엄청나다. 이 때문에 대부분 제약사와 AI 기업들은 검증된 소수의 타겟에만 집중하며 치열한 경쟁을 벌이고 있다.

이러한 데이터 병목 현상 속에서 깅코 바이오웍스의 경쟁력이 빛을 발한다. 깅코의 핵심은 AI 모델이 내놓은 수만 개 가설인 "이런 유전자 조합은 특정 질병에 효과가 있을 것이다."라는 예측들을 고도로 자동화된 로봇 실험실(Foundry)에서 실제로 빠르고 저렴하게 테스트하고, 그 결과를 AI가 즉시 학습할 수 있는 구조화된 고품질 데이터로 변환해 되먹이는(Feedback) 능력에 있다. 즉 설계(Design) → 제작(Build) → 테스트(Test) → 학습(Learn)으로 이어지는 'DBTL 사이클'을 거대한 규모로 빠른 속도로 돌릴 수 있는 플랫폼을 구축한 것이다.

깅코의 자동화 실험실

출처: https://www.bostonglobe.com

깅코의 진정한 해자는 이 플랫폼을 구축하면서 쌓아온 운영 노하우와 독점적 데이터에 있다. 수십억 달러를 투자해 구축한 자동화된 실험 프로토콜과 그 과정에서 축적된 방대한 실험 결과 데이터는 후발 주자가 단기간에 자본만으로는 따라올 수 없는 근본적인 경쟁 우위를 제공한다. 결국 AI 신약 개발 경쟁이 '누가 더 좋은 독점 데이터를 가졌는가?' 싸움으로 귀결될수록 깅코의 가치는 더 커질 수밖에 없다. 깅코는 제약사들에게 "당신들의 AI 모델이 더 똑똑해질 수 있도록 우리가 현실 세계의 데이터를 만들어 주겠다."라고 제안하는, AI 시대를 위한 데이터를 파는 '데이터 정유소' 역할을 하고 있다. AI 신약 개발이라는 골드러시 시대에 금을 캐는 수많은 경쟁자에게 '곡괭이와 청바지'를 공급하는 기업이 바로 깅코 바이오웍스다.

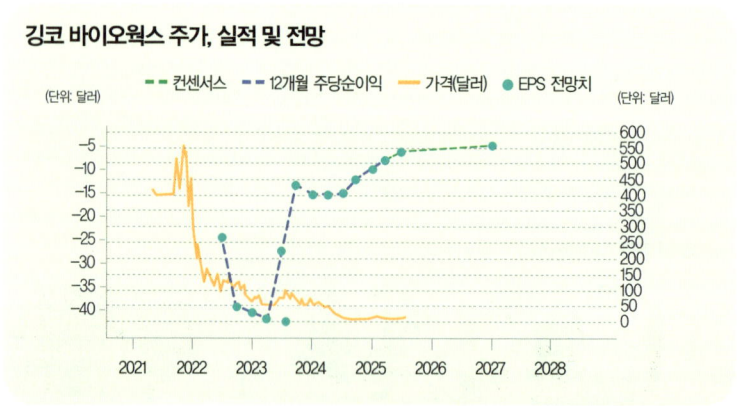

출처: https://www.zacks.com

AI가 이끌고
트럼프가 미는 암호화폐

2025년 암호화폐 시장은 두 개의 거대한 성장 동력을 만났다. AI 기술이 이끄는 혁신과 트럼프 행정부의 제도권 편입이라는 정치적 순풍이다.

AI 주요 수혜주로 각광받는 금융

금융업 자체가 최근 AI로 인한 대표적인 수혜 산업이 될 것으로 기대받고 있는데 거기에는 네 가지 핵심 원인이 있다.

첫째, AI를 '핵심 전략'으로 인식하는 태도 변화다. 다른 산업들이 AI를 '도입해볼 만한 신기술' 정도로 여길 때 금융권은 AI를 미래의 생존과 성패를 좌우할 결정적인 무기로 인식하고 있다. 조사에 따르면 전 세계 은행 중 25% 이상이 AI의 '전략적 중요도(Materiality)'를 상향 조정했고 이러한 인식 변화는 단순히 기술 도입을 넘어 AI를 중심으로 전사적 자원과 전략을 집중하게 만든다. 실제로 보험과 기타 금융 서비

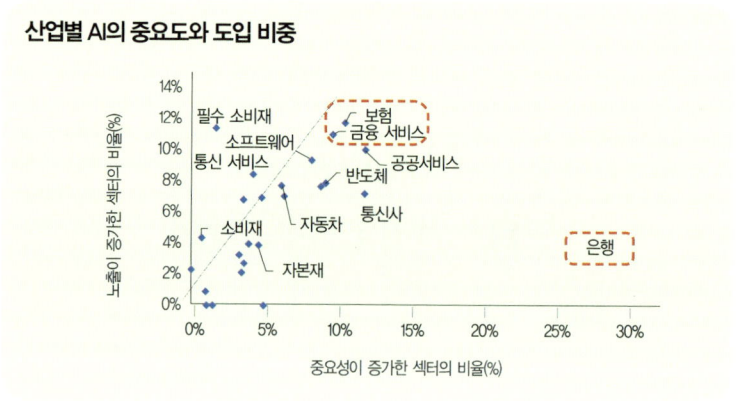

스는 AI를 가장 적극적으로 도입하고 있는 산업 중 하나다.

둘째는 비용 절감이다. 금융업은 본질적으로 인건비가 매우 많이 차지하는 산업 중 하나다. 단순히 대규모 고객 서비스 조직이 필요하다는 점 외에도 금융업은 고액의 임금을 주는 대표적인 산업이어서 전체 비용에서 인건비가 차지하는 비중(유럽 금융사는 약 26%)이 매우 높다. 생성형 AI는 기존 고객 서비스와 단축할 수 있으며 그 외 다수 애널리스트 같은 고가의 인력, 즉 AI 도입에 의한 비용 절감과 생산성 향상 효과가 다른 어떤 산업보다 즉각적으로 극적으로 나타날 수 있는 구조다.

셋째, 신규 수익원 창출이다. AI가 도입될 경우 대부분 산업은 비용 절감에 따른 생산성 향상을 기대한다. 즉 같은 양의 일을 더 적은 인원으로 더 적은 시간 안에 완성할 수 있고 이것이 기업의 수익성을 높여 준다는 것이다. 하지만 금융 섹터는 AI를 기반으로 신상품 개발, 초개인화 마케팅 등 새로운 수익을 창출하는 공격적 무기로도 적극적으로 활용될 수 있다. 실제 설문 조사 결과 금융 기업들은 AI를 통해 '생

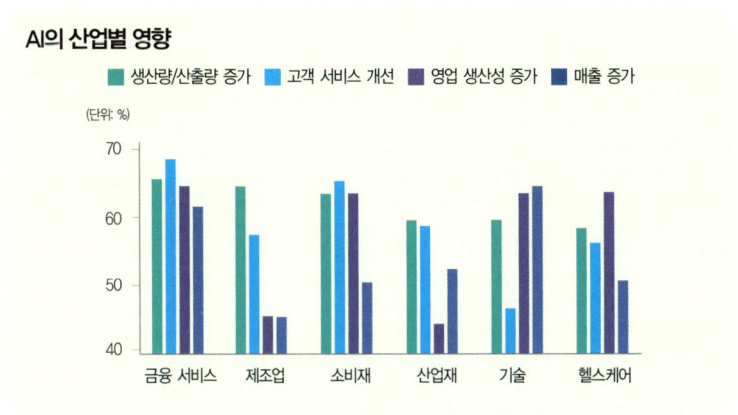

산량 증가', '고객 서비스 개선', '영업 생산성 향상', '매출 증대' 등 모든 목표를 가장 균형적으로 추구하는 것으로 나타났다.

넷째는 가격 결정력이다. AI를 통해 운영 효율성을 높여 비용을 절감하더라도 경쟁이 치열한 산업은 그 혜택을 가격 인하나 서비스 개선 형태로 고객에게 모두 돌려주어야 한다. 금융 섹터는 AI로 얻은 효율

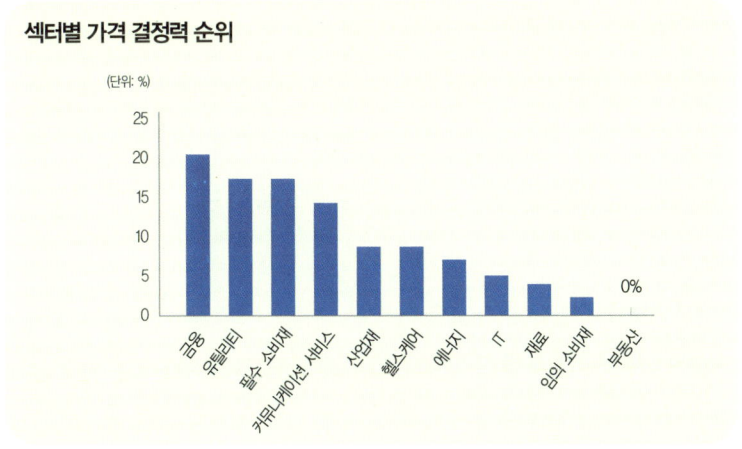

성 가치를 기업 이익으로 가장 잘 흡수해 유지할 수 있는 '가격 결정력'을 가졌으므로 AI 투자가 실제 기업의 순이익 증가로 이어질 가능성이 가장 크다.

최근 금융과 AI의 기대감에 더해 트럼프 대통령의 암호화폐 이니셔티브까지 합쳐지면서 관련 기업들의 성장이 더 기대된다.

트럼프 정책 수혜가 기대되는 스테이블 코인

스테이블 코인(Stable coin)은 특정한 기초 자산의 가치에 고정되어 안정적인 가치를 유지하도록 설계된 암호화폐다. 주로 달러, 유로 등 법정 화폐와 가치를 1:1로 고정해 쓰인다. 비트코인이나 이더리움 같은 일반적인 암호화폐의 가격 변동성이 크다 보니 화폐로 사용하는 데 위험성이 있는 문제를 해결하기 위해 개발되었다.

스테이블 코인은 비교적 최근 들어 각광받지만 최초의 스테이블 코인은 2014년 10월에 발행된 테더(Thether)다. 테더는 미국 달러와 1:1 비율로 가치를 처음으로 연동시켰고 이후 USDC, TUSD 등 다양한 코인들이 발행되면서 현재는 스테이블 코인이 수백 가지로 늘었다. 스테이블 코인은 다음과 같이 크게 네 가지 유형으로 나뉜다.

① USDT, USDC 같은 법정 화폐를 담보로 하는 스테이블 코인
② 이더리움 같은 다른 암호화폐를 담보로 사용하는 스테이블 코인
 (예: DAI, EOSDT 등)

③ 알고리즘과 스마트 컨트랙트를 통해 공급량을 조절하는 알고리즘 기반 스테이블 코인(예: 테라)

④ 금, 부동산 등 실물 자산에 연동되는 스테이블 코인(예: DGX 등)

2022년 '루나 사태'에서 알 수 있듯이 알고리즘 기반 스테이블 코인은 여전히 위험성이 있으며 안정성을 중시하는 스테이블 코인의 특성상 시장에서 가장 각광받는 것은 법정 화폐 기반의 스테이블 코인이다.

지니어스 법안 통과로 상승 동력을 받은 스테이블 코인

2025년 6월 17일 미국 상원에서 일명 '지니어스 법안'이 통과되었다. 이 법안은 스테이블 코인에 대한 정의와 규제 감독 기관을 명확히 하며 자산으로서 규제를 강화하는 내용이 주요 골자다. 하지만 시장에서는 이러한 규제안이 스테이블 코인에 대한 소비자 신뢰를 증가시키고 은행, 핀테크, 대형 유통업체 등 다수의 주요 경제 주체들이 스테이블 코인에 적극적으로 나서는 발판이 되며 자산운용사, 연기금 등 주요 투자 기관들이 적극적으로 투자에 나서도록 도와 시장 활성화에 긍정적인 영향을 미칠 것으로 기대하고 있다.

심지어 이번 법안에 미국 의원들과 그 가족이 스테이블 코인과 관련해 이익을 취하지 못하는 조항이 있지만 대통령에 대해서는 그런 조항이 없다. 이미 트럼프 대통령은 가족이 설립한 암호화폐 플랫폼인 월드 리버티 파이낸셜을 통해 자체 스테이블 코인인 USD1을 출시한 만큼 더 적극적으로 스테이블 코인 시장을 활성화시킬 것으로 전망된다.

미국이 이렇게 스테이블 코인을 활성화하려는 이유는 바로 스테이블 코인 업체들이 미국 국채의 떠오르는 매수처이기 때문이다. 2025년 6월 18일 기준 미국 정부 부채는 약 36조9,900억 달러이며 2024년 재정 적자는 약 1조8,300억 달러였다. 이러한 상황에서 트럼프 행정부가 BBB 법안을 통해 경기 확장, AI 경쟁력 강화를 위한 인프라 투자 등 다양한 재정 정책을 통해 미국 경제를 계속 부흥시키려고 함에 따라 재정 적자는 더 심화될 우려가 있다.

따라서 미국 정부는 더 많은 국채를 발행해 자금을 조달해야 하는 상황이지만, 미국 국채에 대한 외국인의 수요가 지속적으로 감소하다 보니 새로운 수요처가 필요한 상황이다. 그리고 그 수요를 대체할 수 있는 것이 바로 스테이블 코인 업체다. 발행사들은 스테이블 코인을 발행하면 그에 걸맞은 준비금을 보유해야 해 미국 단기 국채를 매수한다.

2024년 중국에 이어 세 번째로 미국 T-bill을 많이 매수했으며 향후 스테이블 코인이 커질수록 미국 국채를 더 많이 매수해줘 부족한 국채 수요를 메꿔주고 금리 안정과 환율 안정에도 도움을 줄 수 있다. 따라서 달러 기반 스테이블 코인은 앞으로 정부로서도 많은 이니셔티브가 기대된다.

또한 최근 지니어스 법안 외에도 '클래러티 법안(가상자산 구조화 법안)'과 'CBDC(중앙은행 디지털 화폐) 감시 국가 방지 법안'도 통과되었다. 이를 통해 디지털 자산을 정의함에 따라 상품선물거래위원회(CFTC)와 증권거래위원회(SEC) 중 규제 당국을 정하는 등 가상화폐 규제를 명확히 하고 연방준비제도이사회(FED, 연준)가 중앙은행 디지털 화폐를 발행하는

지니어스 법안 주요 내용

지니어스 법안은 지급용 스테이블 코인(Payment Stable Coin)을 미국 달러 등 유동성이 높은 자산에 가치가 고정되고 결제 또는 정산 목적으로 사용되는 디지털 자산으로 정의해 허가된 발행자만 발행할 수 있게 한다.

준비금 요건
발행자는 발행한 스테이블 코인에 대해 현금, 미국 단기 국채, 중앙은행 준비금 등 유동성이 높은 자산을 1:1로 보유해야 한다. 또한 준비금은 안전하게 분리·관리되어야 하며 월별로 보유 자산을 공개적으로 공시해야 한다.

규제 및 감독
연방과 주정부가 이중 감독 체계를 구축하여, 시가총액 100억 달러 이상은 연방준비제도(FED)가, 그 이하는 주(州)에서 감독한다. 자금세탁방지(AML), 테러자금조달방지(CTF) 규정 준수, 연간 인증 의무가 있으며 기술적으로 거래 정지·동결 및 법원 명령 이행이 가능해야 한다.

투명성 및 소비자 보호
발행자는 정기적으로 감사를 받아야 하며 자산 구성 내역을 매월 공개할 의무가 있다. 또한 스테이블 코인 발행사가 파산하면 스테이블 코인 보유자에게 자산 우선 상환권을 부여한다.

발행 자격 및 제한
대형 기술 기업(비금융)은 직접 발행이 불가하며 규제된 금융기관과 파트너십이 필요하다. 또한 의회 의원과 가족은 스테이블 코인 관련 이익을 취하지 못한다.

것을 금지하는 내용을 담고 있다. 이는 명확한 규제를 통해 시장의 신뢰를 높이고 정부가 아닌 민간 기업 주도로 스테이블 코인을 확대할 기회를 부여받을 것으로 기대되고 있다. 미국을 '암호화폐 수도'로 만들겠다는 트럼프의 비전은 계속되고 있다.

결제 시장에 참여한 스테이블 코인

2025년 스테이블 코인은 더 이상 암호화폐 생태계에만 머물지 않고 글로벌 결제 시장의 핵심 인프라로 자리 잡고 있다. 2024년 한 해 동안 처리된 스테이블 코인 거래량은 27조6천억 달러로 비자와 마스터카드를 합친 것보다 약 7.6% 많다.

  2023년까지 전체 스테이블 코인 결제는 P2P가 대부분이었지만 수출입 대금, 공급업체 결제, 국제 급여 지급 등에서 활발히 사용되며 연간 360억 달러 규모의 B2B 결제가 발생하면서 스테이블 코인 결제의 새

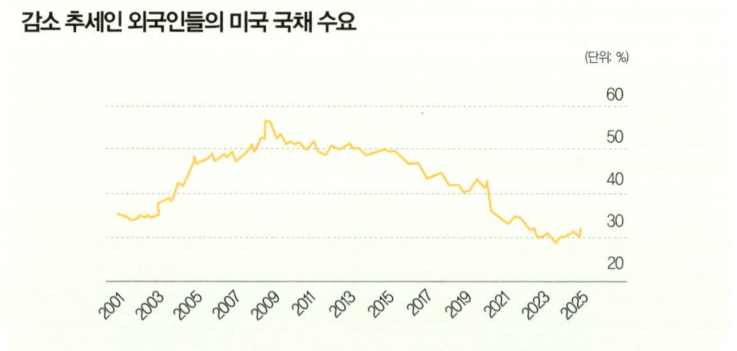

출처: https://www.bloomberg.com

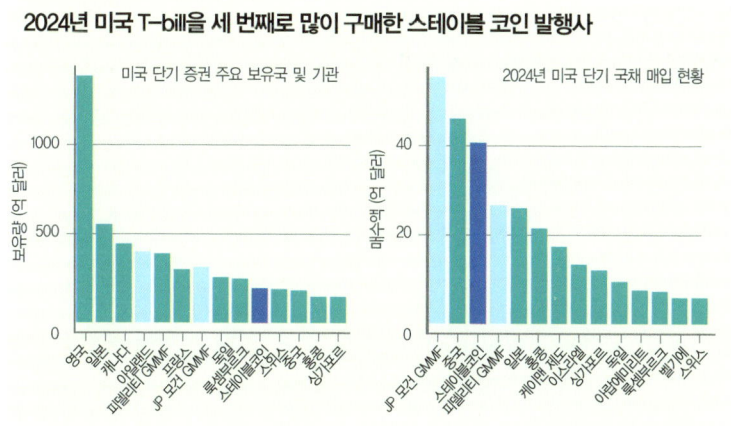

출처: 국제결제은행

로운 성장 동력으로 떠오르고 있다.

2025년 6월 23일 디지털 뱅킹 및 소상공인들을 위한 POS와 관련 솔루션을 제공하는 핀테크 기업 파이서브는 스테이블 코인인 FIUSD를 발표하며 600만 개 이상 가맹점에게 결제를 처리할 수 있도록 지원하겠다고 했으며, 다음 날 마스터카드는 파이서브와의 파트너십을 발표하며 1억5천만 개 가맹점에서 FIUSD 결제를 지원할 것이라고 전하며 스테이블 코인 결제에 적극적으로 뛰어들었다.

비자도 2021년부터 USDC 기반 정산 시스템을 운영해 왔으며 2025년 4월 Bridge와의 파트너십을 통해 코인 카드 서비스를 라틴 아메리카 6개국으로 확대했고, 비자 토큰화 자산 플랫폼(VTAP)을 통해 은행과 금융기관이 법정 화폐 기반 디지털 토큰을 발행·관리할 수 있도록 지원하는 등 적극적으로 뛰어들고 있다.

카드사뿐만 아니라 전통적인 은행들도 스테이블 코인에 뛰어들고 있는데 JP 모건은 JPMD를 출시해 24시간 정산 서비스, 국제 B2B 거래 지원, 온체인 디지털 자산 정산 솔루션 등을 제공하겠다고 발표했으며, 뱅크 오브 아메리카도 지니어스 법안이 통과되면 스테이블 코인 사업에 진출할 것이라고 전했다.

이처럼 결제 시장에서 스테이블 코인이 각광받는 이유는 결제·송금 시장에서 기존 결제망인 SWIFT나 RTGS보다 비용·시간 측면에서 강점이 있기 때문이다. SWIFT를 통한 국제 송금 때는 여러 중앙은행을 거치기 때문에 평균 2~5일 걸리지만 스테이블 코인은 단 몇 초 안에 끝난다. 거래 가능 시간도 전자는 은행 업무 시간에만 가능하지만 스테이블 코인은 1년 365일 24시간 내내 가능하다. 비용 측면에서도 기존에는 수십 달러가 들었지만 1달러 이내로 결제가 가능하다. 그 외에도 거래가 투명하고 은행 계좌 없이도 사용할 수 있어 낙후된 금융 인프라를 가진 제3세계에서 사용할 수 있는 등 다양한 장점이 있다.

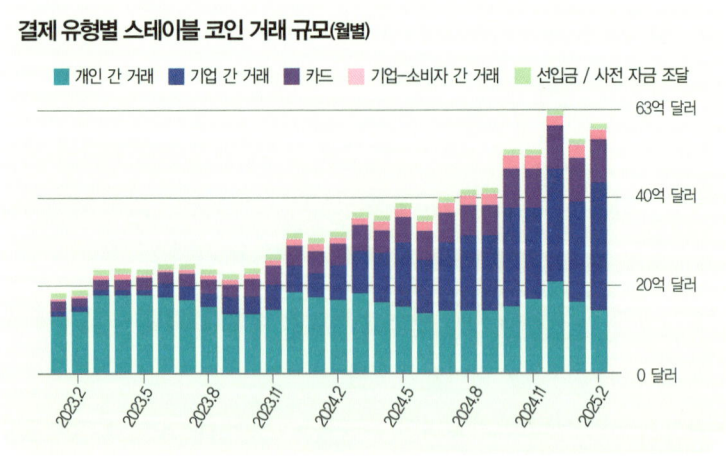

실제 데이터를 활용한 비용 및 속도 비교

비교 항목	기존 금융 시스템	스테이블 코인
거래당 비용	20~50달러 이상	1달러 미만
결제 완료 시간	2~5일	수 초
투명성	불투명(상대적)	온체인 추적 가능
이용 가능 시간	은행 영업시간	24시간 연중무휴(24/7)

출처: https://www.endl.io

코인 베이스 (티커: COIN)

코인 베이스는 2012년 브라이언 암스트롱이 설립한 미국 최대 규모의 암호화폐 거래소이자 주요 암호화폐 관련 서비스 기업이다. 코인 베이스의 주요 사업은 크게 거래 플랫폼, 자산 보관 서비스(Custody) 등이 포함된 구독·서비스·기타 부문 세 가지다.

먼저 코인 베이스는 미국 내 암호화폐 거래소 점유율 66%를 차지한 압도적인 1위 기업으로 약 250개 암호화폐 거래를 지원한다. 거래를 통한 매매 수수료는 코인 베이스 전체 매출의 약 48%로 가장 많은 부분을 차지한다. 전체 매출의 약 46%를 차지하는 구독·서비스 부문은 다양한 수익원으로 이루어져 있다. 우선 코인베이스 원(Coinbase One)이라는 월 29달러 99센트 유료 구독 서비스를 제공하는데 이 서비스에는 수수료 무료, 스테이킹 보상 등이 포함되어 있다. 2024년 12월 전 세계 42개국에서 약 60만 명의 구독자를 확보하며 구독자 수가 계속 증가하는 중이다.

자산 수탁 서비스도 코인 베이스가 가진 핵심 서비스다. 암호화폐를 보관해주고 보관료를 받는 사업으로 자산운용사들이 암호화폐 관련 ETF를 운용할 때 코인베이스의 수탁 서비스를 이용한다. 코인베이스의 뛰어난 블록체인 네트워크 관리와 보안 인프라 역량 덕분에 비트코인 ETF 발행사 11곳 중 8곳이 코인베이스를 수탁사로 선택했으며 2025년 1분기 2,120억 달러 규모의 암호화폐를 보관 중이다.

이와 함께 스테이킹 서비스도 코인베이스의 주요 수익원이다. 스테이킹은 암호화폐를 특정 블록체인 네트워크에 예치하는 대가로 받는 보상이다. 사용자가 이더리움, 솔라나, 카르다노 등 지분 증명(PoS) 블록체인에 암호화폐를 맡기면 코인베이스가 이를 대신 스테이킹해주고 보상의 일부(약 35%)를 수수료로 받는다. 2025년 1분기 기준 스테이킹 관련 매출은 약 1억9,660만 달러로 전년 동기 대비 30% 이상 성장했다.

서클과의 파트너십은 코인베이스의 모멘텀을 강화하고 있다. 코인베이스는 서클과 공동으로 USDC 스테이블 코인을 발행하며 USDC 준비금 수익의 일부를 분배받는다. 코인베이스 플랫폼에서 보유한 USDC 준비금 수익은 코인베이스가 100% 가져가고 그 외 플랫폼에

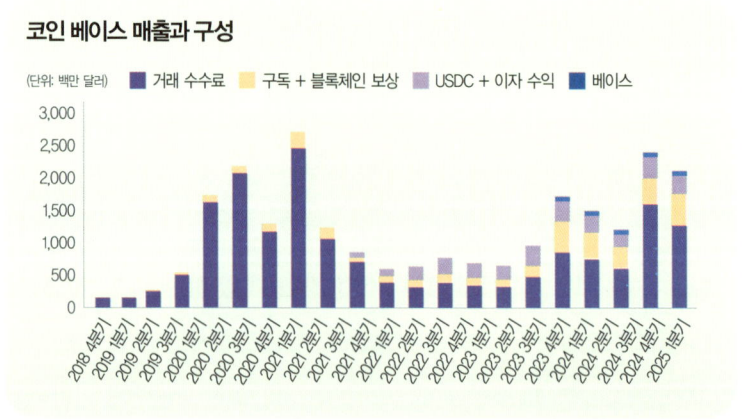

출처: https://cointelegraph.com

서 보유한 USDC에 대한 수익은 50:50으로 나눠 갖는 구조다. 최근 지니어스 법안이 상원을 통과하고 서클 시장이 계속 확대되고 있어 이와 관련된 추가 수익을 기대할 수 있다.

2025년 5월 코인 베이스는 세계 최대 암호화폐 기반 파생상품 플랫폼인 Deribit을 인수하며 신규 사업에 진출했다. Deribit은 글로벌 암호화폐 옵션 시장의 75%를 점유하고 있으며 2024년 연간 거래량은 1조 2천억 달러였다. 또한 코인베이스는 CFTC(미국 상품거래위원회)와 영구 선물을 협의 중이다. 영구 선물은 암호화폐 기반 금융시장 확대를 계속 꾀하고 있다.

또한 코인베이스는 AI 검색 엔진 스타트업 퍼플렉시티와의 파트너십을 통해 AI 시대로의 진입을 가속화하고 있다. 파트너십의 1단계는 코인베이스의 방대한 온체인 데이터를 퍼플렉시티의 AI에 직접 통합해 AI를 강력한 '정보 분석 에이전트'로 만드는 것이다. 이를 통해 트레이더들은 복잡한 툴 없이도 "지난주 솔라나 생태계에서 가장 활발했던 NFT는?"과 같은 자연어 질문만으로 새로운 투자 아이디어를 발굴하

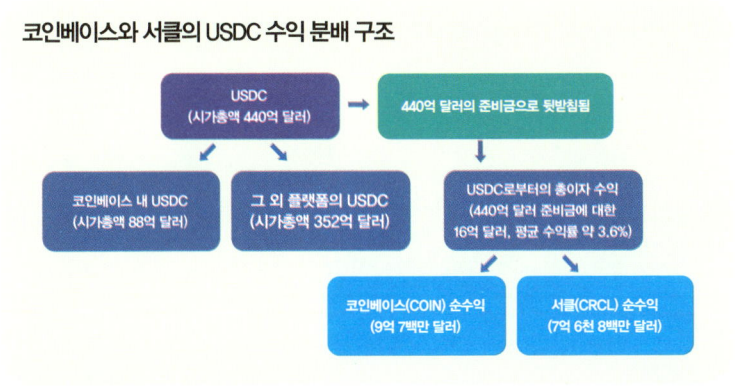

출처: https://coinmetrics.substack.com

고 토큰 성과를 모니터링하며 온체인 활동을 분석할 수 있게 된다.

하지만 진정한 잠재력은 2단계에서 드러난다. 이는 정보 조회를 넘어 AI가 사용자의 지시를 받아 실제 행동까지 수행하는 '자율 실행 에이전트'로 진화하는 단계다. 예를 들어 사용자가 "가장 활발했던 저 NFT를 내 코인베이스 월렛으로 0.5 더 구매해줘."라고 명령하면 AI가 거래를 직접 실행하는 것이다.

이처럼 '정보 분석'에서 '자율적 실행'으로 나아가는 명확한 로드맵을 제시했다는 점에서 이번 파트너십은 금융과 암호화폐, AI가 결합된 진정한 에이전틱 AI 시대를 여는 중요한 이정표가 될 것으로 보인다.

브라이언 암스트롱 CEO는 코인베이스는 100% 암호화폐에만 집중된 조직이라고 평가했으며 실제 암호화폐 시장에 필수적인 다양한 서비스를 제공하는 암호화폐 주요 인프라 기업으로서 향후 지니어스 법안에 따른 스테이블 코인 성장에 따른 수혜가 기대된다.

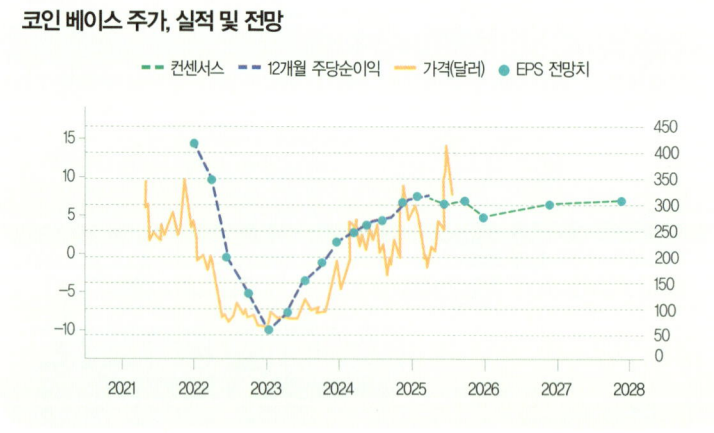

출처: https://www.zacks.com

서클 인터넷 그룹(티커: CRCL)

서클은 USDC라는 스테이블 코인 발행사로 2013년 제러미 얼레어와 숀네빌이 설립했다. USDC는 테더에 이어 시장 점유율 2위의 스테이블 코인으로 610억 달러 규모의 유통량을 보유 중이다.

서클의 핵심 비즈니스 모델은 USDC 발행에 따른 준비금 운용 수익이다. 스테이블 코인 발행사들은 발행한 코인 규모에 맞는 준비금을 보유해야 한다. 서클은 준비금의 90%를 미국 단기 국채에 투자하고 있는데 이 채권에서 나오는 이자 수익이 서클의 주요 수익이다. 2024년 기준으로 이익의 약 97%가 이자 수익이었을 만큼 이자 수익 비중이 압도적으로 높은 동시에 금리 변동에 따른 영향이 크다고 할 수 있다.

구체적으로 살펴보면 2022년 USDC 전체 유통량은 445억 달러였고 2023년은 그 절반에 가까운 244억 달러였다. 하지만 2023년 매출은 2022년보다 오히려 높았다. 2022년 매출은 7억7천만 달러였고 2023년 매출은 그 2배에 가까운 1억4,500만 달러였다. 2022년 평균 금리는 1.5%였고 2023년 금리는 4.7%여서 이러한 차이가 만들어졌다.

다만 서클의 이자 수익은 미국 3개월물 금리나 SOFR 금리와 완전히 연동되지는 않는다. 최근 분기별 금리 현황을 살펴보면 2025년 1분기 서클의 금리는 4.16%로 SOFR 4.33%나 3개월물 국채 금리인 4.21%보다 낮았다. 하지만 그 이전 분기인 2024년 4분기에는 SOFR 금리보다 낮았지만 3개월물 국채 금리보다는 높았다. 따라서 금리의 전체적인 방향성은 따라가되 특정 금리로 서클 금리를 예측하는 것은 정확하지 않을 가능성이 크다.

서클의 금리가 높다고 무조건 좋은 것만은 아니다. 코인베이스는

시가총액 기준 스테이블 코인 순위

(2025년 6월 29일 기준)

순위	이름	가격	1시간 변화	24시간 변화	7일 변화	시가총액
1	테더 (USDT)	1달러	0.00%	0.00%	0.00%	157억 6천2백만 달러
2	USDC (USDC)	1달러	0.01%	0.00%	+0.01%	61억 7천만 달러
3	에테나 USDe (USDE)	1달러	0.00%	0.00%	−0.10%	5억 3천만 달러
4	다이 (DAI)	1달러	+0.03%	0.00%	−0.03%	3억 6천4백만 달러
5	퍼스트 디지털 USD (FDUSD)	1달러	+0.03%	+0.07%	+0.16%	1억 4천8백만 달러

출처: https://www.forbes.com

USDC 예치 금리로 4.1%를 제시하는데 금리가 높아지면 USDC를 팔고 다시 실물 달러 자산으로 갈 수 있다. 또한 반대로 금리가 인하된다고 해서 무조건 악재인 것은 아닌데 이는 금리가 인하될 경우 스테이블 코인 시장이 활성화되며 추가 수익을 올릴 수 있기 때문이다. 따라서 기본적으로는 고금리 환경이 유리하지만 세부 사항에 따라 그 정도는 변할 수 있다는 것을 고려해야 한다.

2025년 1분기 순발행량은 전년 동기 대비 2배 증가했다. 서클은 스테이블 코인 기업 중 투명성을 강조한 기업으로 상장 전에도 매월 투자 내역과 잔액을 공개하며 회계 법인 감사도 지속적으로 받아오며 시장의 신뢰를 받기 위해 노력했다. 이로 인해 골드만삭스가 초기 투자자로 참여했으며 추후 지니어스 법안 때문에 커질 스테이블 코인 시장에서 다수 기관의 선택을 받을 가능성이 크다.

최근 파이서브가 자체 스테이블 코인인 FIUSD를 발행하겠다고 발표하며 서클을 파트너로 선정했다. 이로 인해 서클의 USDC 인프라와 Circle Payments Network가 파이서브의 디지털 뱅킹 및 결제 플랫폼과 통합되어 향후 더 빠른 성장세가 기대된다.

서클 발행량과 매출

(단위: 백만 달러)

구분	2025년 1분기	2024 1분기	회계연도 2024	회계연도 2023	회계연도 2022
주요 운영 데이터					
기말 USDC 유통량	59,976	32,419	43,857	24,412	44,554
평균 USDC 유통량	54,136	28,056	33,342	30,467	49,861
준비금 수익률	4.20%	5.10%	5.00%	4.70%	1.50%
기말 플랫폼 내 USDC 보유량	3,857	964	2,236	525	537
플랫폼 내 USDC의 일일 가중 평균 비율	5.70%	2.30%	2.20%	2.00%	1.80%
USDC 발행량	53,222	32,149	141,342	95,833	167,609
USDC 환매량	−37,103	−24,142	−121,897	−115,975	−165,471
스테이블코인 시장 점유율 (기말 기준)	29%	23%	24%	20%	34%
활성 지갑 수(기말 기준) (백만 개)	4.88	3.12	4.26	2.78	1.76
GAAP 재무 데이터					
총수익 및 준비금 수익	579	365	1,676	1,450	772
순이익(손실)	65	49	156	268	−769
비GAAP 재무 데이터					
조정 EBITDA	122	76	285	395	96

※준비금 수익률, 플랫폼의 USDC의 일일 가중 평균 비율, 스테이블 코인 시장 점유율 제외

출처: 서클 S-1 공시

    과거 서클은 업계 2위임에도 스테이블 코인 점유율이 14.1%에 불과해 테더(79%)에 크게 뒤처져 있었다. 하지만 이번 실적 발표에서 서클의 점유율이 약 26%로 올라간 반면 테더는 67%로 낮아지며 격차가 조금씩 줄어드는 긍정적인 변화도 확인되었다. 그럼에도 불구하고 여전히 테더가 절대적 우위를 점하고 있는 점은 부담 요인으로 남아 있다. 가격 측면에서도 공모가 31달러에 비해 상장 직후 784%나 급등해 298달러까지 치솟아 밸류에이션 우려가 있다. 또한 실적 발표와 함께 천만 주 공모 소식을 밝혀 주가 희석 우려가 발생했다. 결국 서클은 차기 스

서클의 분기별 금리: 수익에 가장 큰 영향을 미친다

분기	준비금 수익률(%)	분기별 평균 담보부 익일 조달금리(SOFR) (%)	분기별 평균 3개월 국채 금리(%)
22년 1분기	0.14	0.09	0.29
22년 2분기	0.61	0.71	1.04
22년 3분기	2.06	2.15	2.61
22년 4분기	3.35	3.62	3.99
23년 1분기	4.24	4.50	4.59
23년 2분기	4.66	4.97	5.04
23년 3분기	5.16	5.24	5.27
23년 4분기	5.19	5.32	5.28
24년 1분기	5.13	5.31	5.23
24년 2분기	5.17	5.32	5.25
24년 3분기	5.11	5.28	5.00
24년 4분기	4.49	4.68	4.40
25년 1분기	4.16	4.33	4.21

출처: 서클 S-1 공시

서클의 USDC 발행 규모

항목	2025년 1분기	2024 1분기	회계연도 2024	회계연도 2023	회계연도 2022
기초 USDC 유통량	43,857달러	24,412달러	24,412달러	44,554달러	42,416달러
USDC 신규 발행액	53,222	32,149	141,342	95,833	167,609
USDC 환매액	−37,103	−24,142	−121,897	−115,975	−165,471
USDC 유통량 순증감	16,119	8,007	19,445	−20,142	2,138
기말 USDC 유통량	59,976달러	32,419달러	43,857달러	24,412달러	44,554달러

출처: 서클 S-1 공시

테이블 코인 시장의 핵심 플레이어인 것이 분명하지만 우려되는 부분도 있는 만큼 향후 우려되는 점을 어떻게 해소해 나가는지 살펴보면서 투자할 필요가 있을 것이다.

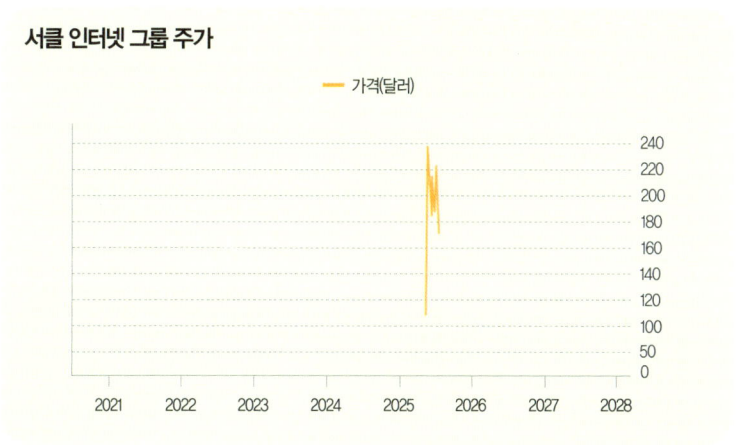

출처: //https://www.zacks.com

로빈후드(티커: HOOD)

로빈후드는 "금융을 민주화한다."라는 사명 아래 수수료 없는 주식 거래를 무기로 밀레니얼 세대를 열광시키며 월스트리트를 뒤흔든 핀테크 기업이다. 스마트폰 앱으로 주식, ETF, 암호화폐에 누구나 쉽게 투자할 수 있게 만들었으며 이제는 단순한 '무료 증권 앱'을 넘어 24시간 거래, 스테이킹, 신용카드, AI 투자 비서까지 아우르며 금융의 모든 경계를 허물고 있다.

하지만 이러한 성장 과정에서도 치명적인 위기를 겪은 적이 있다. 2021년 개인 투자자들이 열광했던 '게임스톱(GME) 사태' 당시 로빈후드가 돌연 매수 버튼을 막은 것이다. 이는 '금융 민주화'라는 기업의 정체성을 스스로 부정하는 결과를 낳으며 금융산업규제청(FINRA)으로부터 7,000만 달러 벌금을 부과받은 것뿐만 아니라 개인 투자자들의 신뢰까지 잃으며 2021년 2분기 2,100만 명이 넘었던 월간 활성 사용자

수는 2022년 1,090만 명 수준까지 하락했다.

이후 2022년 로빈후드는 골드멤버십에 미국 개인퇴직연금(IRA) 프로그램을 결합한 시너지 전략을 통해 반등의 기회를 잡았다. 미국의 퇴직연금인 401(K)에 가입할 경우 개인이 돈을 내면 일정 부분을 회사가 적립해 주지만, 개인이 IRA 프로그램에 가입하면 추가로 적립받는 것이 없다. 그런데 로빈후드는 월 5달러 골드 회원에게 IRA 입금액의 3%를 매칭해주는 파격적인 혜택을 제공했고 이는 고객의 장기 은퇴자금을 대거 유치하는 동시에 충성도 높은 유료 구독자를 확보해 주었다. 나아가 이는 기존 거래기반수익(PFOF) 외에 새로운 수익원을 얻는 방안이 되었고, IRA에 매칭된 금액은 5년간 로빈후드에 자금을 예치해야 해 예측할 수 있고 안정적인 순이자 수익(NII)을 크게 늘릴 수 있었다.

여기에 더해 로빈후드는 암호화폐와 토큰화(Tokenization)라는 거대한 시장을 노리고 있다. 이제 로빈후드는 단순히 비트코인이나 이더리움을 거래하는 것을 넘어 고객이 보유한 암호화폐를 예치하고 그 보상을 받는 '스테이킹' 서비스를 미국 전역으로 확대했다. 또한 가격 변동성을 최소화한 스테이블 코인을 활용해 글로벌 송금과 결제 시장 진출을 모색 중이며 자체 이더리움 레이어 2 블록체인인 '로빈후드 체인(The Robinhood Chain)' 개발을 통해 24시간 거래 가능한 실물 자산 토큰(RWA) 시장 선점을 꾀하고 있다. 이는 단순한 거래 중개를 넘어 블록체인 기술의 핵심 인프라를 직접 구축하겠다는 비전을 보여준다.

로빈후드는 여기서 그치지 않고 유럽 시장에 진출하며 레버리지를 활용한 '무기한 선물' 거래 도입을 통해 전문 투자자들을 끌어들이고 있다. 특히 유럽 고객들에게 OpenAI나 SpaceX 같은 비상장 기업의 가

RWA 토큰화 시장에 30조 달러의 기회가 있을 것으로 보고 있는 로빈후드

출처: https://www.franklinelevator.com

치를 추종하는 '주식 토큰(Stock Tokens)'을 지급하겠다고 했지만 OpenAI는 "자신들의 허락 없이 주식을 함부로 이전할 수 없으며 로빈후드와 파트너십을 맺은 적이 없다."라고 밝히며 단번에 논란과 관심의 한가운데 서기도 했다. 이는 리테일 투자자들이 접근할 수 없었던 프라이빗 마켓에 대한 투자 기회를 열어준다는 점에서 성공적인 마케팅이자 금융의 새로운 기회로 평가받았다. 나아가 로빈후드는 유럽 대형 암호화폐 거래소 '비트스탬프(Bitstamp)' 인수를 통해 기관 투자자 시장에 진출해 글로벌 사업을 확대했으며 AI 투자 비서 '코텍스(Cortex)'를 도입하고 골드카드 캐시백을 암호화폐로 자동으로 전환하는 서비스를 준비하는 등 이제 주식 거래 앱을 넘어 AI와 블록체인에 기반한 '종합 금융 슈퍼 앱'으로 진화하는 중이다. 거기에 더해 최근 S&P 500 편입이라는 쾌거까지 이루며 미국을 대표하는 플랫폼으로 인정받아 로빈후드의

향후 미래는 더 기대된다.

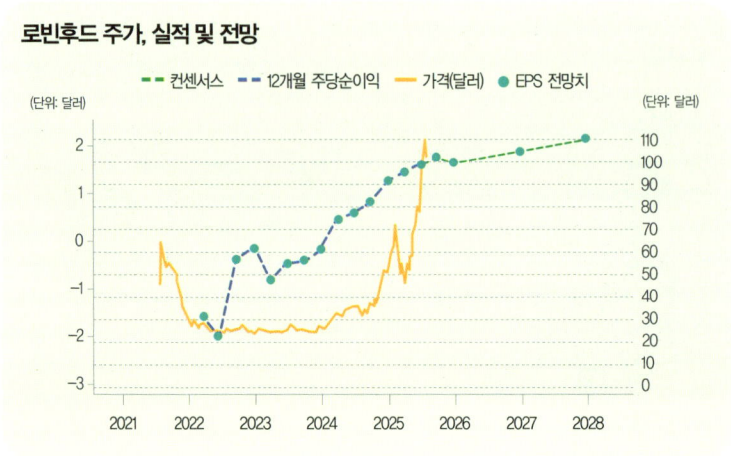

출처: https://www.zacks.com

정책 변화가 불러올
트럼프 수혜주

트럼프의 반이민 정책

트럼프 대통령은 취임 직후부터 대통령 불법 이민 관련 행정명령을 내리며 반이민 정책을 적극적으로 시행하고 있다. 트럼프 행정부는 남부 국경에 비상사태를 선언하고 불법 이민 유입을 '침략'으로 규정하고 주 방위군을 포함한 군 병력을 국경 지역에 파견하는 등 국경 통제를 위해 더 많은 인력을 배치하고 있다.

액손 엔터프라이즈 (티커: AXON)

액손 엔터프라이즈는 테이저건, 바디캠, 경찰 보고서의 초안을 자동으로 작성해 주는 '드래프트 원' 같은 제품과 서비스를 보유한 공공보안 기업이다. 향후 반이민 정책에 따라 국경 단속 및 경찰 출동이 잦아질 가능성이 크지만 경찰 전체 인력은 이 숫자를 채울 만큼 충분하지 않아 경찰 인력당 업무 효율성을 높이는 것이 중요하다. 그리고 이 효율성을 높여 주는 것이 바로 액손의 핵심 기술인 자동 전사(Auto

액손 바디캠 4

출처: https://www.axon.com

transcription) 기능이다.

액손의 드래프트는 경찰관이 바디캠에 녹음된 자신의 목소리로 사건의 세부 사항을 말하면 AI가 이를 텍스트로 자동으로 변환해 보고서 초안을 생성하므로 교대 근무당 1시간 이상 절약할 수 있으며 사건 관리 시스템인 액손 레코드는 보고서 작성시간을 평균 61% 단축시킨다고 전했다.

또한 액손은 Axon Assistant를 통해 대화 음성을 50개 이상 언어로 실시간 자동 번역해준다. 이는 불법 이민자 중 영어 구사력이 뛰어나지 않은 사람과의 현장 커뮤니케이션 문제를 해소해줘 경찰의 오판을 막아준다.

그 외에도 국경 남부 지역의 치안 강화 과정에서 드론을 통한 감시 기능이 강화되는데 액손은 미국 관세국경보호청(CBP)과 U.S. Border Patrol에서 실전 운용 중이며 남부 지역 국경 강화 임무에도 충분히 사용 가능해 그 수혜를 기대해 볼 수 있다.

GEO 그룹(티커: GEO)

지오(GEO) 그룹은 미국 최대 민간 교정시설 운영 기업 중 하나로 이민세관집행국(ICE), 연방보안관실(U.S. Marshals Service), 연방교정국(Federal Bureau of Prisons) 등과 계약을 맺고 수감자 또는 구금자 1인당 일일 요금을 받는 방식으로 수익을 창출한다.

트럼프 대통령은 연내 100만 명 송환을 목표로 언급할 만큼 대대적인 체포와 단속이 예상되는데 이민세관집행국 등 정부가 직접 운영하는 구금 시설의 수용 능력에 한계가 있어 결과적으로 정부는 급증하는 구금 수요를 감당하기 위해 민간 기업과의 계약을 확대할 수밖에 없다. 과거 트럼프 1기 때도 지오 그룹의 신규 계약 건수가 크게 증가한 적이 있어 트럼프 2기의 반이민 정책에도 민간 교도소 분야에서 최대 규모와 운영 노하우를 가진 지오 그룹의 수혜가 기대된다.

OSI 시스템(티커: OSI)

OSI 시스템은 보안, 의료, 광전자 관련 솔루션을 제공하는 기업으로 가장 핵심적인 사업은 '라피스캔 시스템즈(Rapiscan Systems)'라는 브랜드로 유명한 보안 검색·검문 시스템이다. 전 세계 공항, 항만, 국경 등에서 사용되며 화물·차량 검문 시스템, 수하물·소포 검사 시스템, 휴대용 폭발물·마약 탐지 등을 제공한다.

트럼프 행정부의 이민 정책은 단순히 사람의 월경 차단을 넘어 마약, 무기, 밀입국자 등이 화물이나 차량을 통해 국경을 넘는 것을 차단

OSI 시스템의 차량검사 시스템

출처: https://www.rapiscansystems.com

하는 데 중점을 두므로 이를 위해서는 물리적 장벽뿐만 아니라 국경을 통과하는 모든 대상을 효과적으로 검문하는 기술이 필요하다. 또한 트럼프 행정부는 남부 지역 국경에 비상사태를 선포하고 국경 경비를 대폭 강화하는 정책을 시행하고 있다. 따라서 트럭, 컨테이너, 승용차 등을 분해하지 않고도 내부를 신속히 투시해 밀수품이나 숨은 사람을 찾아낼 수 있는 OSI의 보안 부문 주력 제품인 화물·차량 검문용 대형 X-레이 스캐너는 이러한 정책적 수요에 부합한다.

트럼프의 자원 정책

희토류(Rare Earth Elements)는 그 이름과 달리 매장량이 희소하지 않지만 추출·정제가 매우 어렵고 특정 지역에 편중되어 있다. 이 물질들은 F-35 전투기, 정밀 유도 미사일, 잠수함, 드론 등 첨단 방위산업 제품은 물론 스마트폰, 전기차 모터, 반도체 등 첨단 산업에 없어서는 안 될 필수 전략 자원이다.

미중 무역전쟁이 격화되면서 전 세계 희토류 생산·정제 시장의 약 90%를 장악한 중국은 희토류를 '전략 무기'로 활용하기 시작했다. 중국은 미국의 관세 부과에 대한 보복 조치로 희토류 관련 품목에 대한 수출 통제를 강화했고 이는 미국의 방위산업과 첨단 산업 공급망에 직접적인 위협이 되었다. 이처럼 희토류 공급이 막히자 미국은 핵심 부품 수급에 큰 타격을 입었고 결국 양국은 희토류를 포함한 일부 품목에 대한 관세를 조정하는 등 일시적인 합의에 이르렀다.

중국의 희토류 무기화에 대응하기 위해 트럼프 행정부는 미국의 희토류 공급망을 자국 중심으로 재편하기 위한 강력한 정책을 추진하고 있다. 핵심광물 공급망을 조사하고 자국 내 핵심광물 생산을 확대하는 동시에 수입산 의존도를 낮추는 방안 마련을 지시하는 행정명령을 단행하며 국방·경제 안보를 위해 희토류를 포함한 핵심광물 수입 의존

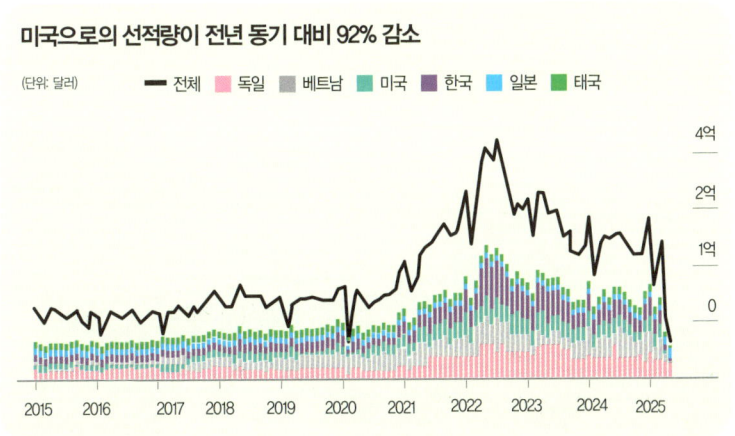

출처: https://assets.bwbx.io

도를 낮추고 미국 내 생산 확대를 지시했다. 이는 단순한 경제 정책을 넘어 국가 안보 차원에서 중국의 영향력에서 벗어나겠다는 강력한 의지를 표명한 것으로 앞으로도 미국 정부의 희토류 자체 공급망 확대 노력은 계속될 것으로 보인다.

MP 머티리얼즈(티커: MP)

이러한 정책적 흐름 속에서 최대 수혜주로 떠오른 기업이 바로 MP 머티리얼즈다. MP 머티리얼즈는 미국 내에서 유일하게 상업적으로 희토류를 채굴·처리하는 기업으로 전기자동차 및 신재생 에너지 기술을 포함한 다양한 첨단 기술 응용 분야에 사용되는 핵심 부품인 희토류 산화물(REO)과 네오디뮴-프라세오디뮴(NdPr) 생산을 전문으로 한다. 캘리포니아의 '마운틴 패스' 광산을 소유·운영 중이며 최근에는 채굴한 희토류를 직접 가공해 영구자석까지 생산하는 수직 계열화를 구축하고 있다. 즉 중국을 제외한 서방 세계에서 가장 중요한 희토류 공급망의 핵심이라고 할 수 있다.

MP 머트리얼즈의 마운틴 패스 광산

출처:https://prosperousamerica.org

미국 국방부는 국가 안보 차원에서 MP 머티리얼즈에 4억 달러를 투자하며 최대 주주가 되었다. 미국 국방부는 이 공장에서 생산되는 자석의 10년간 구매 계약을 맺으며 희토류 공급망 보호·육성을 꾀하고 있다. MP 머티리얼즈는 이 투자금으로 10X Facility라는 두 번째 자석 공장을 지어 기존보다 10배인 연간 약 만 톤의 자석 생산을 목표로 하고 있다. 미국 국방부는 여기에 더해 10년간 생산 물량 100% 판매를 보장하며 가격도 보장해줘 장기간 안정적인 수익을 유지할 것으로 보인다. 애플도 아이폰 등 자사 제품 생산에 필요한 희토류 자석을 공급받기 위해 MP 머티리얼즈와 5억 달러 규모의 장기 구매 계약을 체결했다. 이는 중국에 대한 공급망 의존도를 줄이고 트럼프 행정부의 '미국 내 생산' 기조에 부응하려는 전략적 결정으로 평가받는다. 중국 의존도를 낮추고 미국 중심의 첨단기술 공급망을 구축하려는 국가적 정책 기조가 흔들리지 않는 한 MP 머티리얼즈의 전략적 가치는 더 높아질 것으로 기대된다.

트럼프의 에너지 정책

트럼프 대통령은 앞에서 살펴본 원전 활성화 정책 이외에도 여러 에너지 관련 정책을 시행했는데 그중 하나가 "Drill, baby, drill"로 잘 알려진 전통적 에너지 활성화 정책이다.

트럼프 대통령은 취임 직후 '에너지 지배(Energy Dominance)' 재가동을 선언하고 화석연료 생산·수출 확대와 인허가 간소화를 골자로 하는 행정명령 'Unleashing American Energy'와 2024년 초 바이든 행정부가 도입한 'LNG 수출 신규 인가' 일시중지를 전면 해제했다. 나아가 '주 정부의 과도한 개입으로부터 미국 에너지 보호 행정명령(Protecting American Energy from State Overreach)'을 통해 주·지방정부가 기후·ESG·탄소세 등의 명목으로 송유관·가스관 등 에너지 인프라에 '부당한 부담'을 주는 규제를 법무부가 우선 검토해 제동하도록 했다. 그 외에도 알래스카 북극 국립야생보호구역(ANWR) 및 연방 해상에서의 신규 석유·가스 시추 금지 조치를 철회하고 국립석유보호구역(NPRA)의 82%에 달하는 면적에서의 석유·가스 임대를 허용하는 구체적인 계획을 발표하는 등 적극적인 채굴 권장과 수출 허가를 진행 중이다.

트럼프 행정부의 이러한 조치로 2024년 12월 약 4,100억 입방피트였던 미국 LNG 수출은 2025년 4월 4,500억 입방피트로 증가했으며 전년 동기 대비 약 50% 증가했다. 미국의 일일 원유 생산량도 다시 증가세로 돌아섰다. 2025년 4월 일일 생산량은 1,346만 8,000배럴을 기록하

출처: https://미국 에너지정보청

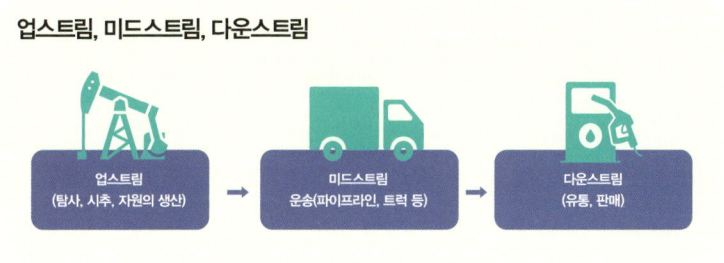

출처: https://energyeducation.ca

며 역대 최고치에 근접했다. 이는 미국산 가스의 해외 판매 확대를 즉시 가능하게 만든 조치로 트럼프의 수출 중심 전략을 상징한다.

트럼프의 정책에 따라 에너지 시추와 에너지 수출량이 큰 폭으로 증가할 것으로 예상되면서 미드스트림 기업들의 수혜가 예상된다. 석유가스 산업에서는 회사를 크게 석유 탐사·생산을 책임지는 업스트림, 생산된 원유와 천연가스를 정제시설이나 저장시설로 옮기고(운송) 처리하고 저장하는 중간 단계인 미드스트림, 원유를 정제해 휘발유, 경유, 플라스틱 등 우리가 사용하는 최종 제품으로 만들어 소비자에게 판매하는 다운스트림으로 나뉜다.

트럼프의 정책에 따라 에너지 생산량이 많아지면 가격이 하락할 가능성이 있고 정제 마진은 수요 측면의 영향을 더 많이 받기 때문에 업스트림이나 다운스트림보다 운송량과 저장량에 따라 수익이 생기는 미드스트림이 가장 낮은 위험으로 확실한 이익을 얻을 것으로 기대된다.

킨더 모건(티커: KMI)

가장 대표적인 미드스트림 기업은 바로 킨더 모건(티커: KMI)이다. 킨더 모건은 북미 최대 에너지 인프라 기업 중 하나로 미국 전역에 거미줄처럼 펼쳐진 약 8만 마일의 파이프라인과 140여 개 터미널을 소유·운영한다. 주요 사업은 생산지에서 채굴된 천연가스와 원유를 정제시설이나 수출 터미널까지 운송·저장하는 것이며 미국 천연가스의 약 40%를 운송할 정도로 광범위한 네트워크를 보유하고 있다.

킨더 모건 성장의 핵심은 퍼미안 분지에서 늘어나는 가스를 멕시코만 허브와 LNG 수출 터미널로 운송해주는 것이다. 회사가 보유한 GCX(Gulf Coast Express Pipeline)와 PHP(Permian Highway Pipeline)가 장기 계약으로 사실상 용량이 꽉 차 있어 생산이 늘수록 운송 수익이 안정적으로 증가한다. 이는 '퍼미안 생산 → 킨더 모건 파이프라인 → LNG 수출'로 이어지는 체인의 중요성을 높이며 광범위한 네트워크와 사업 실행력을 지닌 킨더 모건이 트럼프 행정부의 '에너지 지배' 전략의 직접적인 수혜를 받을 가능성을 키운다.

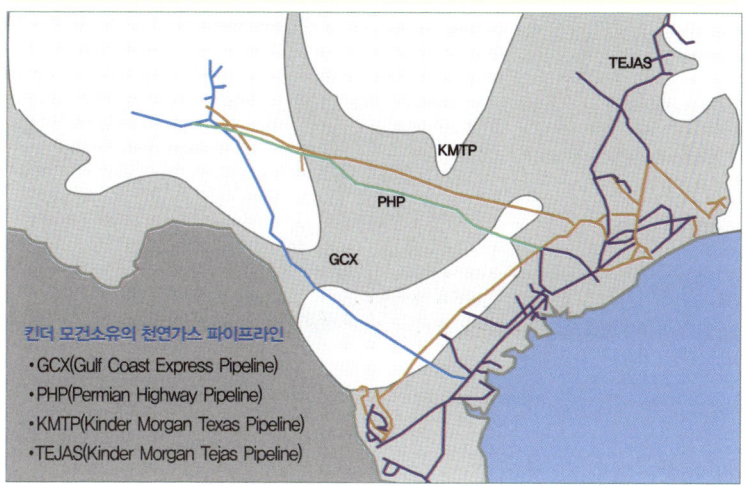

출처: https://rbnenergy.com

셰니어 에너지(티커: LNG)

셰니어 에너지는 미국 최대 액화천연가스(LNG) 생산·수출 전문 기업으로 텍사스의 '코퍼스 크리스티'와 루이지애나의 '사빈 패스' 두 개의 초대형 LNG 수출 터미널을 소유·운영 중이다. 미국 내에서 생산된 천연가스를 구매해 액화시킨 후 자체 터미널을 통해 전 세계로 수출한다. 텍사스주의 코퍼스 크리스티와 루이지애나주의 사빈 패스 터미널은 거의 최대 가동률을 보이고 있다. 특히 러시아산 가스 의존도를 낮추려는 유럽 수요가 몰리면서 장기 공급 계약이 늘어나는 추세다.

지난 6월 코퍼스 크리스티 기지의 '미드스케일 트레인 8 및 9, 병목 현상 제거(Debottlenecking)' 프로젝트에 대한 최종 투자 결정(FID)을 승인했고 이 프로젝트를 통해 연간 약 500만 톤(mtpa)의 생산 능력이 추가

셰니어 에너지의 코퍼스 크리스티 LNG 터미널

출처: https://naturalgasintel.com

될 예정이며 이를 통해 2028년까지 총 60mtpa 이상의 생산 플랫폼을 구축하려는 회사의 중장기 목표 달성에 한 걸음 더 다가섰다. 트럼프 행정부의 LNG 수출 허가 중단 조치 전면 해제와 같은 우호적 정책 환경은 이러한 신속한 투자 결정을 가능하게 한 중요한 배경으로 작용했다.

특정 초대형 계약에 의존하지 않는 안정적인 계약 포트폴리오와 검증된 부지 내에서 단계적으로 이루어지는 확실한 증설 계획과 정책적 지원이 맞물리면서 셰니어 에너지의 시장 지배력과 성장성은 더 공고해질 것으로 기대된다.

트럼프의 드론 이니셔티브

2025년 6월 6일 트럼프 대통령은 'Unleashing American Drone

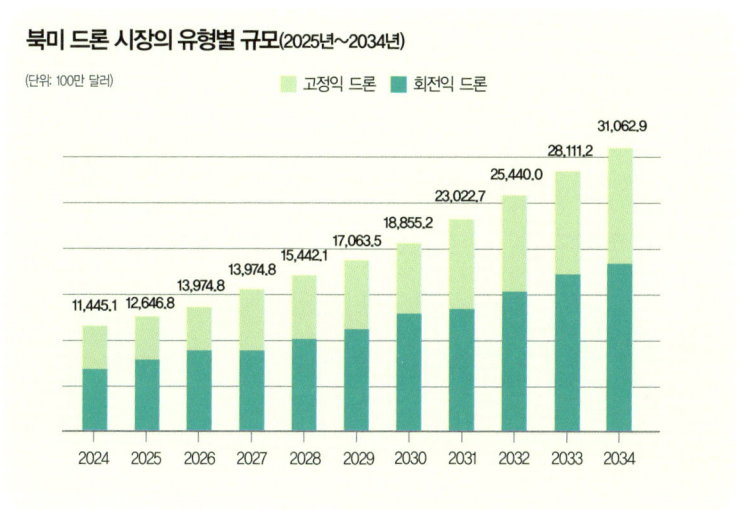

출처: https://market.us

Dominance'와 'Leading the World in Supersonic Flight'라는 두 개의 행정명령에 각각 서명했다. 이는 미국이 무인항공체계(UAS)와 초음속 항공 분야에서의 기술적 우위를 강화하고 미국 내 드론 제조업을 성장시키고 핵심 부품 공급망을 안정시켜 외국산 드론 의존도를 줄이는 것을 목표로 한다. 나아가 상업용 드론 활용도도 크게 증가할 것으로 기대된다. 이제 가시권 밖 비행(BVLOS) 규제도 완화되고 연방항공청(FAA)의 드론 허가 절차도 더 간소화될 예정이기 때문이다. 이로써 드론을 통한 물류 배송, 인프라 점검, 재난 감시 등 군사용뿐만 아니라 산업용에까지 드론 활용 범위가 확대될 것으로 기대된다.

트럼프 대통령의 이러한 행정명령으로 북미 드론 시장은 2025년 약 126억 달러 규모에서 연평균 10.5% 성장해 2034년 310억 달러에 이를 것으로 전망되며 연방항공청은 현재 약 35만 대인 상업용 드론이

2026년까지 85만8천 대에 이를 것으로 예상한다.

온다스 홀딩스(ONDS)

온다스 홀딩스는 기존 핵심 서비스인 온다스 네트워크를 통한 통신과 자회사인 아메리칸 로보틱스(American Robotics)를 통해 드론과 관련해 상업·인프라 분야에서 핵심적인 역할을 할 것으로 기대된다.

아메리칸 로보틱스의 완전 자동화된 '드론 인 어 박스(Drone in a box)' 솔루션은 사람의 개입 없이 스스로 이착륙, 충전, 임무 수행이 가능하다.

이 솔루션은 미국 내 주요 인프라를 감시·모니터링하는 데 특화되어 있는데 이미 미국 연방항공청의 규제 완화 혜택을 받아 가시권 밖 비행 허가를 받았다. 행정명령의 주요 목표 중 하나가 DJI와 같은 중국산 드론 의존도를 줄이는 것인데 온다스 홀딩스의 드론은 철도, 석유·가스, 기간 시설 등 국가 핵심 인프라에 대한 감시·관리에 특화되어 있어

아메리칸 로보틱스의 드론 인 어 박스

출처: https://i.ytimg.com

산업 현장에서 중국산을 대체할 주요 대안으로 혜택을 누릴 것으로 보인다. 나아가 모회사인 온다스 네트워크의 사설 광대역 무선 네트워크는 자동화 운영 드론에 필수적이어서 드론 편대(Swarm)에서의 추가적인 수혜를 기대해 볼 수 있다.

크라토스 디펜스 앤 시큐리티 솔루션스(티커: KTOS)

크라토스 디펜스 앤 시큐리티 솔루션스는 미국 국방부의 핵심 파트너로 군용 첨단 드론, 위성 통신, 미사일 방어 시스템 등을 개발하는 기업이다. 크라토스 디펜스는 단순한 정찰용이 아닌 전투기와 함께 비행하며 적을 교란하거나 공격하는 제트 엔진 기반의 드론을 만든다. 주요 드론으로는 XQ-58A 발키리가 있으며 이는 유인 전투기보다 훨씬 저렴해 소모성 자산으로 분류되며 조종사 없이 위험한 임무에 투입될 수 있다. 트럼프 대통령의 드론 행정명령의 목표는 적대국에 대한

XQ-58A 발키리

출처: https://asiatimes.com

군사적 기술 우위 유지이며 크라토스 디펜스의 무인 전투기는 이러한 국가 안보 전략 목표에 부합해 국방 예산 증액 및 관련 프로젝트 발주 시 가장 먼저 혜택을 볼 기업 중 하나로 기대받고 있다.

지금 당장 활용 가능한 포트폴리오 예시

기본형 포트폴리오는 향후 있을 거대한 시장의 테마인 AI 산업의 성장을 받는 AI칩, 클라우드, 소프트웨어 같은 기업과 AI를 통해 생산성을 올릴 수 있는 기존 우량 기업 외에도, 트럼프 행정부 아래서 있을 장기적 전략에 맞닿은 다양한 기업을 포함시켰고 성장성과 배당도 고려했다.

다음은 이 포트폴리오의 요약이다. 전체 11개 섹터 중 재료, 헬스케어, 부동산, 유틸리티를 제외한 나머지 7개 섹터 종목에 투자되어 있으며 그중에서도 기술주에 가장 큰 비중을 두고 있다.

GE 버노바는 2024년 4월 스핀오프로 상장되었으므로 2025년 한 해만 S&P 500과 수익률을 비교한다. 2025년에 아마존과 알파벳의 수익률이 좋지 않았음에도 불구하고 28.15% 수익률을 거두며 S&P 500(6.05%)을 상회했다.

기본형 포트폴리오

기간 투자	기업명	티커
1	엔비디아	NVDA
2	아마존	AMZN
3	GE 버노바	GEV
4	마이크로소프트	MSFT
5	코인 베이스	COIN
6	팔로알토 네트웍스	PANW
7	우버	UBER
8	구글	GOOGL
9	액손 엔터프라이즈	AXON
10	팔란티어	PLTR
11	웨이스트 커넥션스	WCN
12	월마트	WMT
13	킨더 모건	KMI
14	메타	META
15	넷플릭스	NFLX

투자성과 요약

(2025년 6월 30일 기준)

지표	기본형 포트폴리오	SPDR S&P 500 ETF
시작 잔고	10,000 달러	10,000 달러
종료 잔고	12,815 달러	10,605 달러
수익률	28.15%	6.05%
표준편차	27.47%	15.47%
최대 낙폭	−10.81%	−7.58%
샤프 지수	1.80	0.55
소르티노 지수	4.11	0.96
벤치마크 상관관계	0.82	1.00

포트폴리오 성장 추이

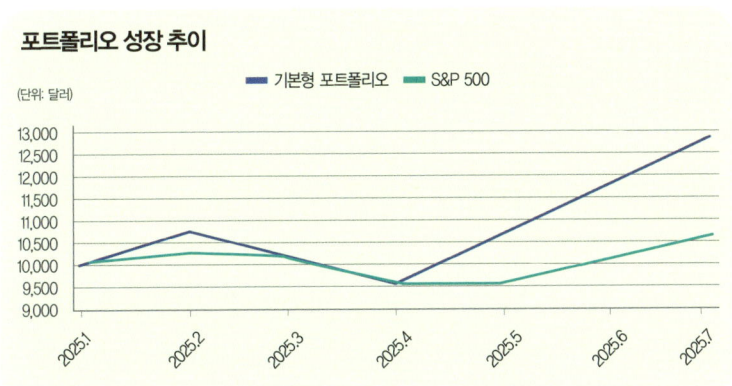

2025년 기본형 포트폴리오와 S&P 500 수익률 비교

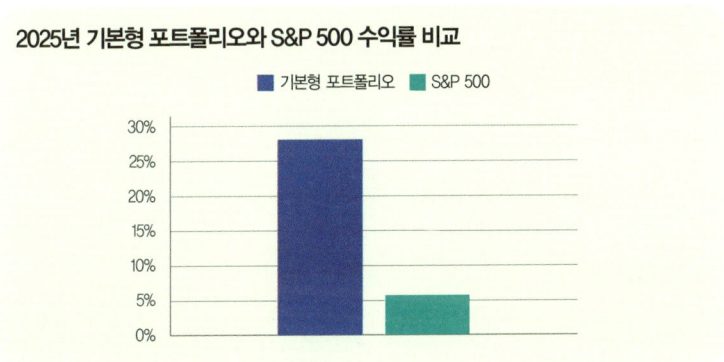

주식 부문 비중

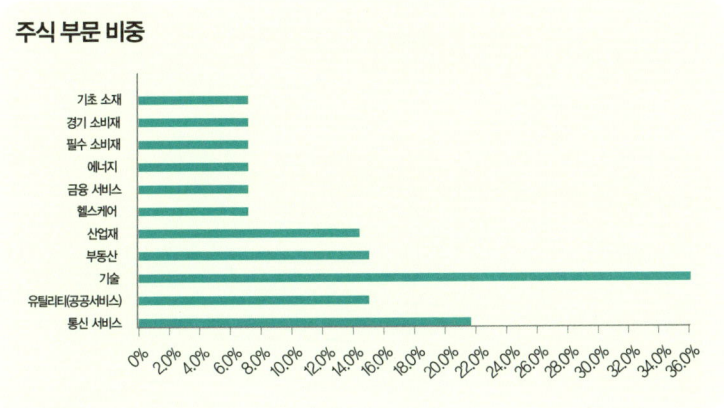

성장형 포트폴리오는 AI 기업들과 트럼프 대통령의 정책 수혜 기업 중에서 좀 더 공격적이고 주가가 이미 많이 상승했음에도 불구하고 좀 더 높은 수익성을 고려해 볼 수 있는 종목 위주로 선정했다.

성장형 포트폴리오는 11개 섹터 중에서 부동산과 유틸리티를 제외한 9개 섹터에 투자하고 있으며 기술 섹터에 가장 큰 비중을 두고 있다. 성장형 포트폴리오의 최근 4년간 성과를 살펴보면(오클로가 2021년 중반에 상장되었기 때문에 2022년 이후 수익률만 비교한다) CAGR 40.74% 상승률로 같은 기간 S&P 500 9.36%의 4배 이상 수익률이다.

이는 2022년 1월 1일 1만 달러를 투자했다면 2025년 6월 30일 기준으로 3만3천 달러가 되었을 것이다. 다만 성장형 수익률이다 보니 상승하는 해에는 더 많이 상승하지만 하락하는 해에는 더 많이 하락하는 특징이 있으니 유의할 필요가 있다.

성장형 포트폴리오

구분	이름	티커
1	엔비디아	NVDA
2	센트러스 에너지	LEU
3	오라클	ORCL
4	팔란티어	PLTR
5	테슬라	TSLA
6	오클로	OKLO
7	플래닛랩스	PL
8	액손 엔터프라이즈	AXON
9	MP 머티리얼즈	MP
10	로빈후드	HOOD
11	힘스앤허스	HIMS
12	지스케일러	ZS
13	메타	META
14	깅코 바이오웍스	DNA
15	넷플릭스	NFLX

투자성과 요약

(2025년 6월 30일 기준)

지표	성장형 포트폴리오	SPDR S&P 500 ETF
시작 잔고	10,000달러	10,000달러
종료 잔고	33,074달러	13,676달러
수익률	40.74%	9.36%
표준편차	42.41%	16.98%
최고의 해	89.36%	26.19%
최악의 해	-40.37%	-18.17%
최대 낙폭	-42.58%	-29.93%
샤프 지수	0.92	0.38
소르티노 지수	1.85	0.57
벤치마크 상관관계	0.73	1.00

포트폴리오 성장 추이

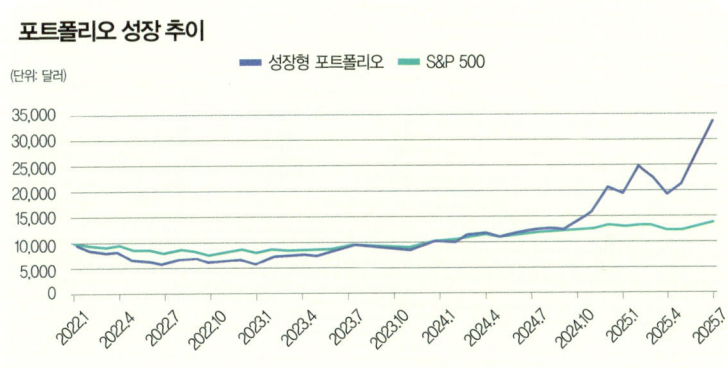

(단위: 달러)

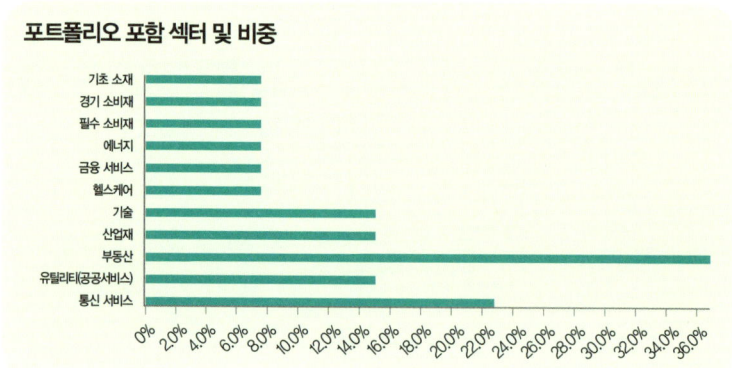

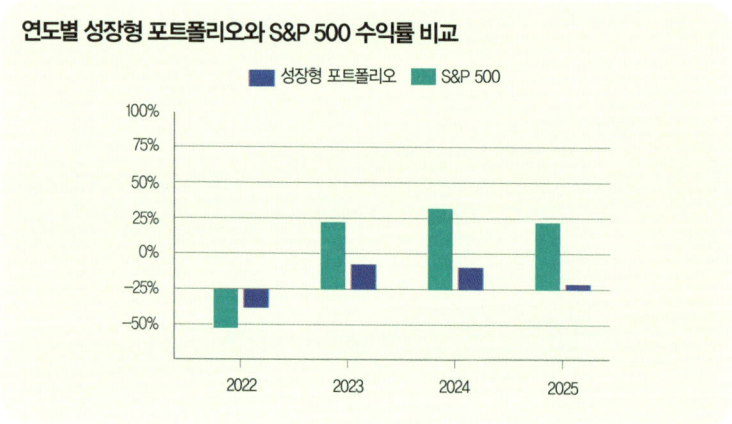

미국주식시장에서 한 단계 더 나은 성과를 향한 여정에 작은 보탬이 되길 바라며

투자하다 보면 종종 양면적인 감정이 교차합니다. 꾸준히 오르는 안정적인 종목에 투자하고 싶다가도, 누군가가 특정 종목으로 큰 수익을 올렸다는 이야기를 들으면 '나도 다른 투자를 해야 하지 않을까?', '안정적인 지수 투자보다는 공격적인 투자를 해야 하지 않을까?' 하는 마음이 생깁니다.

하지만 그렇게 투자했다가 그동안의 수익을 단번에 잃어버리기도 합니다. 개인 투자자의 목표는 단순히 지수를 좇는 데서 멈추지 않고, S&P 500을 넘어서는 성과를 장기적으로 추구하는 데 있습니다.

경기를 예측하거나 매번 대응하기 어려운 개인 투자자에게 S&P 500에서 승리하기 위한 가장 유리한 전략 중 하나는 구조적 성장 사이클에 있는 기업에 장기투자를 하는 것입니다. 그리고 현시점, 구조적 성장에 들어와 있는 분야는 단연 AI입니다.

AI는 기술기업을 넘어 금융, 교통, 의료, 미디어까지 산업 전반의 수익성을 끌어올리고 있으며, 여전히 초기 단계에 불과합니다. 과거 산업혁명과 디지털 혁명이 수십 년에 걸쳐 세상을 바꿨듯, AI 역시 앞으로 긴 시간 동안 시장의 성장을 이끌 구조적 동력으로 자리할 것입니다.

이 책은 이러한 큰 흐름을 바탕으로, 개인 투자자가 장기적인 안목으로 시장을 바라보고 투자의 기준과 방법을 구체화하는 데 도움을 주고자 집필되었습니다. AI라는 구조적 기회는 물론 S&P 500이라는 기본 토대와 앞으로 시장을 흔들 거시적 정책 변화까지 함께 다뤘습니다. 이 책이 미국주식시장에서 한 단계 더 나은 성과를 향한 여정에 작은 보탬이 되길 바랍니다.

끝으로, 이 책을 준비하는 과정에서 많은 도움을 주신 베가북스와 미주미 식구들, 그리고 언제나 저를 믿고 응원해준 가족들에게 진심으로 감사의 마음을 전합니다.

〈미국주식에 미치다〉 김준형

대한민국 NO.1 미국주식 멘토 '미주미'
장우석의 미국주식 투자법

초판 1쇄 발행 2025년 11월 07일
초판 2쇄 발행 2025년 11월 14일

지은이 | 장우석·김준형
펴낸이 | 권기대
펴낸곳 | ㈜베가북스

주소 | (07261) 서울특별시 영등포구 양산로17길 12, 후민타워 6-7층
대표전화 | 02)322-7241   **팩스** | 02)322-7242
출판등록 | 2021년 6월 18일 제2021-000108호
홈페이지 | www.vegabooks.co.kr **이메일** | info@vegabooks.co.kr
ISBN | 979-11-94831-18-1(03320)

* 책값은 뒤표지에 있습니다.
* 잘못된 책은 구입하신 서점에서 바꿔 드립니다.
* 좋은 책을 만드는 주인공은 바로 독자 여러분입니다.
* 베가북스는 독자 여러분의 의견에 항상 귀를 기울입니다. 베가북스의 문은 항상 열려 있습니다.
* 원고 투고 또는 문의사항은 위의 이메일로 보내주시기 바랍니다.